中级财务数据分析

恒企教育财经研发部　编著

中国商业出版社

图书在版编目（CIP）数据

中级财务数据分析 / 恒企教育财经研发部编著 . — 北京 : 中国商业出版社,
2018.8
（财务数据分析）
ISBN 978-7-5208-0522-3

Ⅰ . ①中… Ⅱ . ①恒… Ⅲ . ①会计分析 – 教材
Ⅳ . ① F231.2

中国版本图书馆 CIP 数据核字（2018）第 174076 号

责任编辑：唐伟荣

中国商业出版社出版发行

010-63180647　　www.c-cbook.com

（100053　北京广安门内报国寺 1 号）

新华书店经销

广州市丰秀印务有限公司印刷

*

787×1092 毫米　1/16　13.25 印张　260 千字

2018 年 9 月第 1 版　2018 年 9 月第 1 次印刷

定价：65.00 元

* * * *

（如有印装质量问题可更换）

前　言

2016年10月，《会计改革与发展"十三五"规划纲要》中指出，未来管理会计人才是紧缺人才，全社会将在2020年前培养3万名优秀的善于管理和决策的管理会计人才。

为顺应发展需求，恒企教育创新研发了"财务数据分析"系列课程，课程设置初级、中级和高级部分，旨在培养学员成为具有财务分析技能的新管理型财务人才。通过本系列课程的学习，使学员掌握企业经营中的有用信息，培养学员对财务数据进行提取、加工、分析的能力，使学员能够具有对公司整体的财务状况进行评核，提出调整改进方案，对公司的财务状况、投融资项目提供财务建议和决策支持的能力。

本系列课程在教学方法上使用案例教学，通过案例研究，帮助学员理解与企业财务状况相关的要素，深入分析企业的偿债能力、盈利能力和营运能力。

本书在进行案例化理论讲解的同时，突出中级实践操作性，通过财务分析工具，如金蝶KIS财务软件、Excel、SPSS等对财务数据进行分析，帮助学员进行数据采集、数据整理和数据分析，掌握实战技能。

本书能够帮助学员了解中级财务数据分析岗位的实践要求，掌握该岗位所需要的财务分析知识体系，掌握撰写企业财务分析报告的技巧。

本书线上素材下载地址http://t.cn/RgpEnt1。

当今市场中，财务人员简单的记账报税的工作越来越弱化，而财务人员的分析管理能力逐渐被要求提高。财务人员需具备对财务数据的收集、整理、分析、挖掘、应用的能力，才能给企业创造更大的价值。人工智能可以代替会计记账，而财务数据分析则会加入更多主观思维，所以"财务数据分析"更是未来财务人员的发展方向。

恒企教育开发此系列课程，希望能够为恒企学员和社会学员提供有益的帮助，满足个人和企业的需求。

恒企教育财经研发部

目 录

第一单元　财务数据分析指标与方法

第一节　企业资产流动性和偿债能力专题分析 ……………………… 2
　一、相关财务数据分析公式回顾加深 ………………………………… 2
　二、资产流动性和偿债能力专题分析 ………………………………… 3

第二节　企业盈利能力专题分析 …………………………………… 3
　一、相关财务数据分析公式回顾加深 ………………………………… 3
　二、盈利能力专题分析 ………………………………………………… 4

第三节　企业资产营运效率专题分析 ……………………………… 5
　一、相关财务数据分析公式回顾加深 ………………………………… 5
　二、资产营运效率专题分析 …………………………………………… 5

第四节　如何利用 Excel 表格公式进行简单的财务比率计算 …… 6
　一、总体数据源 ………………………………………………………… 6
　二、计算表说明举例 …………………………………………………… 9

第五节　因素分析法介绍 …………………………………………… 11
　一、因素分析法定义及举例 …………………………………………… 11
　二、因素分析法应注意的问题 ………………………………………… 12

第二单元　财务报表阅读与分析

第一节　利用 Excel 图表功能分析资产负债表 …………………… 14
　一、使用柱形图分析资产负债表的流动资产 ………………………… 15
　二、优化流动资产柱形图表 …………………………………………… 16

第二节　利用 Excel 图表功能分析损益表 ………………………… 20
　一、使用条形图对各类费用进行比较 ………………………………… 20
　二、格式化费用比较图表 ……………………………………………… 22

第三节　利用 Excel 图表功能分析现金流量表 …………………… 27
　一、编制现金流量定比表 ……………………………………………… 27
　二、创建流量走势图表 ………………………………………………… 31
　三、使用图表创建现金流出比例图 …………………………………… 40
　四、现金流量表结构分析 ……………………………………………… 47

第三单元　财务分析数据的采集和整理

第一节　ERP平台金蝶软件的基本操作 …… 63
　　一、系统登录 …… 63
　　二、主界面菜单介绍 …… 66
　　三、主界面搜索 …… 68
　　四、业务单据界面介绍 …… 68
　　五、账套管理 …… 70
　　六、新建账套 …… 71
　　七、删除账套 …… 71
　　八、备份账套 …… 72
　　九、恢复账套 …… 72
　　十、基础资料设置 …… 72

第二节　财务分析数据的采集和整理 …… 89
　　一、采购管理 …… 89
　　二、销售管理 …… 91
　　三、仓存管理 …… 94
　　四、资金管理 …… 100
　　五、财务管理 …… 104

第四单元　项目财务数据分析

第一节　利用Excel进行存货管理分析 …… 107
　　一、分析物料使用频率、供应商交货期、生产周期等数据 …… 107
　　二、确定安全库存量、订货批量、订货提前期 …… 111
　　三、在库存明细表中设置库存预警值 …… 113

第二节　利用Excel进行应收账款分析 …… 114
　　一、运用IF函数计算应收账款的逾期天数并建立预警 …… 114
　　二、建立应收账款账龄分析表 …… 116
　　三、创建双轴图分析应收账款账龄 …… 118
　　四、预测改变信用条件对收入成本的影响，协助建立应收款管理政策 …… 120

第三节　利用Excel进行本量利分析 …… 121
　　一、对企业产品成本的性态进行分析 …… 121
　　二、确定相关成本数据，分析产品的边际贡献 …… 122

三、确定边际贡献本量利关系图，确定盈亏临界点 ·············· 122

第五单元 预算数据分析

第一节 SPSS 软件的基本操作 ·············· 131
　　一、SPSS 简介 ·············· 131
　　二、SPSS 的运行 ·············· 131
　　三、SPSS 的主要窗口及菜单功能 ·············· 132
　　四、SPSS 系统语言的切换 ·············· 134
　　五、数据的建立与管理 ·············· 135
　　六、变量的属性 ·············· 135

第二节 利用 SPSS 进行预算数据分析 ·············· 137
　　一、频率分析的 SPSS 过程 ·············· 137
　　二、描述分析的 SPSS 过程 ·············· 143
　　三、数据探索分析的 SPSS 过程 ·············· 148
　　四、交叉表分析的 SPSS 过程 ·············· 152
　　五、单样本 T 检验 ·············· 154
　　六、两独立样本 T 检验 ·············· 156
　　七、两配对样本 T 检验 ·············· 159

第六单元 运用数据工具分析财务数据

第一节 Excel 模拟运算表的运用 ·············· 161
　　一、模拟运算分析企业资金 ·············· 161
　　二、单变量求解企业可承受的银行利率 ·············· 162
　　三、单变量模拟运算不同利率下的还款额 ·············· 164
　　四、双变量模拟运算不同利率与还款年限下的还款额 ·············· 165

第二节 回归分析 ·············· 167
　　一、回归分析 ·············· 167
　　二、线性回归分析 ·············· 167

第三节 最小二乘法 ·············· 168

第四节 利用 Excel 进行线性回归分析 ·············· 169
　　一、资源投入和产出分析 ·············· 169
　　二、销售额与人口统计要素回归分析 ·············· 171

第五节　利用 Excel 进行员工工资分析 …………………………………… 172
　　一、运用直方图分析员工工资 ……………………………………… 172
　　二、FREQUENCY 函数的应用 …………………………………… 175
第六节　利用 Excel 进行移动平均法分析财务数据 ……………………… 177
　　一、分析主营业务利润 ……………………………………………… 177
　　二、用指数平滑法预测产品销量 …………………………………… 178

第七单元　财务数据安全管理

第一节　Excel 中对输入数据安全验证的设置 …………………………… 181
　　一、设置数据有效性的条件 ………………………………………… 181
　　二、设置输入前的提示信息 ………………………………………… 183
　　三、设置输入错误时的警告信息 …………………………………… 184
　　四、清除数据有效性设置 …………………………………………… 185
　　五、圈定无效数据 …………………………………………………… 186
　　六、清除圈定数据 …………………………………………………… 187
第二节　用隐藏实现数据保护 ……………………………………………… 187
　　一、工作表的隐藏与显示 …………………………………………… 187
　　二、行/列的隐藏 …………………………………………………… 188
　　三、单元格内容的隐藏与显示 ……………………………………… 189
第三节　数据输入的权限控制的设置 ……………………………………… 191

第八单元　财务数据分析报告

XX 公司财务数据分析报告 ………………………………………………… 193
　　一、公司概况 ………………………………………………………… 193
　　二、财务比率及分析 ………………………………………………… 194

中级财务数据分析 思维导图

财务数据分析指标与方法
- 企业资产流动性和偿债能力专题分析
- 企业盈利能力专题分析
- 企业资产效率专运率专题分析
- 如何利用Excel表格公式进行简单的财务比率计算
- 因素分析法介绍

财务报表阅读与分析
- 利用Excel图表功能分析资产负债表
- 利用Excel图表功能分析损益表
- 利用Excel图表功能分析现金流量表

财务分析数据的采集和整理
- ERP平台金蝶软件的基本操作
- 财务分析数据的采集和整理

项目财务数据分析
- 利用Excel进行存货管理分析
- 利用Excel进行应收账款分析
- 利用Excel进行本量利分析

预算数据分析
- SPSS软件的基本操作
- 利用SPSS进行预算数据分析

Excel模拟运算表的运用
- 回归分析
- 最小二乘法
- 利用Excel进行线性回归分析
- 利用Excel进行员工工资分析
- 利用Excel进行移动平均法分析财务数据

运用数据工具分析财务数据

财务数据安全管理
- Excel中对输入数据安全验证的设置
- 用隐藏实现数据保护
- 数据输入的权限控制的设置

财务数据分析报告
- XX公司财务数据分析报告

本书思维导图

第一单元　财务数据分析指标与方法

本单元学习目标

1. 了解资产负债表的指标综合运用分析方法；
2. 利用 Excel 计算指标；
3. 了解杜邦分析法。
本单元重点掌握财务比率和指标的综合运用。

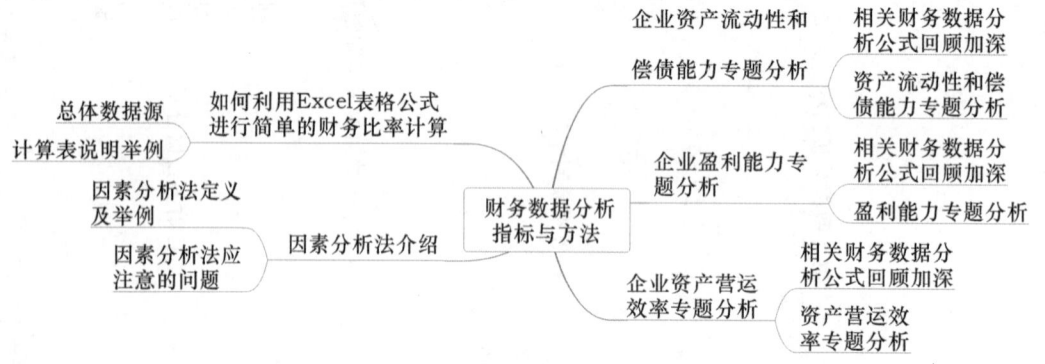

图1-1　本单元思维导图

第一节　企业资产流动性和偿债能力专题分析

一、相关财务数据分析公式回顾加深

表1-1　短期偿债能力分析公式一览表

指标	公式
营运资本	流动资产—流动负债
流动比率	流动资产/流动负债
速动比率	速动资产/流动负债
现金比率	货币资金（现金及现金等价物）/流动负债
资产负债率	负债总额/资产总额
产权比率	负债总额/所有者权益总额
股东权益比率	股东权益/资产总额
权益乘数	资产总额/所有者权益总额
长期资本负债率	长期负债/（长期负债+所有者权益）

二、资产流动性和偿债能力专题分析

（一）比负债更危险的资产

1. 存货会因价格下跌造成重大损失

2001年5月9日，思科宣布了高达22.5亿美元的存货跌价损失，这个巨额损失源自于管理层的误判。20世纪90年代，思科的营业额由7亿美元增长到122亿美元，平均年增长率为62%。思科认为网络设备爆炸式的需求将持续，因此不断地增加存货，但是当景气突然反转时，这些存货的价值立刻暴跌。存货跌价损失的消息一经公布，当天思科的股价由20.33美元跌到19.13美元，下跌幅度为6%。

2. 应收贷款会因坏账而造成重大损失

花旗银行的前首席执行官温斯顿曾留下这么一句名言："国家不会倒闭。"正是因为这种信念，温斯顿在20世纪70年代才会大举放款给发展中国家。1982年，墨西哥政府片面宣布停止对外国银行支付利息及本金，震惊国际金融界。尽管后来美国政府介入斡旋好几年，仍看不到明显成果。之后，1987年5月，花旗银行向市场宣布，给发展中国家的贷款中，有30亿美元可能无法收回，占花旗银行拥有的发展中国家债权总金额的25%。

（二）负债通常不会变坏

1982年，墨西哥宣告无法支付其国际债务，引发发展中国家的负债危机。1994年，通过美国政府的安排调解，最后有18个发展中国家与各大银行达成协议，把高达1900亿美元的负债减免了600亿美元。

在亚洲金融风暴横扫时，由于韩国政府积极地介入协调，大宇集团（Daewoo Group）与外国银行团（以花旗银行为首，总共约200个银行）达成协议，取消平均约60%的银行负债，总金额高达67亿美元。

第二节　企业盈利能力专题分析

一、相关财务数据分析公式回顾加深

（一）以营业收入和营业成本费用为基础的盈利能力分析指标

表1-2　以营业收入和营业成本费用为基础的盈利能力分析指标一览表

指标	公式
销售净利率	净利润/营业收入
成本费用利润率	利润总额/成本费用总额

（二）以资产为基础的盈利能力分析指标

表1-3　以资产为基础的盈利能力分析指标一览表

指标	公式
总资产收益率	净利润/平均资产总额
流动资产收益率	净利润/平均流动资产

续表

指标	公式
投资收益率	投资收益/平均投资总额
长期资本收益率	EBIT/（长期负债平均值+所有者权益平均值）

（三）以权益资本为基础的盈利能力分析指标

表1-4 以权益资本为基础的盈利能力分析指标一览表

指标	公式
净资产收益率 （也叫权益净利率、净值报酬率或权益报酬率）	净利润/平均净资产

净资产收益率与各影响因素之间的关系推导：

净资产收益率＝净利润/平均净资产　　　　　　　　　　　　（原始公式）

＝[总资产报酬率＋（总资产报酬率－负债利息率）×负债/净资产]×（1－所得税税率）

（最终推导公式）

净资产收益率与各影响因素之间的关系推导：

净资产收益率＝净利润/平均净资产　　　　　　　　　　　　（公式1）

＝（息税前利润－负债×利息/负债）×（1－所得税税率）/净资产

＝（息税前利润－负债×负债利息率）×（1－所得税税率）/净资产　（公式2）

＝（总资产×息税前利润/总资产－负债×负债利息率）×（1－所得税税率）/净资产

＝（总资产×总资产报酬率－负债×负债利息率）×（1－所得税税率）/净资产

（公式3）

＝（总资产×总资产报酬率/净资产－负债利息率×负债/净资产）×（1－所得税税率）

＝（总资产报酬率×总资产/净资产－负债利息率×负债/净资产）×（1－所得税税率）

＝[总资产报酬率×（净资产＋负债）/净资产－负债利息率×负债/净资产]×（1－所得税税率）

＝[总资产报酬率×（1＋负债/净资产）－负债利息率×负债/净资产]×（1－所得税税率）

＝（总资产报酬率＋总资产报酬率×负债/净资产－负债利息率×负债/净资产）×（1－所得税税率）　（公式4）

＝[总资产报酬率＋（总资产报酬率－负债利息率）×负债/净资产]×（1－所得税税率）　（公式5）

二、盈利能力专题分析

（一）盈利指标变动案例

戴尔/惠普公司的两项指标分析

在1994年至2003年之间，戴尔通过直销经营模式，使销售和管理费用占营收的比例较惠普少了5%至8%。

以股东权益报酬率而言，戴尔一直保持在30%以上，2004年时更高达46%，但其中

PC 事业获利率下滑，2005 年第二季度为 8.7%，2006 年第二季度则仅有 5.5%。相形之下，购并康柏后，惠普的股东权益报酬率一直低迷不振，2004 年才好不容易回到 9% 左右。

（二）谈谈盈利指标优先级的两难问题

重视营收增长甚于获利增长的通用电气

通用电气在充满个人色彩的前首席执行官韦尔奇的领导下，一直是个纪律严谨、以达成获利目标为重心的优质企业。然而，其继任者伊梅尔特却发现，由于过分强调获利，使高阶经理人对开发新事业不够积极、害怕犯错，并倾向于通过改善作业流程、降低成本或利用财务操作来达成获利目标。因此，伊梅尔特把提高营收增长率（希望由 5% 提高到 8%）的优先性放在达成获利目标之前，希望借此提高冲刺业务的动能。

第三节 企业资产营运效率专题分析

一、相关财务数据分析公式回顾加深

表1-5 相关财务数据分析公式回顾一览表

指标	公式
总资产周转率	营业收入（视情况可由销售收入替代）/总资产平均余额
流动资产周转率	营业收入（视情况可由销售收入替代）/流动资产平均余额
应收账款周转率	赊销收入/应收账款平均余额
存货周转率	营业成本（视情况可由销售成本替代）/存货平均余额
固定资产周转率	营业收入（视情况可由销售收入替代）/固定资产平均余额

二、资产营运效率专题分析

（一）库存管理的鲜明对比：丰田与克莱斯勒

20 世纪 80 年代，丰田汽车创造了"零库存"的管理模式——有市场需求才制造汽车，在制造时才将零部件送上生产线，大幅降低了汽车成品、半成品及零部件存货的风险。

20 世纪 70 年代晚期的克莱斯勒却是个鲜明的对比，由于对景气复苏过于乐观，克莱斯勒大幅增加生产，在需求不振的情形下，汽车存货暴增，甚至必须堆到仓库外面，被媒体嘲笑为"整个底特律都是克莱斯勒的停车场"。

（二）存货周转管理的卓越代表：戴尔与鸿海集团

制造业通过供应链进行管理，最卓越的应该算是戴尔电脑。戴尔的存货控制曾由 2000 年的 6 天，下降至 2004 年的 3 天。

台湾的鸿海（香港上市的富士康为其关系企业）生产线执行严格的材料库存控制，备料时间比同业短，当备料到了一定时间还没出货，就会被打成库存呆料，先折价一半。经理人如果没有严格执行生产计划时间表、准确地把握出进货时间，财务报表上的业绩就会变差，甚至会拿不到年终奖金，这种机制使得经理人严格控制材料库存。

第四节 如何利用 Excel 表格公式进行简单的财务比率计算

一、总体数据源

表1-6 资产负债表

单位：元

资产	年初余额	期末余额	负债和所有者权益（或股东权益）	年初余额	期末余额
流动资产：			流动负债：		
货币资金	5,488.00	6,414.00	短期借款		
交易性金融资产			交易性金融负债		
应收票据			应付票据	3,812.00	3,754.00
应收账款	1,715.00	2,662.00	应付账款	21,987.00	25,373.00
预付款项	944.00	1,279.00	预收款项		
应收利息			应付职工薪酬	6,060.00	6,732.00
应收股利			应交税费	1,281.00	1,340.00
其他应收款			应付利息		
存货	29,762.00	32,191.00	应付股利		
一年内到期的非流动资产			其他应付款	6,060.00	6,733.00
其他流动资产	945.00	1,278.00	一年内到期的非流动负债	3,982.00	4,894.00
			其他流动负债		
流动资产合计	38,854.00	43,824.00	流动负债合计	43,182.00	48,826.00
非流动资产：			非流动负债：		
可供出售金融资产			长期借款		
持有至到期投资			应付债券		
长期应收款			长期应付款	23,258.00	30,171.00
长期股权投资			专项应付款		
投资性房地产			预计负债		
固定资产	88,593.00	102,880.00	递延所得税负债	2,978.00	4,552.00
减：累计折旧	20,475.00	23,590.00	其他非流动负债	1,340.00	1,467.00
固定资产净值	68,118.00	79,290.00	非流动负债合计	27,576.00	36,190.00
减：固定资产减值准备			负债合计	70,758.00	85,016.00
固定资产净额	68,118.00	79,290.00			
在建工程			所有者权益（或股东权益）：		
工程物资			实收资本（或股本）	423.00	417.00
固定资产清理			资本公积	2,425.00	2,596.00
生产性生物资产			减：库存股		

续表

资产	年初余额	期末余额	负债和所有者权益（或股东权益）	年初余额	期末余额
开发支出			专项储备		
无形资产			盈余公积	2,694.00	1,053.00
商誉	10,803.00	12,188.00	未分配利润	43,854.00	49,105.00
长期待摊费用			所有者权益（或股东权益）合计	49,396.00	53,171.00
递延所得税资产					
其他非流动资产	2,379.00	2,885.00			
非流动资产合计	81,300.00	94,363.00			
资产总计	120,154.00	138,187.00	负债和所有者权益（或股东权益）总计	120,154.00	138,187.00

表1-7 利 润 表

单位：元

项 目	本月数	本年数
一、营业收入	28,124.00	315,654.00
减：营业成本	22,041.00	240,391.00
税金及附加		
销售费用	2,955.00	36,730.00
管理费用	1,672.00	20,003.00
财务费用	101.00	1,172.00
资产减值损失		
加：公允价值变动收益（损失以【-】号填列）		
投资收益（损失以【-】号填列）		
其中：对联营企业和合营企业的投资收益		
二、营业利润（亏损以【-】号填列）	1,355.00	17,358.00
加：营业外收入		
减：营业外支出		
其中：非流动资产处置损失		
三、利润总额（亏损总额以【-】号填列）	1,355.00	17,358.00
减：所得税费用	338.75	4,339.50
四、净利润（净亏损以【-】号填列）	1,016.25	13,018.50
五、每股收益		
（一）基本每股收益	1.02	13.02
（二）稀释每股收益		
六、其他综合收益		
七、综合收益总额	1,016.25	13,018.50

表1-8 现金流量表

单位：元

项目	金额	补充资料	金额
一、经营活动产生的现金流量：		1.将净利润调节为经营活动现金流量：	
销售商品、提供劳务收到的现金	368,368.18	净利润	13,018.50
收到的税费返还	—	加：计提的资产减值准备	—
收到的其他与经营活动有关的现金	−14,877.50	固定资产折旧	3,115.00
现金流入小计	353,490.68	无形资产摊销	
购买商品、接受劳务支付的现金	281,106.40	长期待摊费用摊销	
支付给职工以及为职工支付的现金	—	处置固定资产、无形资产和其他长期资产的损失（减：收益）	
支付的各项税费	16,756.98	固定资产报废损失	
支付的其他与经营活动有关的现金	53,523.30	公允价值变动损失（收益以【−】号填列）	
现金流出小计	351,386.68	财务费用	1,172.00
经营活动产生的现金流量净额	2,104.00	投资损失（减：收益）	—
二、投资活动产生的现金流量：		递延所得税资产减少（增加以【−】号填列）	
收回投资所收到的现金		递延所得税负债增加（减少以【−】号填列）	
取得投资收益所收到的现金	—	存货的减少（减：增加）	−2,429.00
处置固定资产、无形资产和其他长期资产所收回的现金净额	—	经营性应收项目的减少（减：增加）	−1,282.00
收到的其他与投资活动有关的现金	—	经营性应付项目的增加（减：减少）	4,732.00
现金流入小计	—	其他	−16,222.50
购建固定资产、无形资产和其他长期资产所支付的现金		经营活动产生的现金流量净额	2,104.00
投资所支付的现金			
支付的其他与投资活动有关的现金			
现金流出小计	—		
投资活动产生的现金流量净额	—	2.不涉及现金收支的投资和筹资活动：	
三、筹资活动产生的现金流量：		债务转为资本	
吸收投资所收到的现金	−6.00	一年内到期的可转换公司债券	
借款所收到的现金		融资租入固定资产	
收到的其他与筹资活动有关的现金	—		

续表

项目	金额	补充资料	金额
现金流入小计	-6.00		
偿还债务所支付的现金			
分配股利、利润或偿付利息所支付的现金	1,172.00	3. 现金及现金等价物净增加情况：	
支付的其他与筹资活动有关的现金	—	现金的期末余额	6,414.00
现金流出小计	1,172.00	减：现金的期初余额	5,488.00
筹资活动产生的现金流量净额	-1,178.00	加：现金等价物的期末余额	
四、汇率变动对现金的影响		减：现金等价物的期初余额	
五、现金及现金等价物净增加额	926.00	现金及现金等价物净增加额	926.00

二、计算表说明举例

表1-9 计算表说明举例一览表

类别	序号	指标名称	上年数	本年数	比上年增减	（计算公式）
1	2	3	4	5	6=5-4	8
短期偿债能力	1	流动比率	89.98%	89.76%	-0.22%	流动资产÷流动负债
	2	速动比率	18.87%	21.21%	2.34%	（流动资产-预付账款-存货）÷流动负债
	3	现金流动负债比	12.71%	13.14%	0.43%	年经营现金净流量÷年末流动负债
长期偿债能力	4	资产负债率	58.9%	61.5%	2.63%	负债总额÷资产总额
	5	产权比率	143.2%	159.9%	16.65%	负债总额÷所有者权益
	6	或有负债比率				或有负债÷所有者权益
	7	已获利息倍数		15.81	15.81	息税前利润总额÷利息支出
	8	带息负债比率				带息负债÷负债总额
运营能力	9	应收账款周转率		144.23	144.23	营业收入净额÷平均应收账款
	10	应收账款周转天数		2.50	2.50	360÷应收账款周转率，或平均应收账款余额×360÷营业收入
	11	存货周转率		7.76	7.76	销售成本÷平均存货
	12	存货周转期（天）		46.39	46.39	360÷存货周转率
	13	流动资产周转率		7.64	7.64	营业收入净额÷平均流动资产
	14	流动资产周转期（天）		47.15	47.15	360÷流动资产周转率
	15	固定资产周转率		4.28	4.28	营业收入净额÷平均固定资产净值

续表

类别	序号	指标名称	上年数	本年数	比上年增减	（计算公式）
运营能力	16	固定资产周转期（天）	84.06	84.06		360÷固定资产周转率
	17	总资产周转率	2.44	2.44		营业收入净额÷平均总资产
	18	总资产周转期（天）	147.32	147.32		360÷总资产周转率
	19	不良资产比率				（减值准备余额+应提未提应摊未摊潜亏挂账+未处理资产损失）/（资产总额+减值准备余额）
	20	资产现金回收率				年经营现金净流量÷平均资产余额
获利能力	21	营业利润率	5.50%	5.50%		营业利润÷营业收入
	22	营业净利率	4.12%	4.12%		净利润÷营业收入
	23	销售毛利率	23.84%	23.84%		（收入—成本）÷收入
	24	成本费用利润率	5.82%	5.82%		利润总额÷成本费用总额
	25	盈余现金保障倍数	16.16%	16.16%		经营现金净流量÷净利润
	26	总资产报酬率	14.35%	14.35%		息税前利润总额÷平均总资产
	27	净资产收益率	25.39%	25.39%		净利润÷平均净资产
	28	资本收益率				净利润÷平均资本（实收资本+资本公积）
	29	基本每股收益				归属于普通股股东的当期净利润÷当期发生在外普通股的加权数
	30	每股收益				净利润÷普通股平均股数
	31	每股股利				普通股股利总额÷年末普通股股数
	32	市盈率				普通股每股市价÷普通股每股收益
	33	每股净资产				年末股东权益÷年末普通股总数
发展能力	34	营业收入增长率				（本年营业收入—上年收入）/上年收入
	35	资本保值增值率	107.64%	107.64%		扣除客观因素后年末所有者权益÷年初所有者权益
	36	资本积累率	7.64%	7.64%		本年所有者权益增长额÷年初所有者权益，亦可上述—1
	37	总资产增长率	15.01%	15.01%		本年总资产增长额÷年初资产总额

续表

类别	序号	指标名称	上年数	本年数	比上年增减	（计算公式）
发展能力	38	营业利润增长率				本年营业利润增长额÷上年营业利润总额
	39	技术投入比率				本年科技支出÷本年营业收入净额
	40	营业收入三年平均增长率		9.14%	9.14%	（本年营业收入÷三年前收入）开3次方－1
	41	资本三年平均增长率		11.87%	11.87%	（年末所有者权益总额÷三年年末所有者权益总额）开3次方－1
综合	42	杜邦分析				净资产收益率＝总资产净利率×权益乘数＝营业净利率×总资产周转率×权益乘数
其他比率	43	固定资产综合折旧率				年度折旧额÷固定资产原值

以流动比率计算为例：

流动比率＝流动资产／流动负债

选择D5单元格输入公式："＝资产负债表!B18/资产负债表!E18"

其中，资产负债表!B18表示流动资产年初数；资产负债表!E18表示流动负债年初数。

第五节 因素分析法介绍

一、因素分析法定义及举例

因素分析法又称因素替换法，它是在多种因素共同作用于某项指标的情况下，分别确定各个因素的变动对该项指标变动的影响及其影响程度的分析方法。

采用这种方法的出发点在于，当有若干因素对分析对象发生影响作用时，假定其他各个因素都无变化，顺序确定每一个因素单独变化所产生的影响。

销售毛利影响分析举例：

（基于以下公式进行分析）

销售毛利＝销量×（单位销售收入净额－单位销售成本）

表1-10 某企业销售毛利比较表

项目	2014年	2013年	增加	增幅
销量（千升）	227,776	206,347	21,429	10%
单位收入（元/千升）	3,655	3,721	-66	-2%
单位成本（元/千升）	2,145	2,367	-222	-9%
销售毛利（万元）	34,394	27,939	6,455	23%

计算公式：

毛利① = 上年销量 ×（上年单位销售收入净额 – 上年单位销售成本）

毛利① =206,347×（3,721 – 2,367）=27,939（万元）

替换步骤：

销量因素影响：

毛利② = 本年销量 ×（上年单位销售收入净额 – 上年单位销售成本）

销量因素影响金额 = 毛利② – 毛利①

计算过程：

毛利② =227,776×（3,721 – 2,367）=30,841（万元）

销量因素影响金额 =30,841 – 27,939=2,902（万元）

替换步骤：

价格因素影响：

毛利③ = 本年销量 ×（本年单位销售收入净额 – 上年单位销售成本）

影响金额 = 毛利③ – 毛利②

计算过程：

毛利③ =227,776×（3,655 – 2,367）=29,337（万元）

价格影响金额 =29,337 – 30,841= – 1,504（万元）

替换步骤：

成本因素影响：

毛利④ = 本年销量 ×（本年单位销售收入净额 – 本年单位销售成本）

影响金额 = 毛利④ – 毛利③

计算过程：

毛利④ =227,776×（3,655 – 2,145）=34,394（万元）

成本因素影响金额 =34,394 – 29,337=5,057（万元）

表1-11 销售毛利影响因素结果分析表

单位：万元

项目	影响额	占总变动额的比重
销售数量	2,902	45%
销售价格	−1,504	−23%
销售成本	5,057	78%
合计	6,455	100%

二、因素分析法应注意的问题

（一）因素分解的关联性

确定构成经济指标的因素，必须能够反映形成该指标差异的内在构成原因。

毛利 = 销量 ×（单位销售收入净额 – 单位销售成本）

指标构成因素为：销量、单位销售收入净额、单位销售成本。

由于销售税金并未包含在以上公式中，所以销售税金不构成指标构成因素。

（二）因素替代的顺序性

替代因素时，必须按照各因素的依存关系，排列成一定的顺序依次替代，不可随意改变顺序，否则会得出不同的计算结果。

对公司统一使用的分析指标，财务总部会规定因素替换的顺序，一般不再改变。

毛利 = 销量 ×（单位销售收入净额 – 单位销售成本）

指标替换顺序为：①销量；②单位销售收入净额；③单位销售成本。

（三）顺序替代的连环性

在计算每一个因素变动的影响时，都是在前一次计算的基础上进行，并采用连环比较的方法确定因素变化的结果。

毛利 = 销量 ×（单位销售收入净额 – 单位销售成本）

只有保持计算程序上的连环性，才能使各个因素影响之和等于分析指标变动的差异，以全面说明分析指标变化原因。

（四）计算结果的假定性

用连环替代法计算的各因素变动的影响数，会因替代计算顺序的不同而有差别，因而计算结果是基于一定的前提假设条件得到的，离开假定的前提条件，计算结果就会发生变化。假定连环替代的顺序为：①②③。

毛利 = ①销量 ×（②单位销售收入净额 – ③单位销售成本）

分析时应采取合乎逻辑的假定，这样才具有经济意义，应该保持指标分析前后各期的假设条件一致，分析的结果才有可比性。

课后问题与作业练习
- 简述财务分析过程中所利用的指标。
- 简述因素分析法的过程。

第二单元 财务报表阅读与分析

本单元学习目标

1. 使用柱形图分析资产负债表中的流动资产，对流动资产柱形图进行优化设置；
2. 根据损益表创建条形图对各类费用进行对比分析，对费用比较图表进行格式化设置；
3. 编制现金流量定比表、创建流量走势图表、使用图表创建现金流出对比图，进行现金收入、支出结构分析和趋势分析；
4. 能够对资产负债表、损益表、现金流量表进行总体分析，包括企业资产结构、偿债能力、货币资金、盈利能力和成本费用消化能力等的分析；
5. 运用杜邦分析体系对公司财务状况、经营成果进行综合评价。

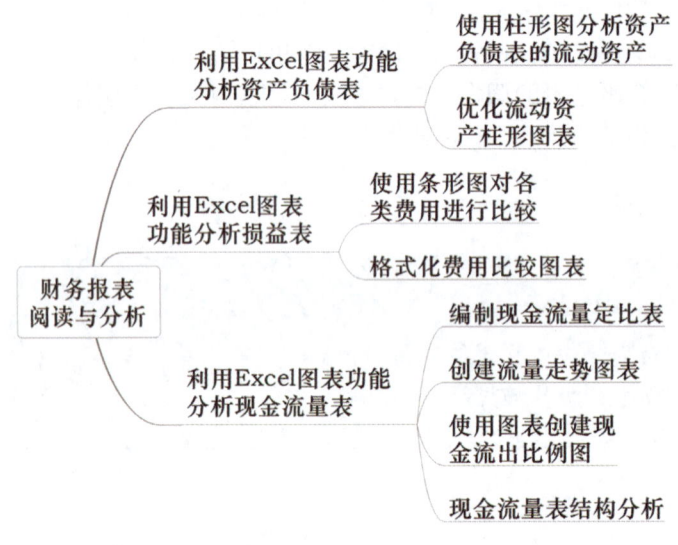

图2-1 本单元思维导图

第一节 利用 Excel 图表功能分析资产负债表

资产负债表创建完毕后，用户通过资产负债表可以很清晰地看到各科目年初数和期末数的金额，但仅从简单的数据中并不能看出什么问题，如果需要向上级领导汇报财务

状况，就需要将资产负债表中的数据转换为图表的形式，因为这样更为直观。

一、使用柱形图分析资产负债表的流动资产

流动资产是指企业可以在一年或者超过一年的一个营业周期内变现或者运用的资产，是企业资产中必不可少的组成部分。流动资产的内容包括货币资金、短期投资、应收票据、应收账款和存货等。本节使用柱形图来比较流动资产的年初数和期末数，通过该比较分析，可以很清晰地看出企业流动资产是否在增加，从而确保企业生产经营活动的顺利进行。

原始文件：实例文件 \ 第 2-1 章 \ 原始文件 \ 资产负债表 2. xlsx

最终文件：实例文件 \ 第 2-1 章 \ 最终文件 \ 柱形图分析资产负债表 . xlsx

STEP 01 选择要创建图表的区域

	A	B	C	D
10		应收账款	¥8,000	¥89,900
11		预付账款		¥0
12		应收股利		
13		应收利息		
14		其他应收款		(¥5,000)
15		存货	¥150,000	¥228,300
16				
17		一年内到期的非流动资产		
18		其他流动资产		
19		流动资产合计	¥238,000	¥539,745
20		非流动资产：		
21		可供出售金融资产		

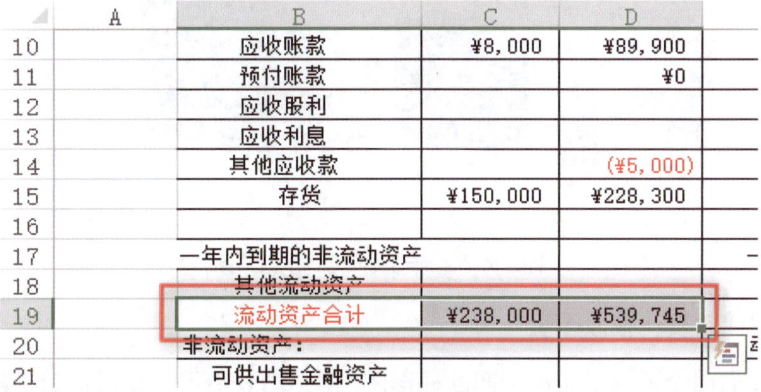

图2-2 选择【流动资产合计】步骤图

打开实例文件 \ 第 2-1 章 \ 原始文件 \ 资产负债表 2. xlsx，选择要创建图表的数据区域，这里选择 B19:D19 单元格区域，如图 2-2 所示。

STEP 02 选择图表类型

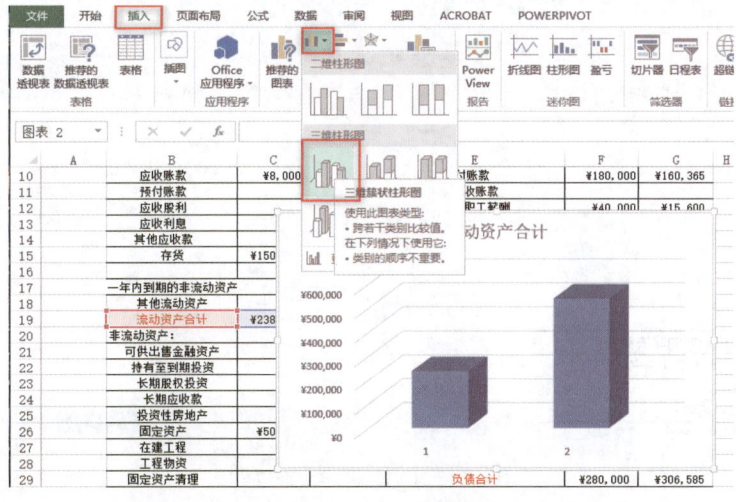

图2-3 选择【柱形图】-【三维簇状柱形图】步骤图

在【插入】选项卡下单击【柱形图】按钮,从展开的库中选择【三维簇状柱形图】类型,如图 2-3 所示。

STEP 03 创建的图表效果

此时,在工作表中自动创建了一个名为"流动资产合计"的柱形图表,效果如图2-4所示。

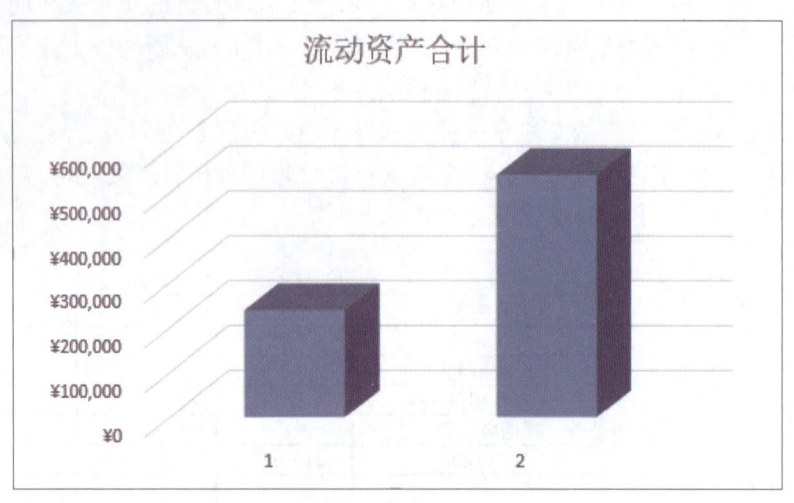

图2-4 【流动资产合计】效果图

二、优化流动资产柱形图表

在前面我们创建了关于流动资产的柱形图,但是图表中很多项目还处于默认情况下。为了能让读者更清晰地看到流动资产年初数和期末数的对比情况,可以对流动资产柱形图表进行优化。

原始文件:实例文件\第 2-1 章\原始文件\资产负债表2.xlsx
最终文件:实例文件\第 2-1 章\最终文件\优化流动资产柱形图表.xlsx

STEP 01 单击【选择数据】按钮

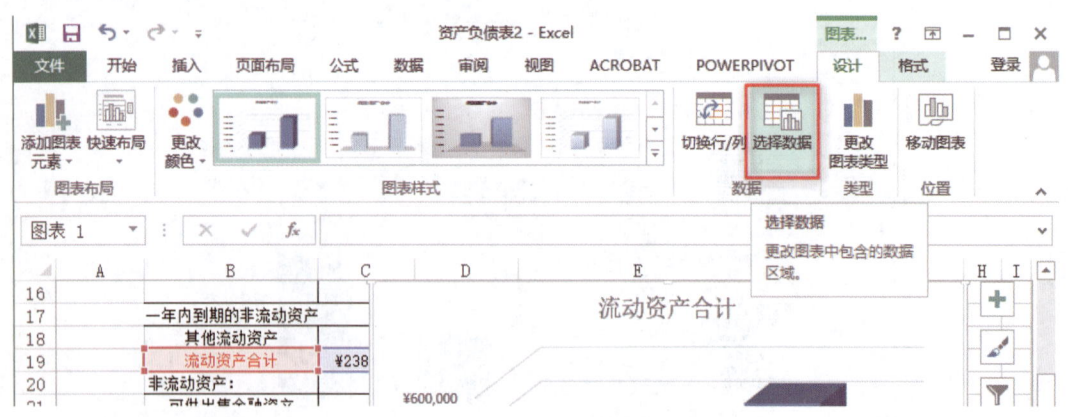

图2-5 【选择数据】步骤图

打开实例文件\第 2-1 章\原始文件\资产负债表2.xlsx,选中图表,在【图表工具-

设计】选项卡下单击【选择数据】按钮，如图 2-5 所示。

STEP 02 编辑水平轴标签

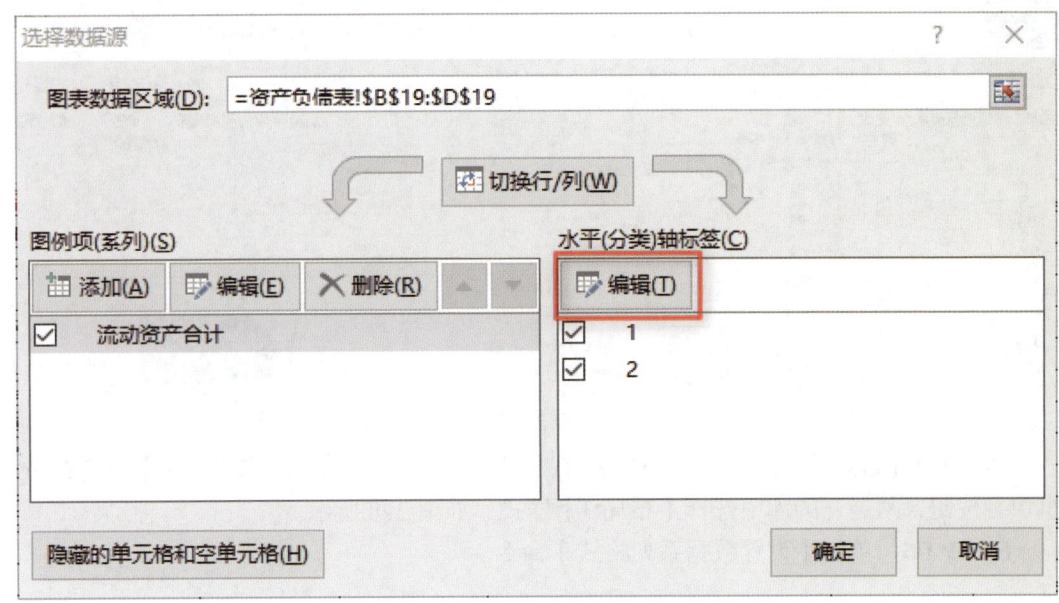

图2-6 【编辑水平轴标签】步骤图

弹出【选择数据源】对话框，单击【水平（分类）轴标签】下方的【编辑】按钮，如图 2-6 所示。

STEP 03 选择轴标签区域

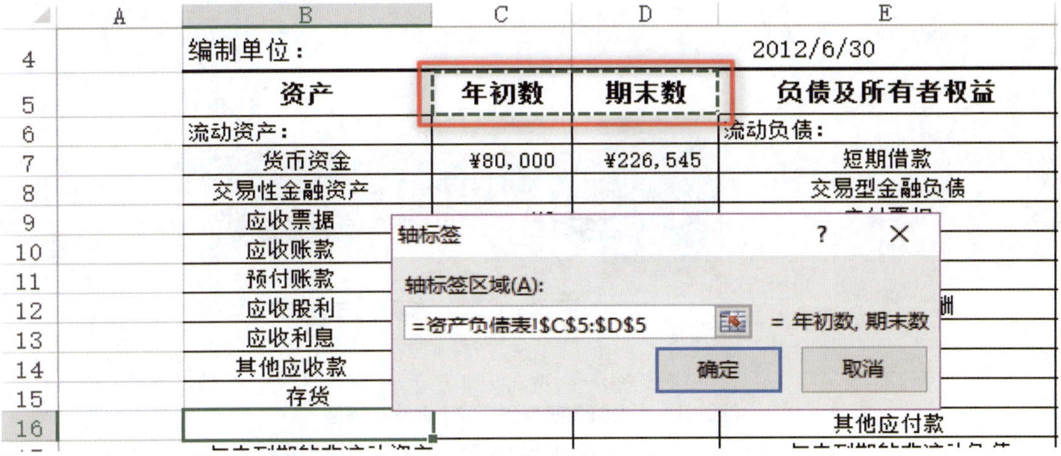

图2-7 【选择轴标签区域】步骤图

弹出【轴标签】对话框，将光标定位在【轴标签区域】文本框中，拖动鼠标选择 C5:D5 单元格区域，如图 2-7 所示。

STEP 04 选择布局样式

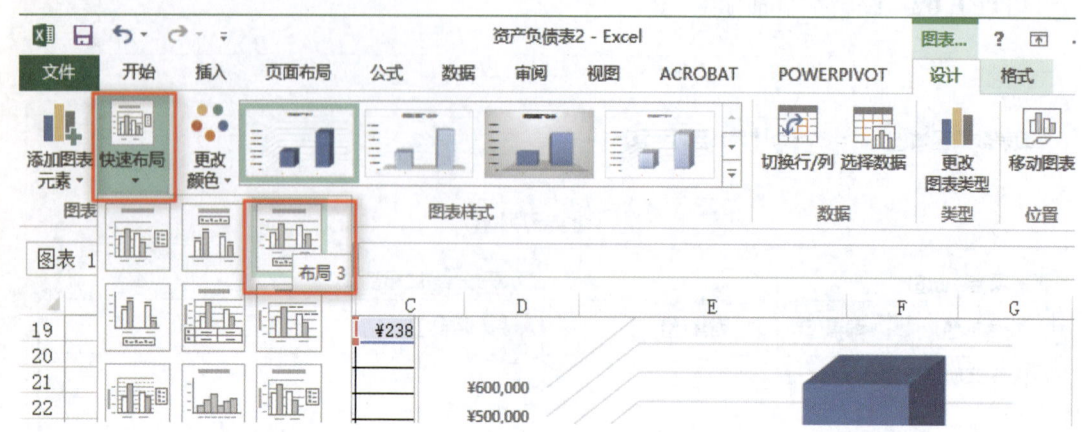

图2-8 【选择布局样式】步骤图

连续单击【确定】按钮，返回工作表，在【图表工具－设计】选项卡下单击【快速布局】组快翻按钮，从展开的库中选择【布局3】样式，如图2-8所示。

STEP 05 单击【设置数据系列格式】命令

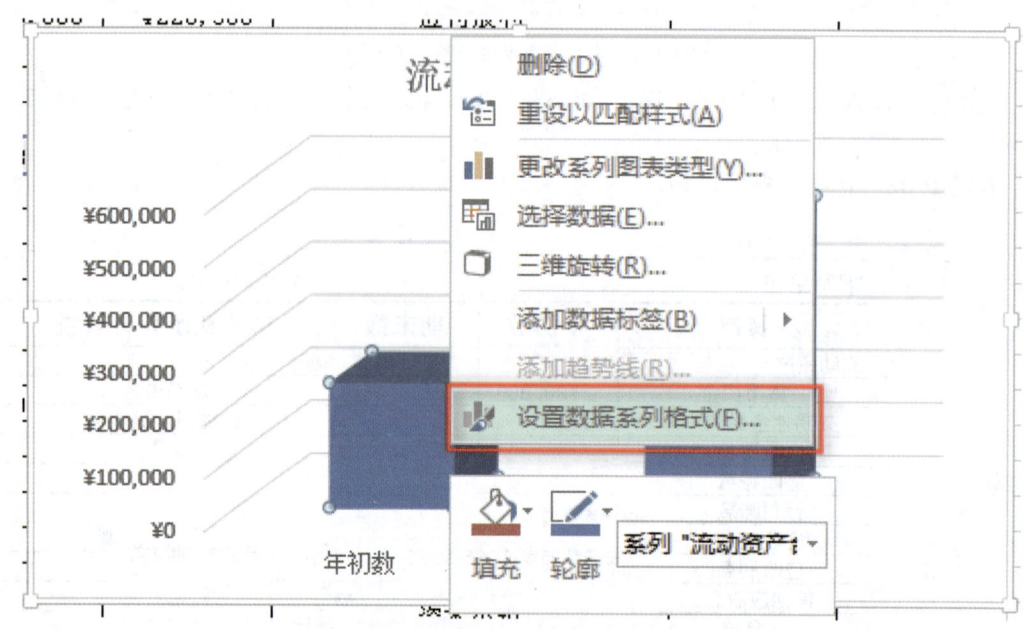

图2-9 【设置数据系列格式】命令步骤图

右击图表中的数据系列，从弹出的快捷菜单中单击【设置数据系列格式】命令，如图2-9所示。

STEP 06　依数据点着色

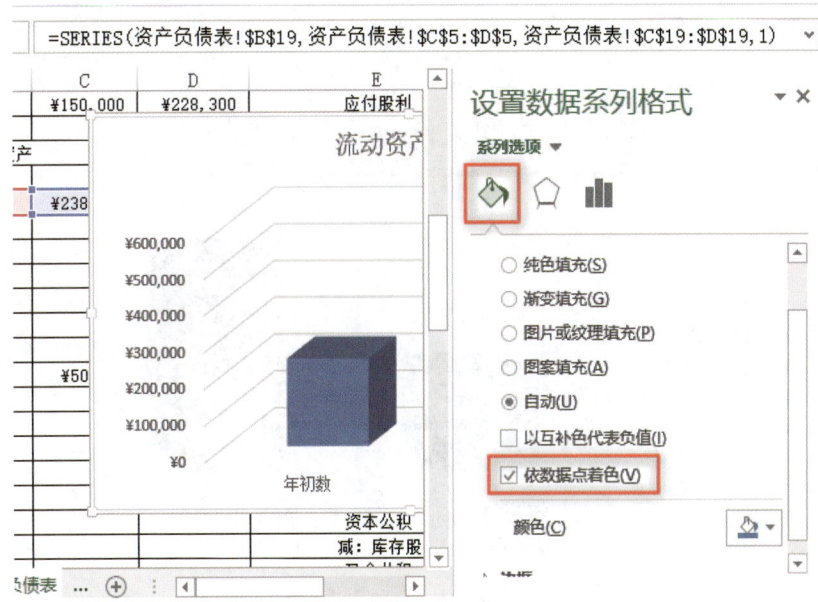

图2-10　【依数据点着色】步骤图

弹出【设置数据系列格式】对话框，切换至【填充】选项卡，勾选【依数据点着色】复选框，如图 2-10 所示。

STEP 07　显示模拟运算表

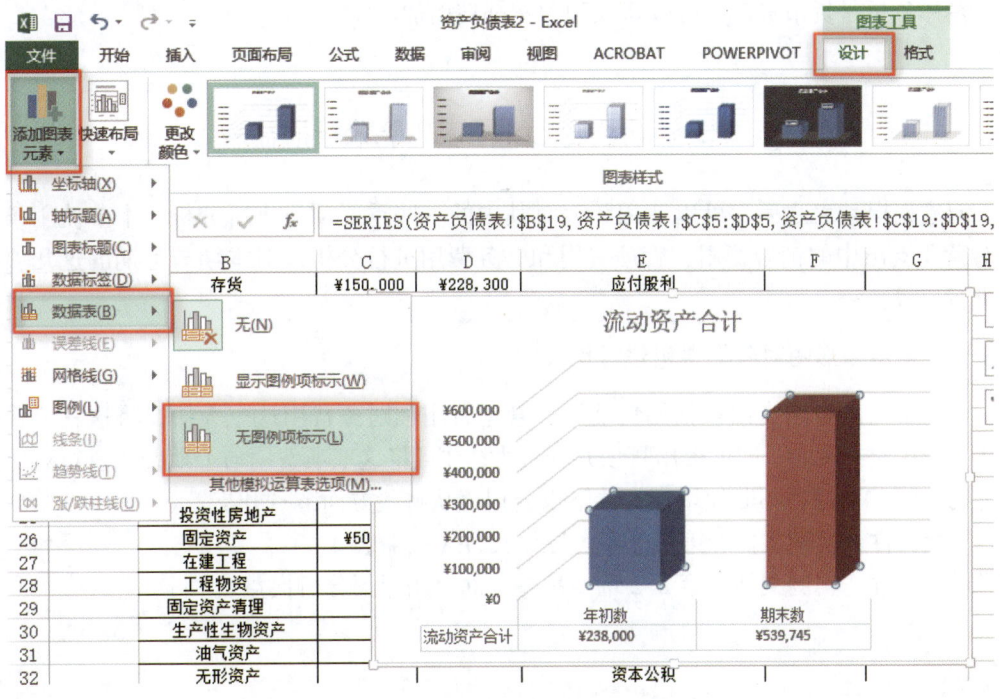

图2-11　【显示模拟运算表】步骤图

单击【关闭】按钮返回工作表，在【图表工具-设计】选项卡下单击【添加图表元素】按钮，从展开的下拉列表中单击【数据表】选项，如图2-11所示。

STEP 08 更改图表标题

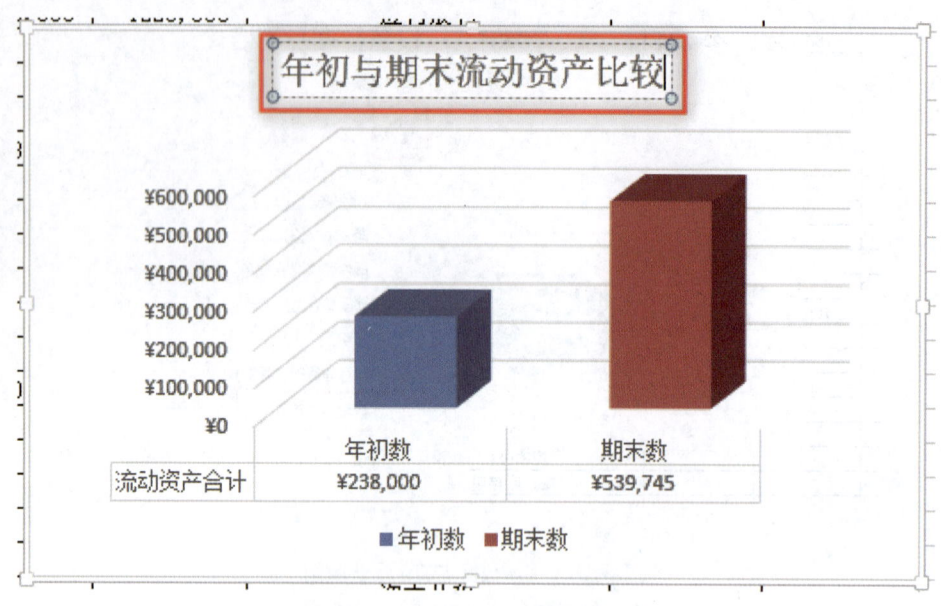

图2-12 【更改图表标题】步骤图

更改图表的标题为"年初与期末流动资产比较"。经过以上一系列的设置，得到图表的最终效果如图2-12所示。从图表中可以很明显地看出期末流动资产远远大于年初数，具体分析是货币资产、应收账款和存货都在增加。

第二节 利用Excel图表功能分析损益表

创建完损益表之后，可以使用图表对其中的一些重要项目进行分析。本节使用条形图对营业支出中的销售费用、管理费用和财务费用进行分析，对本期与上期的这几项费用进行比较。

一、使用条形图对各类费用进行比较

企业常见的费用支出包括销售费用、管理费用和财务费用这三大块，将这三项费用采用条形图进行对比，即可得出哪项开支最大；并且将这三项费用与上期费用进行对比，也能得出哪些费用在不断地增加，接下来公司该从哪些方面节省开支。

原始文件：实例文件\第2-2章\原始文件\损益表4.xlsx
最终文件：实例文件\第2-2章\最终文件\条形图分析损益表.xlsx

STEP 01 选择要创建图表的区域

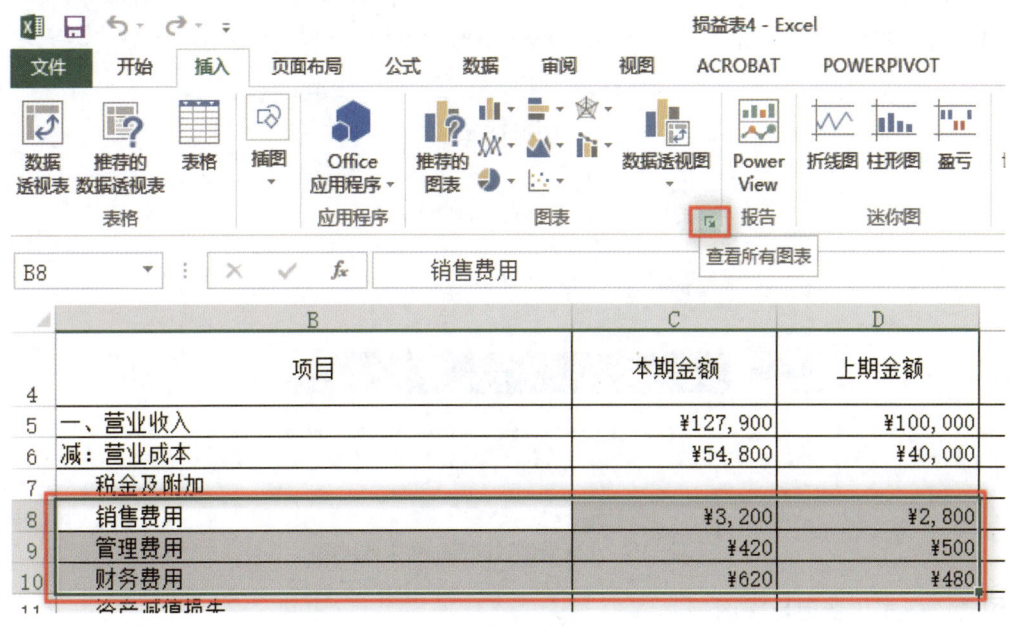

图2-13 【选择要创建图表的区域】步骤图

打开实例文件\第 2-2 章\原始文件\损益表 4.xlsx，选择要创建图表的数据区域 B8:D10，然后在【插入】选项卡下单击【图表】组对话框启动器，如图 2-13 所示。

STEP 02 选择图表类型

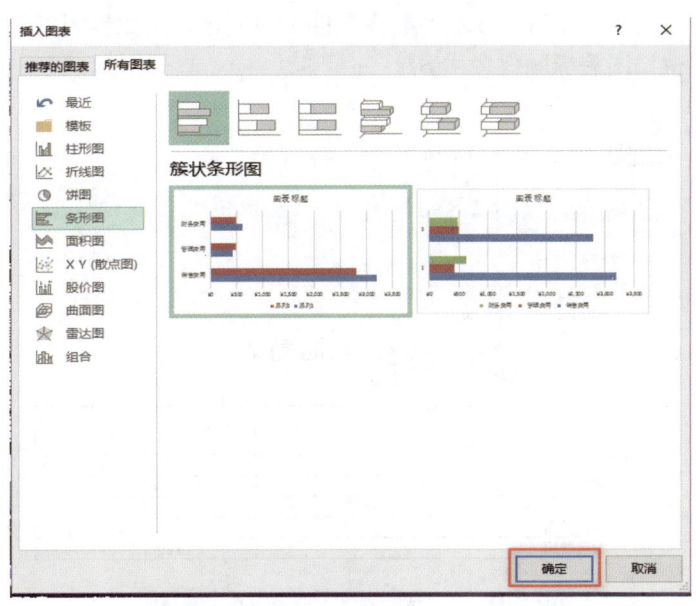

图2-14 【选择图表类型】步骤图

弹出【插入图表】对话框，选择【簇状条形图】类型，如图 2-14 所示。选定后单击【确定】按钮。

STEP 03 查看创建的条形图

返回工作表，此时已经创建了一个条形图，条形图包括三个项目：财务费用、管理费用和销售费用，效果如图2-15所示。从该图形中可以看出销售费用项目开支最大。

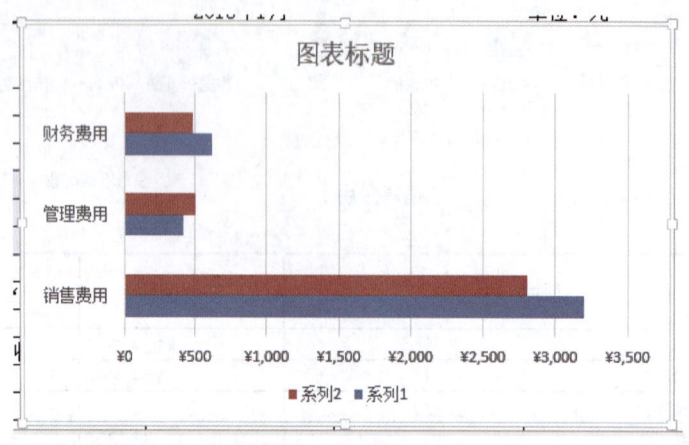

图2-15 【查看创建的条形图】效果图

二、格式化费用比较图表

在前面我们创建了关于各类费用对比的条形图，但是图表中既没有标题，也没有明确的数据系列名称，阅读者很难看懂要表达的含义。为了使图表的含义一目了然，还需对费用比较图表进行格式化。

原始文件：实例文件\第2-2章\原始文件\图表分析损益表.xlsx
最终文件：实例文件\第2-2章\最终文件\格式化费用比较图表.xlsx

STEP 01 选择图表标题放置位置

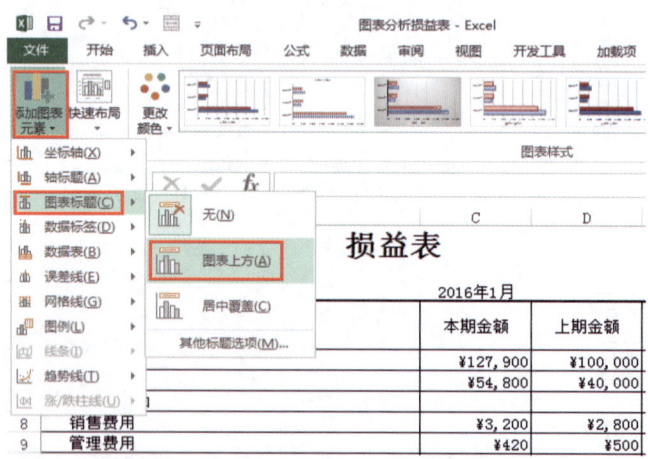

图2-16 【选择图表标题放置位置】步骤图

打开实例文件\第2-2章\原始文件\图表分析损益表.xlsx，选中图表，在【图表工具】选项卡下单击【添加图表元素】按钮，从展开的下拉列表中单击【图表上方】选项，如图2-16所示。

STEP 02 输入图表标题

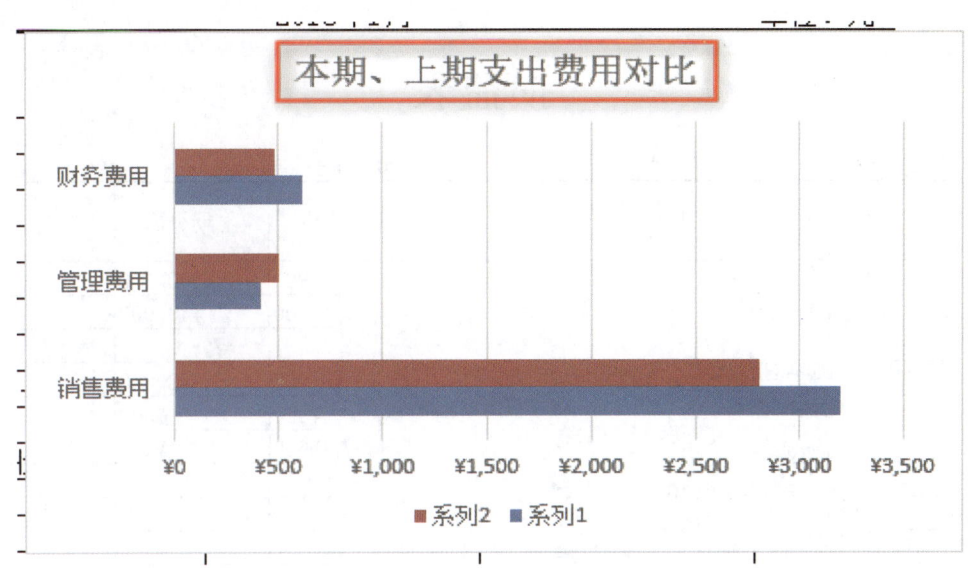

图2-17 【输入图表标题】步骤图

此时在图表的上方插入一个【图表标题】占位符，删除默认的文本，输入图表标题【本期、上期支出费用对比】，如图2-17所示。

STEP 03 编辑系列

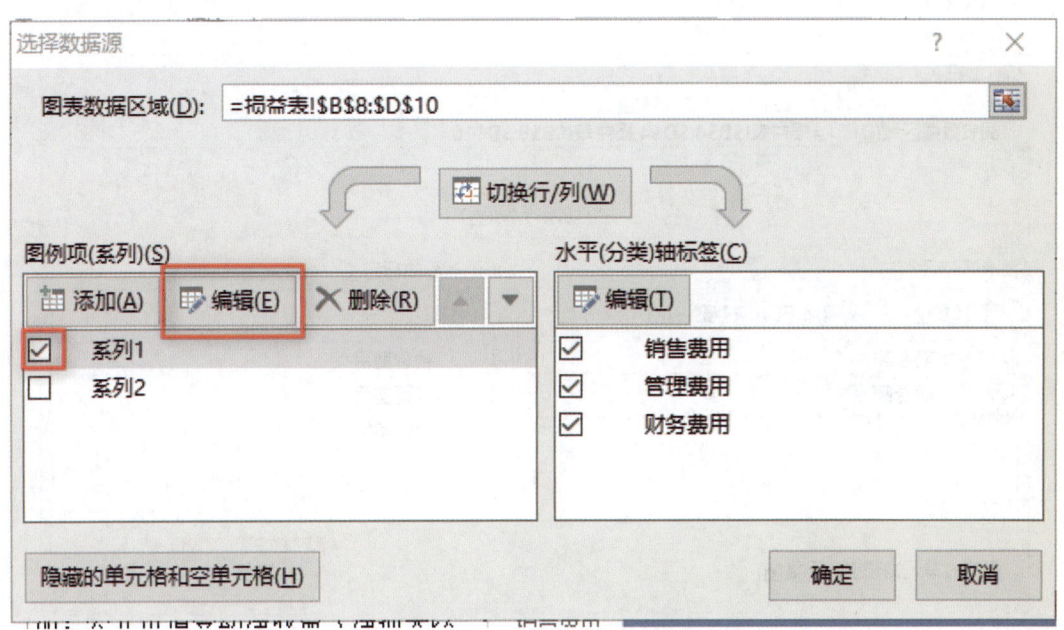

图2-18 【编辑系列】步骤图

单击图表，点击【设计-选择数据】选项卡，弹出【选择数据源】对话框，在【图例项（系列）】列表框中选择【系列1】选项，然后单击【编辑】按钮，如图2-18所示。

STEP 04 选择数据系列名称

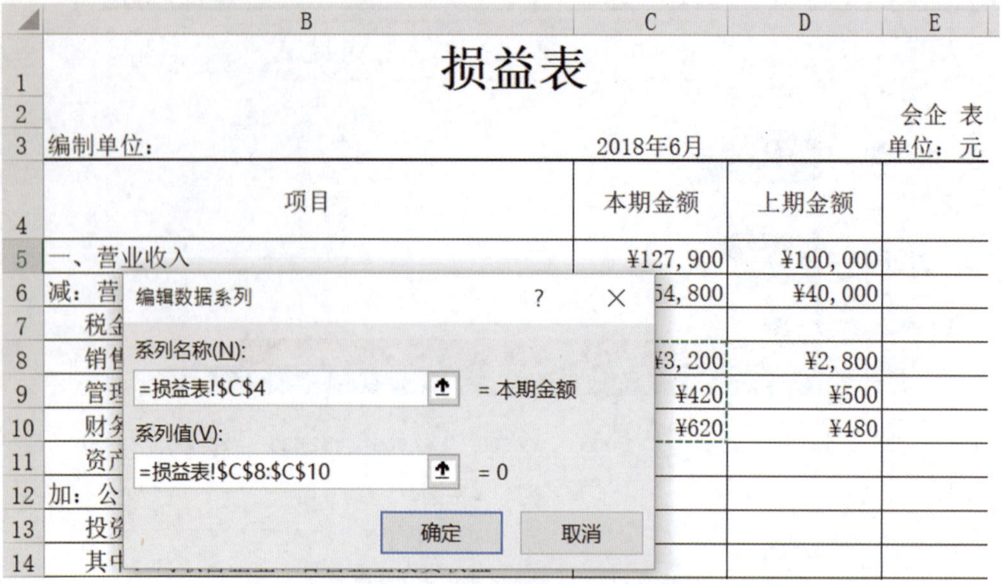

![损益表编辑数据系列对话框]

图2-19 【选择数据系列名称】步骤图

弹出【编辑数据系列】对话框，将光标定位在【系列名称】文本框中，然后选择系列1的名称为C4单元格，如图2-19所示。

STEP 05 确认系列名称

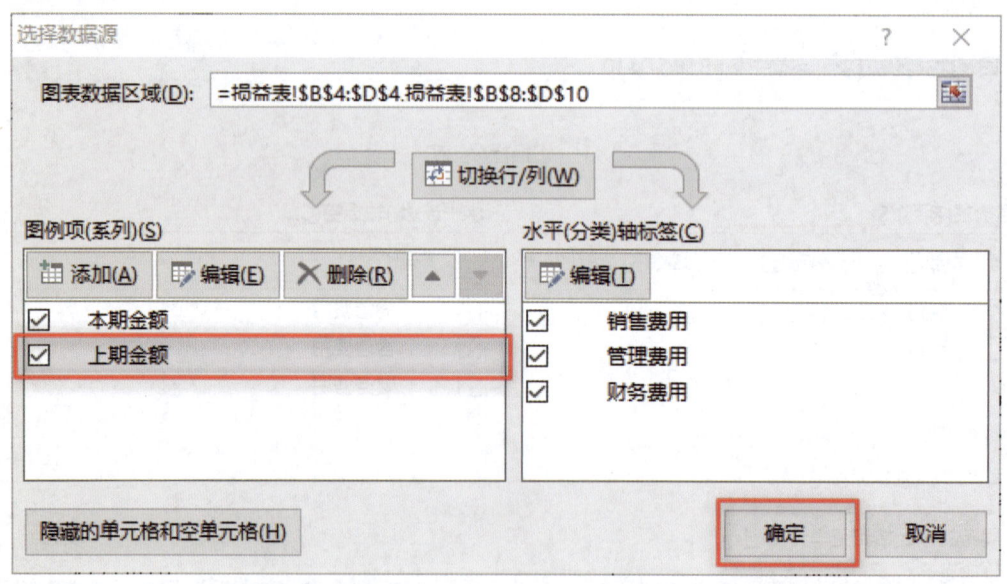

图2-20 【确定系列名称】步骤图

单击【确定】按钮返回【选择数据源】对话框，用同样的方法选择系列2，设置系列2的名称为D4单元格，即【上期金额】，确认后单击【确定】按钮即可，如图2-20所示。

STEP 06 选择图例显示位置

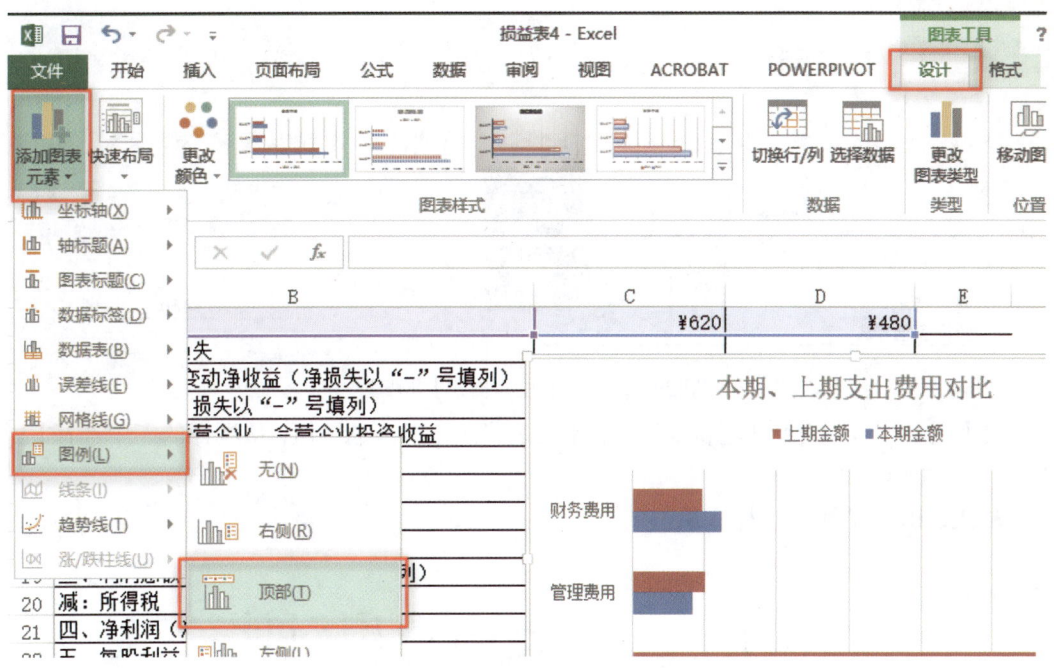

图2-21 【选择图例显示位置】步骤图

返回工作表，在【图表工具－设计】选项卡下单击【添加图表元素】按钮，从展开的下拉列表中单击【图例】→【顶部】选项，如图2-21所示。

STEP 07 查看更改图例位置后的效果

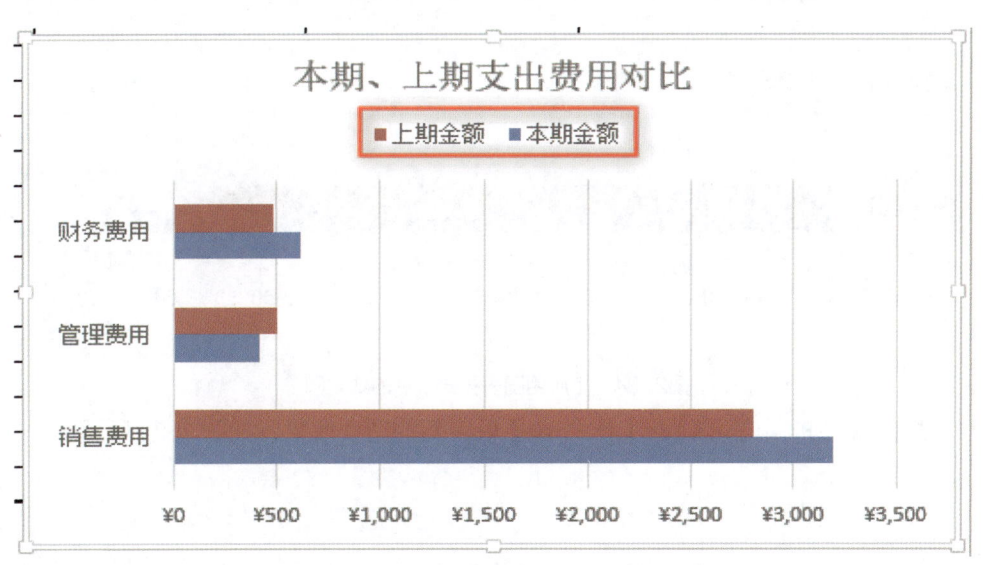

图2-22 【更改图例位置】后的效果图

此时，可以看到图表中两个系列的名称已经更改，并且图例显示在了图表顶部，如图2-22所示。

STEP 08 选择图表样式

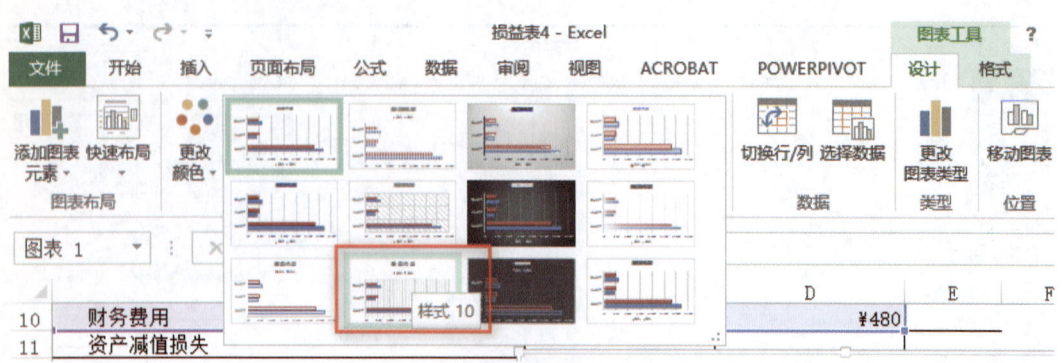

图2-23 【选择图表样式】步骤图

在【图表工具-设计】选项卡下单击【图表样式】组快翻按钮，从展开的库中选择【样式10】，如图2-23所示。

STEP 09 应用图表样式后的效果

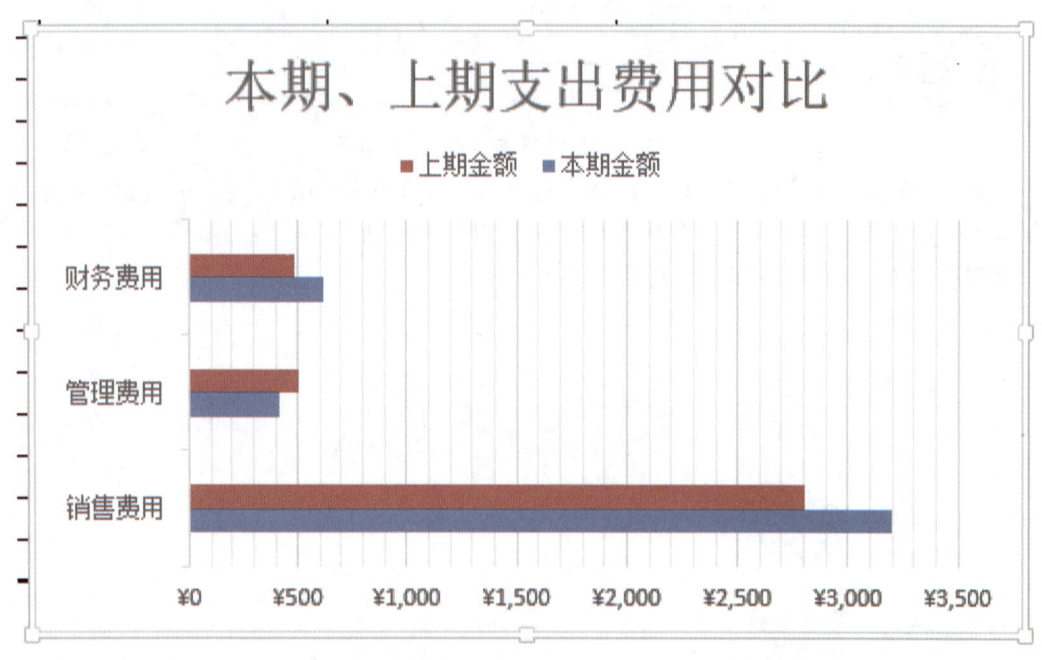

图2-24 【应用图表样式】后的效果图

此时可以看到应用了预设的【样式10】后得到的图表效果，如图2-24所示。

STEP 10 更改图表中的字体得到最终效果

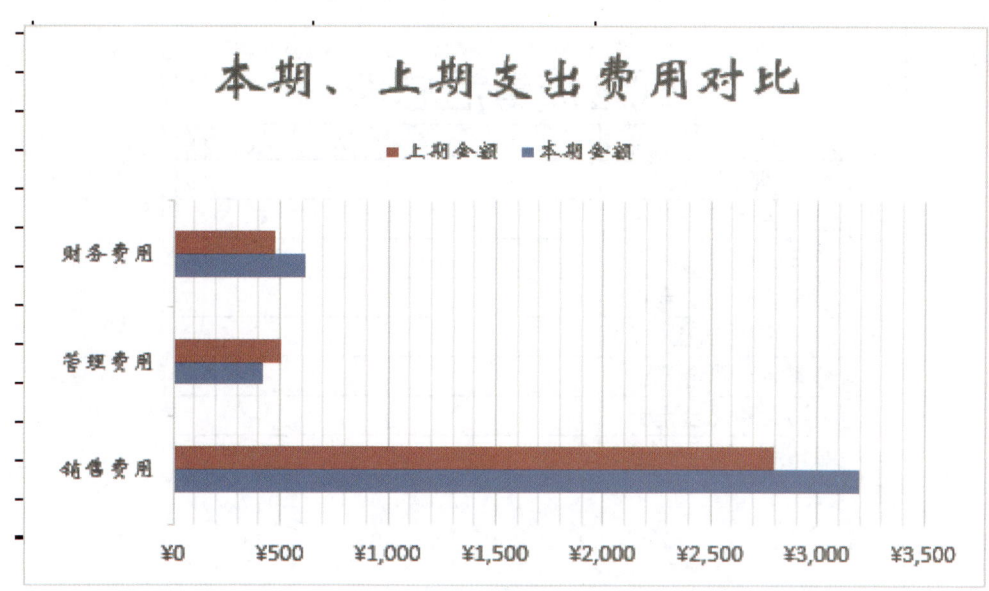

图2-25 【更改图表中的字体】后的效果图

最后将图表中的字体都更改为"华文新魏",得到图表的最终效果,如图 2-25 所示。

从图表中可以很明显地看出销售费用的支出是最大的,并且本期的销售费用与上期相比还在不断地增加,所以企业应该对销售费用进行适当的调整,尽量节省这部分费用的支出。

第三节 利用 Excel 图表功能分析现金流量表

现金流量表的趋势分析是通过计算趋势的百分比数据,从而了解各项目变动的基本趋势,判断趋势的利弊,并对企业的未来发展做出预测。趋势百分比分为定比和环比,本节使用其中的定比法。

一、编制现金流量定比表

所谓定比就是指选定某一年作为基期,然后其余各年与基期比较,计算出趋势百分数。由于此种方法计算出的各会计期间的趋势百分数,均以基期为计算基准,所以能够明确地反映出有关项目和基期相比发生的变化值。下面就来编制现金流量定比表。

原始文件:实例文件 \ 第 2-3 章 \ 原始文件 \ 现金流量表 4.xlsx
最终文件:实例文件 \ 第 2-3 章 \ 最终文件 \ 现金流量定比表.xlsx

STEP 01 创建现金流量汇总表格

图2-26 【创建现金流量汇总表格】步骤图

打开实例文件\第2-3章\原始文件\现金流量表4.xlsx，将Sheet2工作表标签重命名为"现金流量汇总表"，然后在该工作表中创建如图2-26所示的"现金流量汇总表"表格。

STEP 02 计算各项目的现金流入额

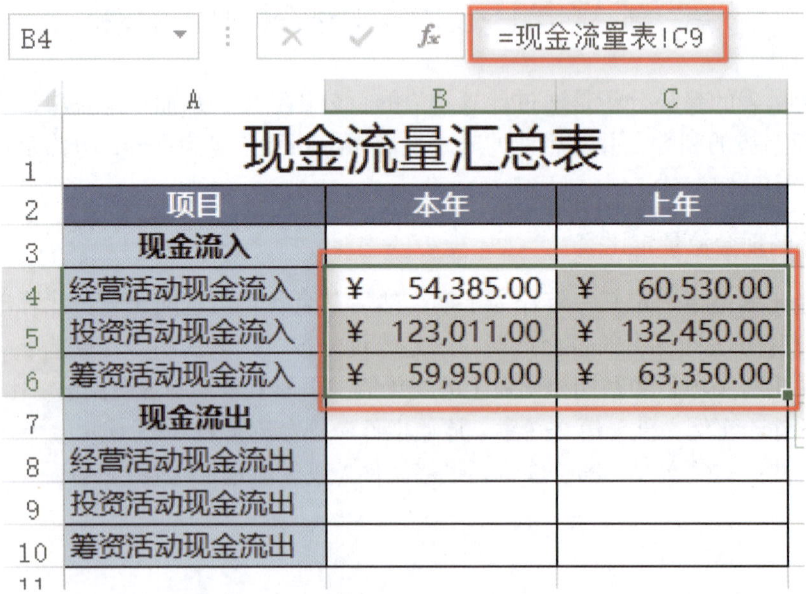

图2-27 【计算各项目的现金流入额】步骤图

选择B4单元格，在编辑栏中输入公式"=现金流量表!C9"，按Enter键后向右复制公式，再向下复制公式，得到的结果如图 2-27 所示。

STEP 03 计算各项目的现金流出额

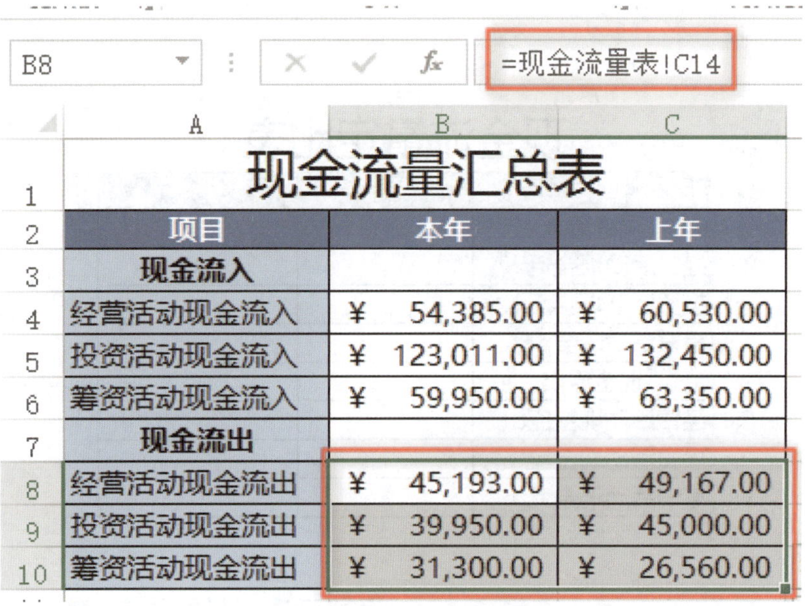

现金流量汇总表		
项目	本年	上年
现金流入		
经营活动现金流入	¥ 54,385.00	¥ 60,530.00
投资活动现金流入	¥ 123,011.00	¥ 132,450.00
筹资活动现金流入	¥ 59,950.00	¥ 63,350.00
现金流出		
经营活动现金流出	¥ 45,193.00	¥ 49,167.00
投资活动现金流出	¥ 39,950.00	¥ 45,000.00
筹资活动现金流出	¥ 31,300.00	¥ 26,560.00

图2-28 【计算各项目的现金流出额】步骤图

选择 B8 单元格，在编辑栏中输入公式“= 现金流量表 !C14”，按 Enter 键后向右复制公式，再向下复制公式，得到的结果如图 2-28 所示。

STEP 04 汇总现金流入和现金流出额

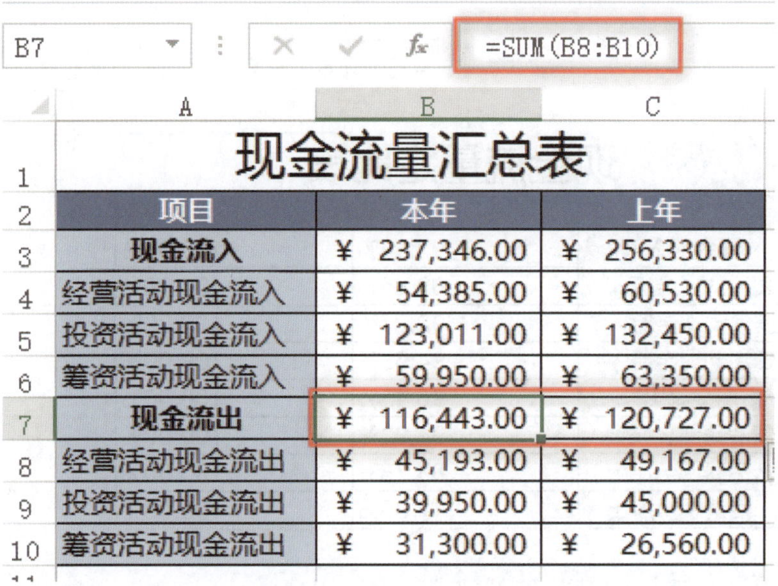

现金流量汇总表		
项目	本年	上年
现金流入	¥ 237,346.00	¥ 256,330.00
经营活动现金流入	¥ 54,385.00	¥ 60,530.00
投资活动现金流入	¥ 123,011.00	¥ 132,450.00
筹资活动现金流入	¥ 59,950.00	¥ 63,350.00
现金流出	¥ 116,443.00	¥ 120,727.00
经营活动现金流出	¥ 45,193.00	¥ 49,167.00
投资活动现金流出	¥ 39,950.00	¥ 45,000.00
筹资活动现金流出	¥ 31,300.00	¥ 26,560.00

图2-29 【汇总现金流入和现金流出额】步骤图

选择 B3 和 B7 单元格，分别输入公式“=SUM（B4:B6）”，“=SUM（B8:B10）”，按

Enter 键后向右复制公式，得到本年和上年的现金流入、流出合计值，如图 2-29 所示。

STEP 05 创建现金流量定比表

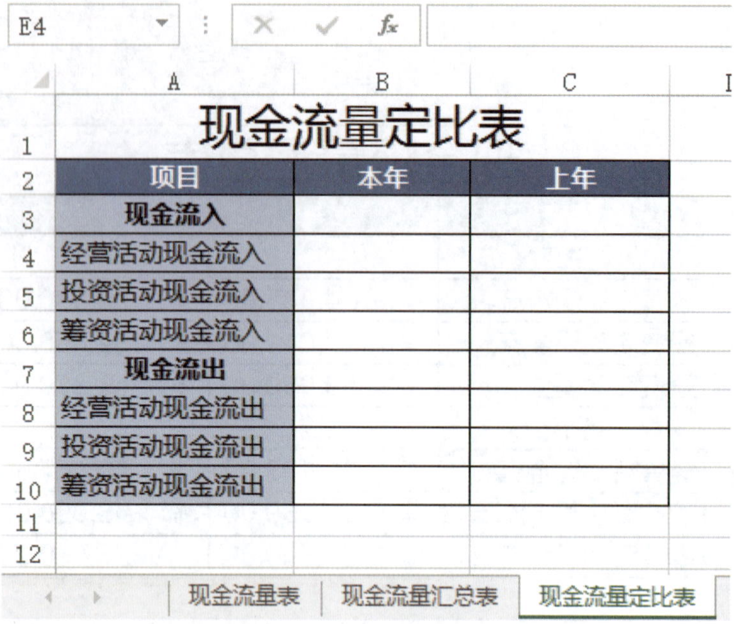

项目	本年	上年
现金流入		
经营活动现金流入		
投资活动现金流入		
筹资活动现金流入		
现金流出		
经营活动现金流出		
投资活动现金流出		
筹资活动现金流出		

图2-30 【创建现金流量定比表】步骤图

将Sheet3工作表标签重命名为"现金流量定比表"，然后在该工作表中创建如图2-30所示的"现金流量定比表"表格。

STEP 06 设置公式计算定比值

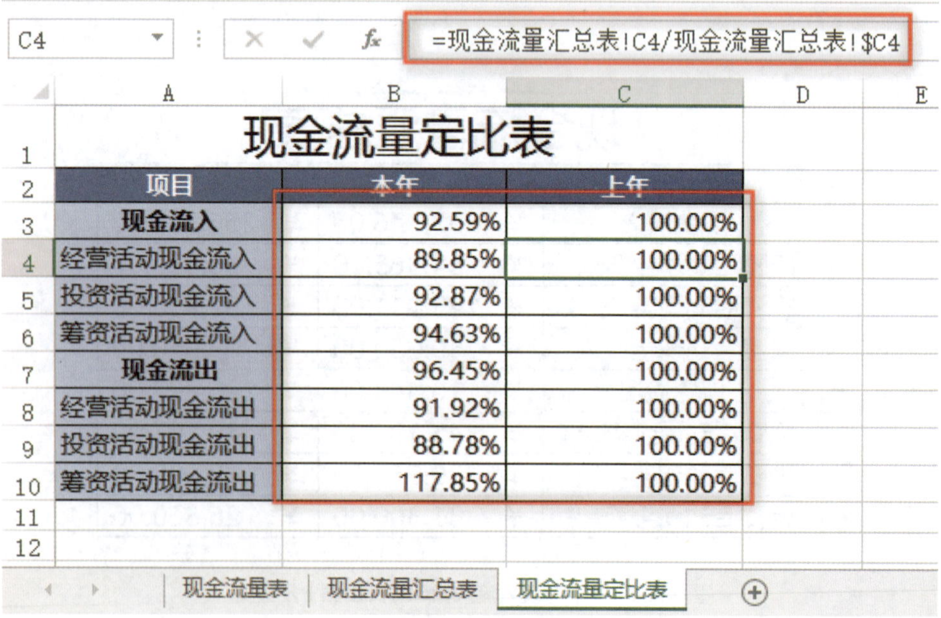

C4 单元格公式：=现金流量汇总表!C4/现金流量汇总表!$C4

项目	本年	上年
现金流入	92.59%	100.00%
经营活动现金流入	89.85%	100.00%
投资活动现金流入	92.87%	100.00%
筹资活动现金流入	94.63%	100.00%
现金流出	96.45%	100.00%
经营活动现金流出	91.92%	100.00%
投资活动现金流出	88.78%	100.00%
筹资活动现金流出	117.85%	100.00%

图2-31 【设置公式计算定比值】示意图

这里以上年金额为计算基准，选择C4单元格，在编辑栏中输入公式"=现金流量汇总表!C4/现金流量汇总表!$C$4"，按Enter键后，向下复制公式后再将公式复制到B列中，得到其他项目的定比值，如图2-31所示。

从现金流量定比表的现金流入数据可以看出经营活动、投资活动以及筹资活动产生的现金流入趋势是在递减的。从现金流量定比表的现金流出数据可以看出经营活动、投资活动产生的现金流出趋势是递减的，而筹资活动产生的现金流出趋势则在增长。

二、创建流量走势图表

用户虽然能够从现金流量汇总表中看出现金流入和流出的趋势，但使用图表可以更加直观地了解其趋势，下面就来介绍如何使用折线图分析现金流入和流出的趋势。

原始文件：实例文件\第2-3章\原始文件\现金流量定比表.xlsx
最终文件：实例文件\第2-3章\最终文件\现金流量走势图表.xlsx

STEP 01 选择创建图表的区域和类型

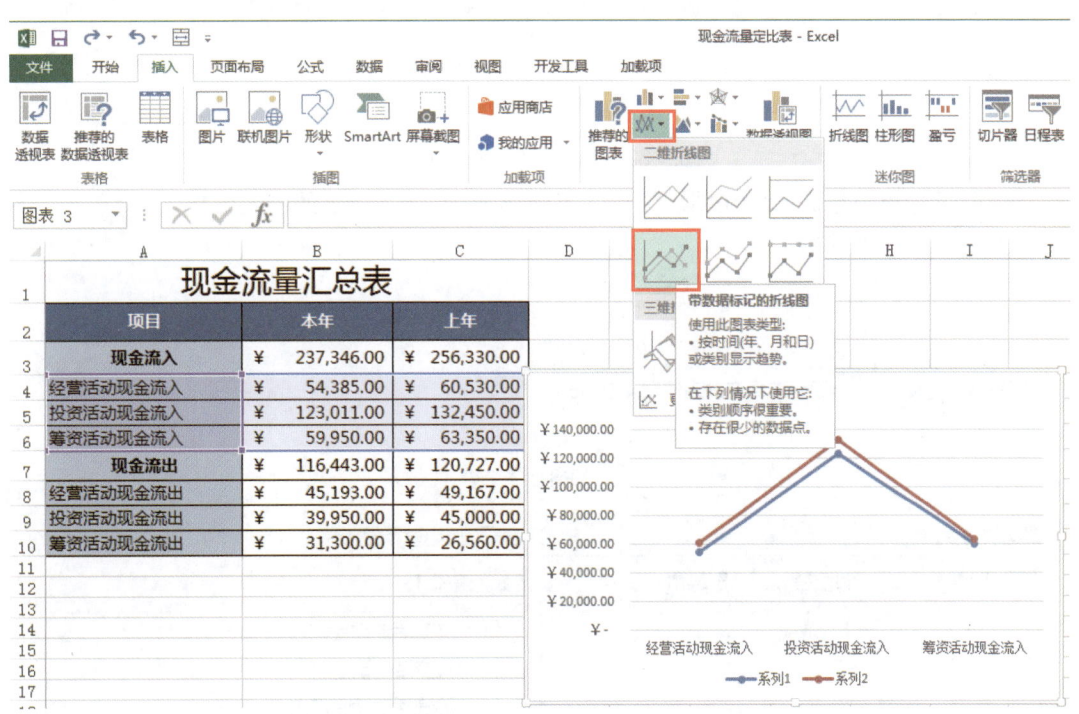

图2-32 【选择创建图表的区域和类型】步骤图

打开实例文件\第2-3章\原始文件\现金流量定比表.xlsx，切换至"现金流量汇总表"中，选择A4:C6单元格区域，在【插入】选项卡下单击【折线图】按钮，从展开的库中选择【带数据标记的折线图】类型，如图2-32所示。

STEP 02　创建的图表

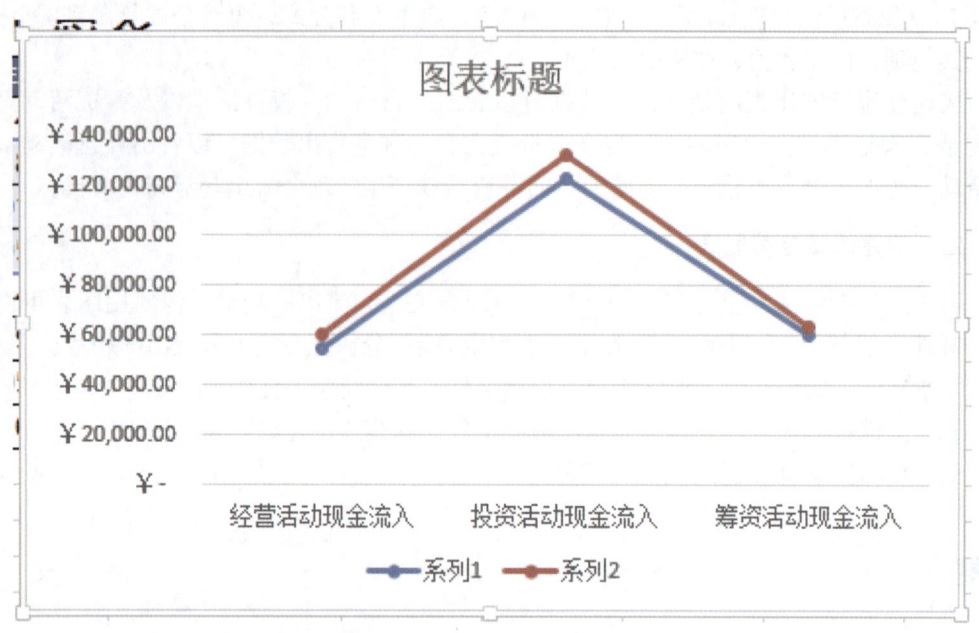

图2-33　【创建的图表】效果图

根据所选择的数据区域和图表类型，创建出如图 2-33 所示的图表效果。

STEP 03　切换行/列

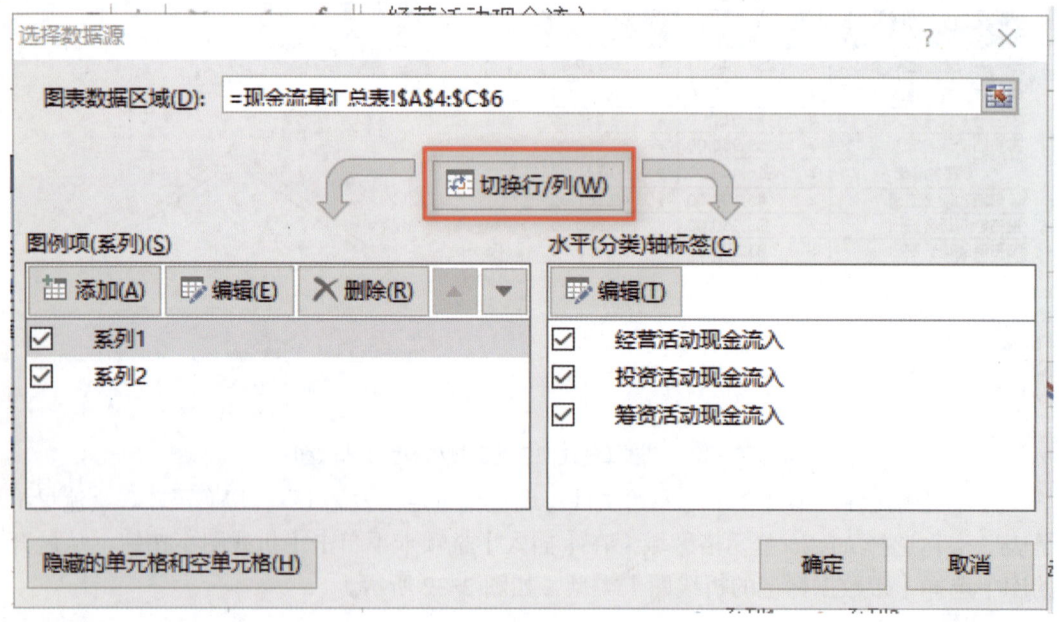

图2-34　【切换行/列】步骤图

在【图表工具 - 设计】选项卡下单击【选择数据】按钮，弹出【选择数据源】对话框，单击【切换行/列】按钮，如图 2-34 所示。

STEP 04 编辑水平轴标签

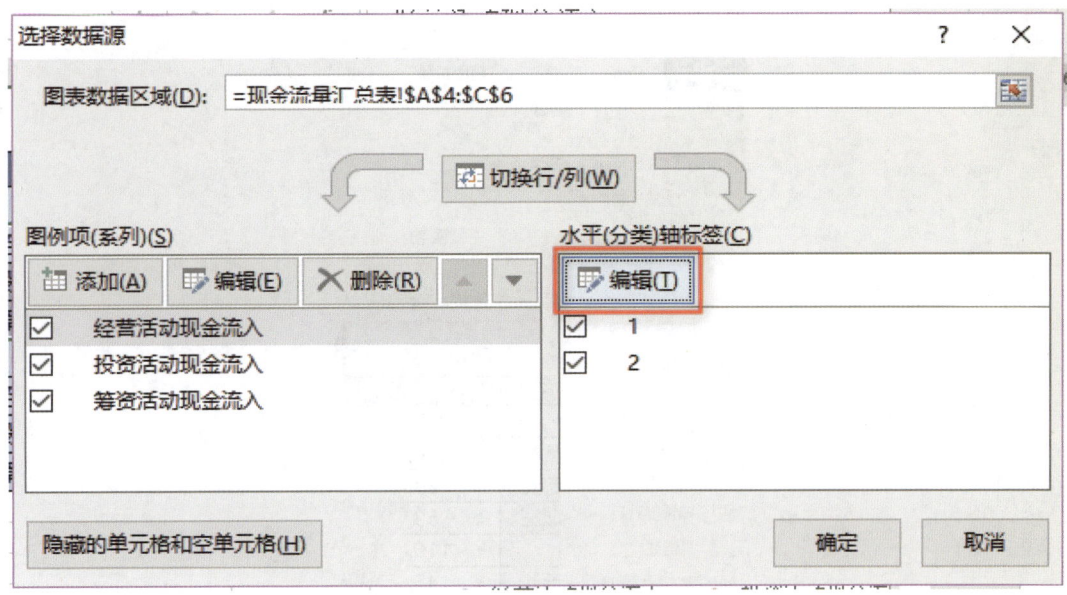

图2-35 【编辑水平轴标签】步骤图

单击【水平（分类）轴标签】列表框中的【编辑】按钮，如图 2-35 所示。

STEP 05 选择轴标签区域

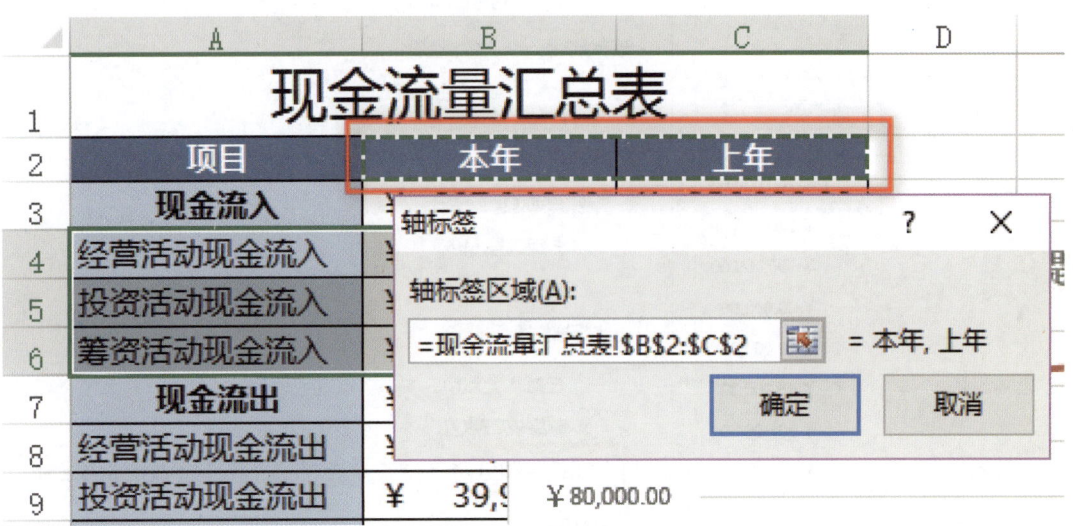

图2-36 【选择轴标签区域】步骤图

弹出【轴标签】对话框，将光标定位在【轴标签区域】文本框中，选择其区域为 B2:C2 单元格区域，如图 2-36 所示。

STEP 06 设置主要横坐标轴

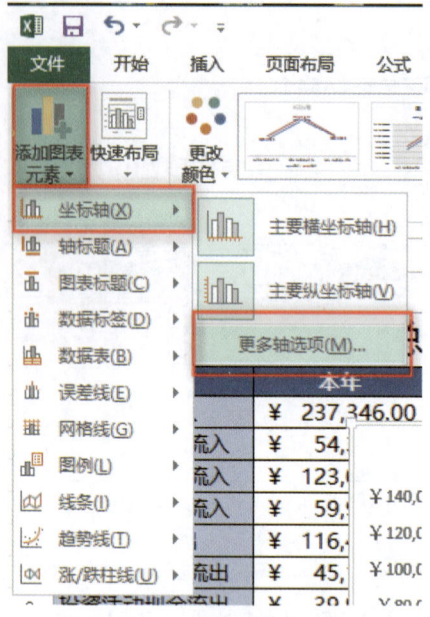

图2-37 【更多轴选项】步骤图

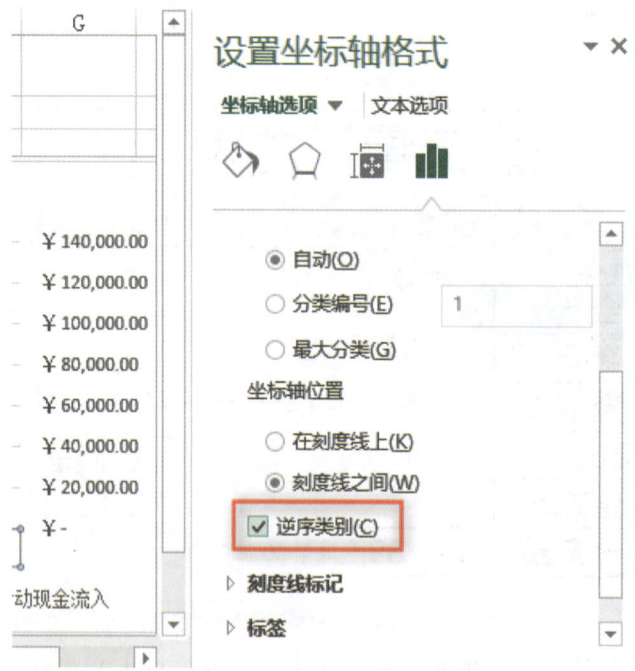

图2-38 【逆序类别】步骤图

连续单击两次【确定】按钮，返回工作表，在【图表工具-设计】选项卡下单击【添加图表元素】按钮，从展开的下拉列表中单击【更多轴选项】选项，勾选【逆序类别】，如图 2-37、图 2-38 所示。

STEP 07　查看图表效果

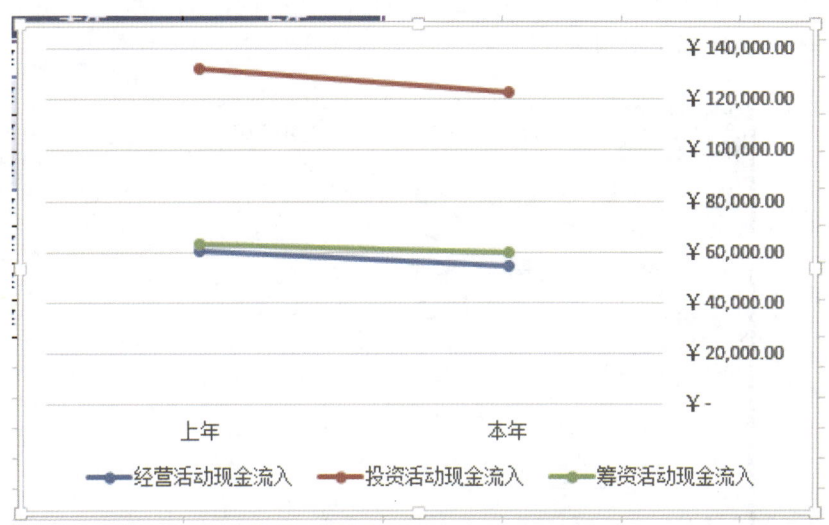

图2-39　【查看图表效果】步骤图

经过以上一系列的设置后，此时可以看到图表中显示出了横坐标的标签为"上年"和"本年"，并且横坐标轴变成了从右向左显示的情况，效果如图2-39所示。

STEP 08　选择图表标题放置位置

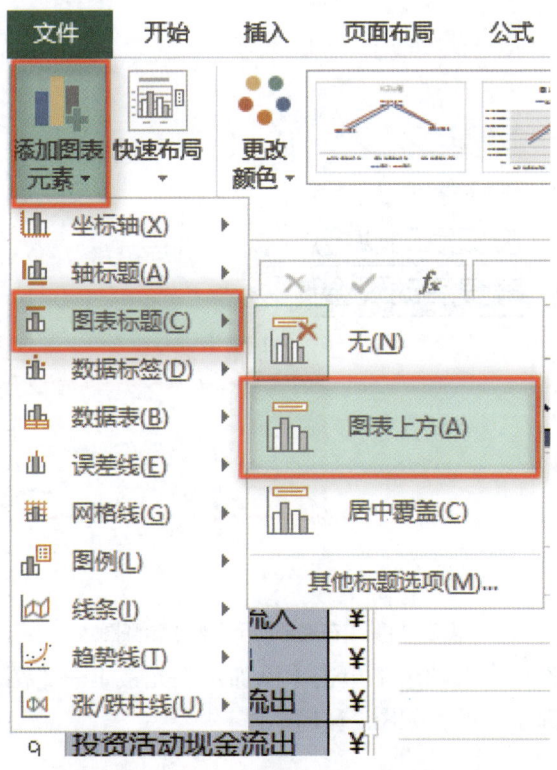

图2-40　【选择图表标题放置位置】步骤图

选中图表,在【图表工具-设计】选项卡下单击【添加图表元素】→【图表标题】按钮,从展开的下拉列表中选择【图表上方】选项,如图2-40所示。

STEP 09 在底部显示图例

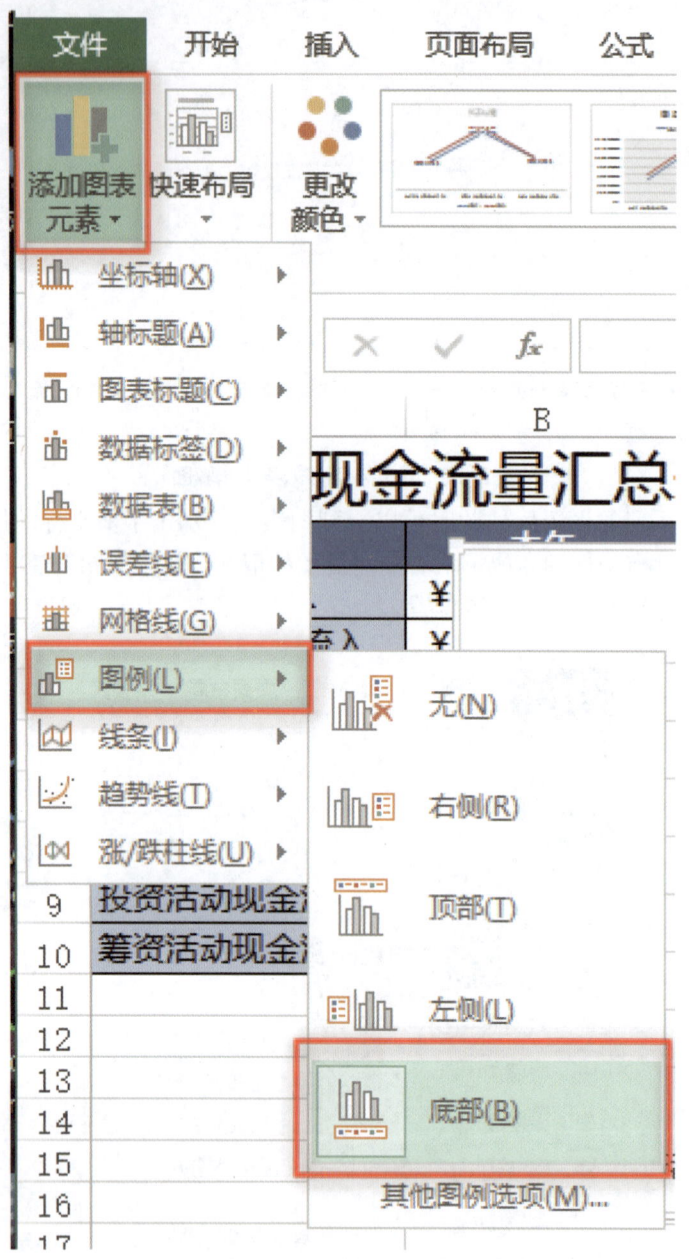

图2-41 【在底部显示图例】步骤图

在【图表工具-设计】选项卡下单击【添加图表元素】→【图例】按钮,从展开的下拉列表中单击【底部】选项,如图2-41所示。

STEP 10 设置无横网格线

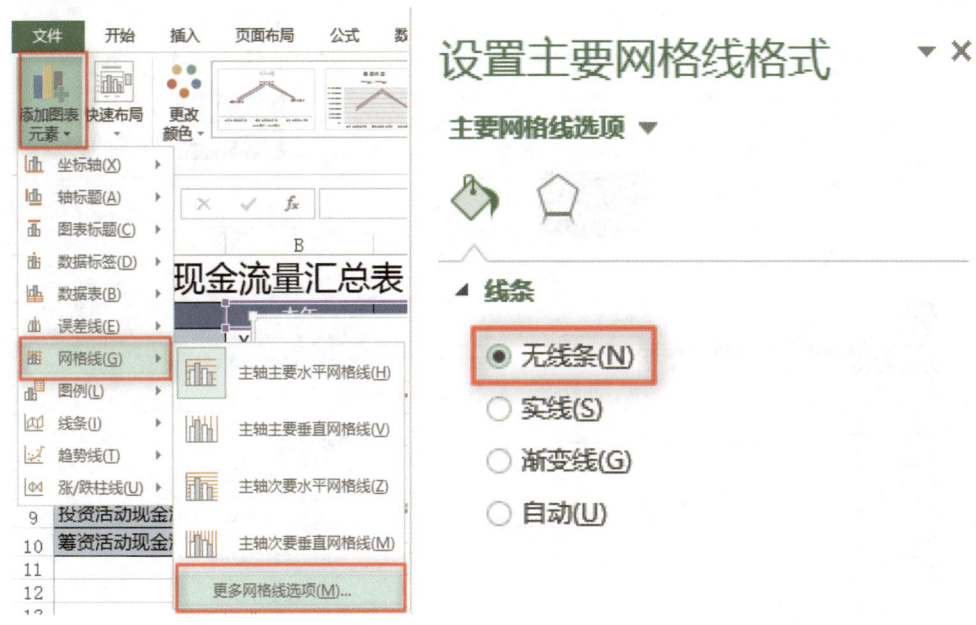

图2-42 【设置无横网格线】步骤图

在【图表工具－设计】选项卡下单击【添加图表元素】→【网格线】按钮，从展开的下拉列表中单击【更多网格线选项】选项，在弹出的对话框中勾选"无线条"，如图2-42所示。

STEP 11 设置纵坐标轴刻度值

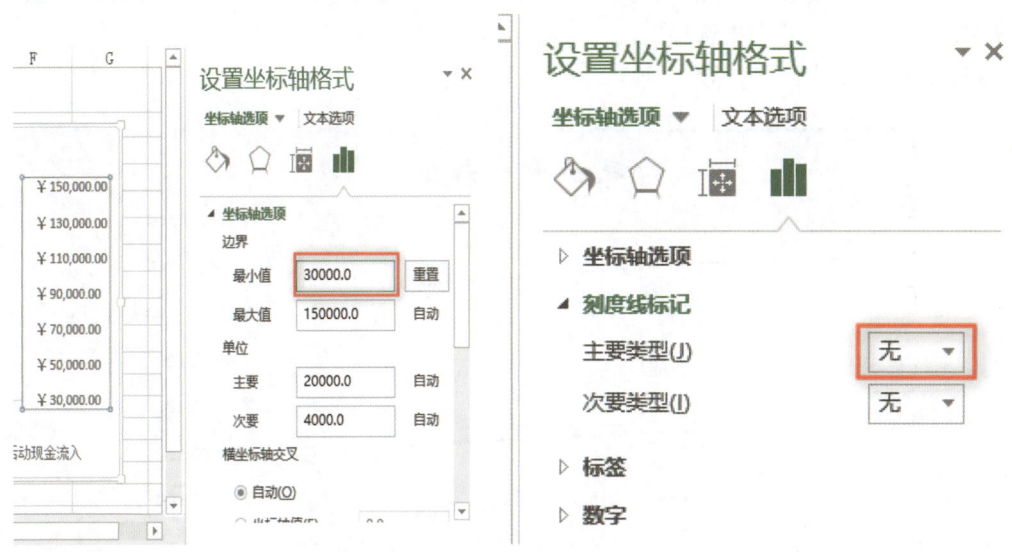

图2-43 【设置纵坐标轴刻度值】步骤图

双击纵坐标轴，弹出【设置坐标轴格式】对话框，在【坐标轴选项】选项卡下单击选中【最小值】输入"30000.0"，接着从【刻度线标记-主要类型】下拉列表中选择

"无"选项，如图2-43所示。

STEP 12　选择图表样式

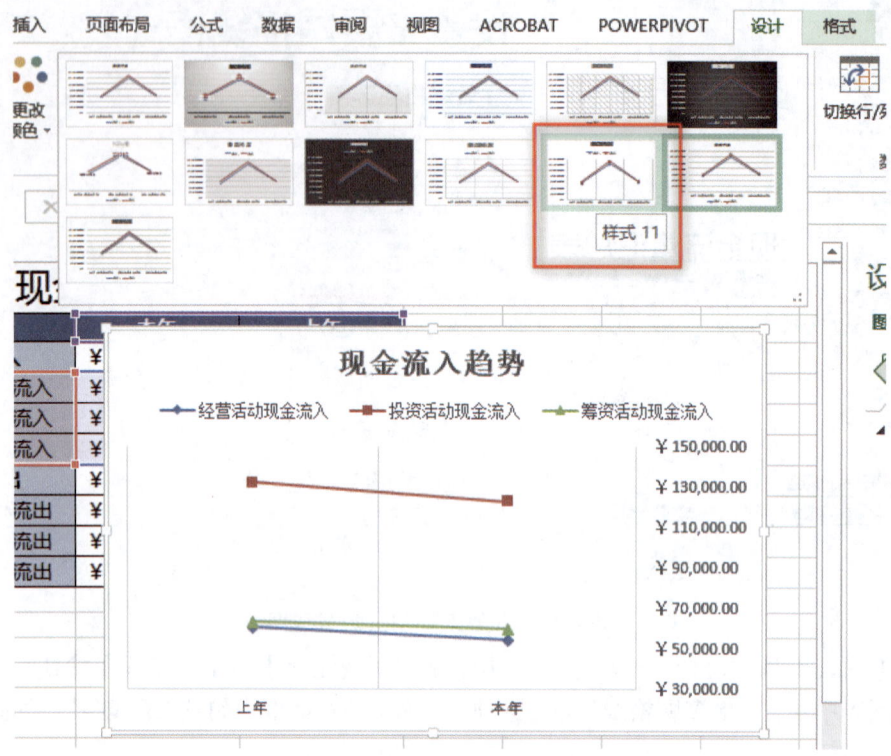

图2-44　【选择图表样式】步骤图

单击【关闭】按钮，返回工作表。在【图表工具－设计】选项卡下单击【图表样式】组快翻按钮，从展开的库中选择如图2-44所示的图表样式。

STEP 13　输入图表标题

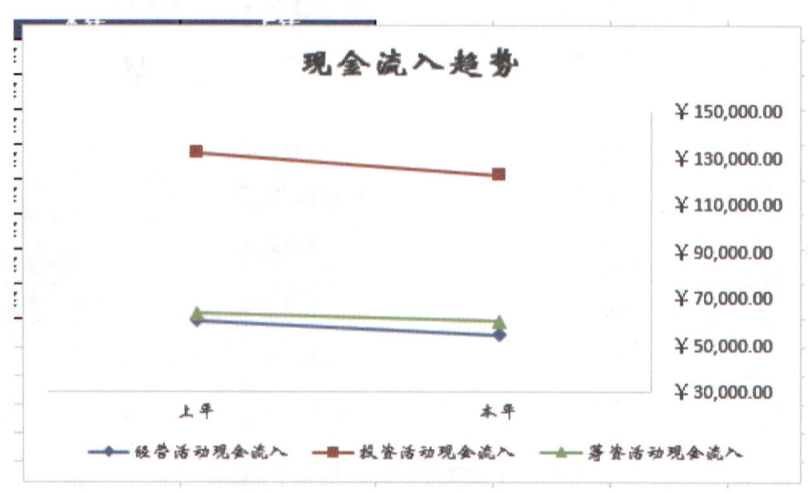

图2-45　【输入图表标题】步骤图

输入图表标题为"现金流入趋势",然后再将图表中的字体更改为"华文新魏",更改后得到的图表效果如图 2-45 所示。从图表中可以看出三个项目的现金流入都在减少。

STEP 14 更改现金流出趋势图表的数据源

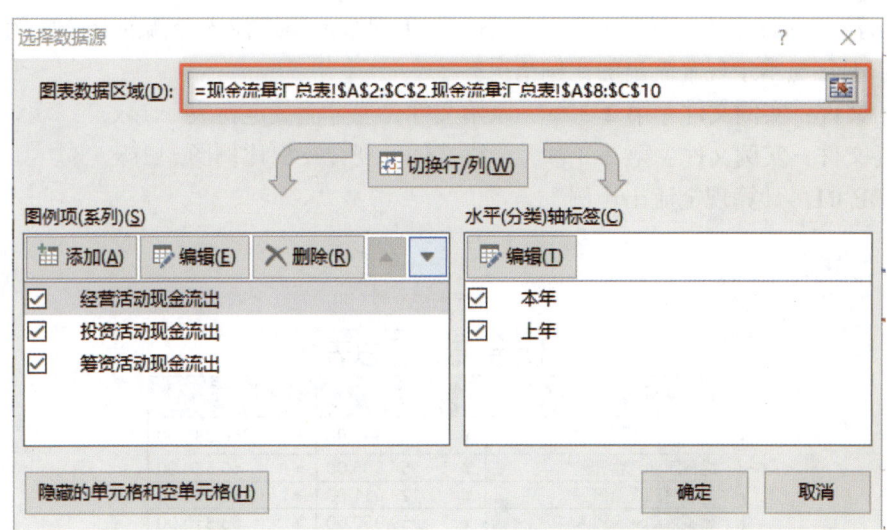

图2-46 【更改现金流出趋势图表的数据源】步骤图

按住 Ctrl 键拖动图表,复制出一个图表,并打开该图表对应的【选择数据源】对话框,重新选择其数据源为 A8:C10 区域,并编辑水平轴标签为 A2:C2 区域,如图 2-46 所示。

STEP 15 得到现金流出趋势图表

单击【确定】按钮,返回工作表,将图表标题更改为"现金流出趋势",然后将纵坐标轴的最小刻度更改为"20000.0",得到最终的现金流出趋势图,如图 2-47 所示。从图中可以看出经营活动、投资活动的现金流出都在减少,只有筹资活动的现金流出在增加。

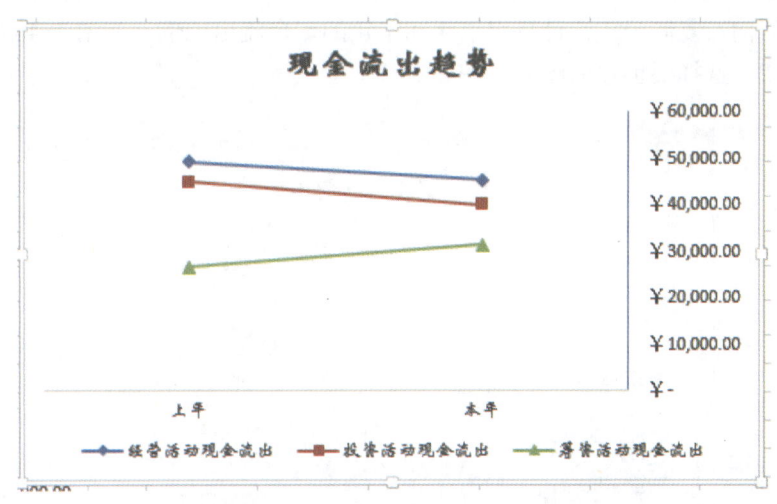

图2-47 【得到现金流出趋势图表】效果图

三、使用图表创建现金流出比例图

为了研究现金收支的情况，可将上年和本年的现金收入比例看作1，而计算出各年现金流出占流入的百分比，最后使用柱形图绘制出现金流出占流入金额的百分比例图表，从而比较上年与本年现金流出的比例情况。

原始文件：实例文件\第2-3章\原始文件\现金流量定比表.xlsx
最终文件：实例文件\第2-3章\最终文件\现金支出比例图.xlsx

STEP 01 计算现金流出比例

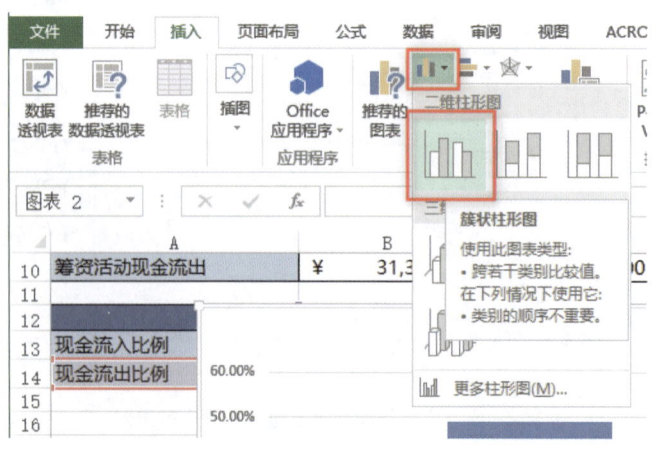

图2-48 【计算现金流出比例】步骤图

打开实例文件\第2-3章\原始文件\现金流量定比表.xlsx，在"现金流量汇总表"中创建一个现金流出比例表格，并选择B14单元格，在编辑栏中输入公式"=B7/B3"，按Enter键后向右复制公式，计算出上年和本年的现金流出比例，如图2-48所示。

STEP 02 选择要创建的图表

图2-49 【选择要创建的图表】步骤图

按住 Ctrl 键选择 A12:B12 单元格区域和 A14:B14 单元格区域,在【插入】选项卡下单击【柱形图】按钮,从展开的库中选择【簇状柱形图】类型,如图 2-49 所示。

STEP 03 设置数据系列格式

创建图表后,将图表标题更改为"本年现金流出比例",再右击数据系列,从弹出的快捷菜单中单击【设置数据系列格式】命令,如图 2-50 所示。

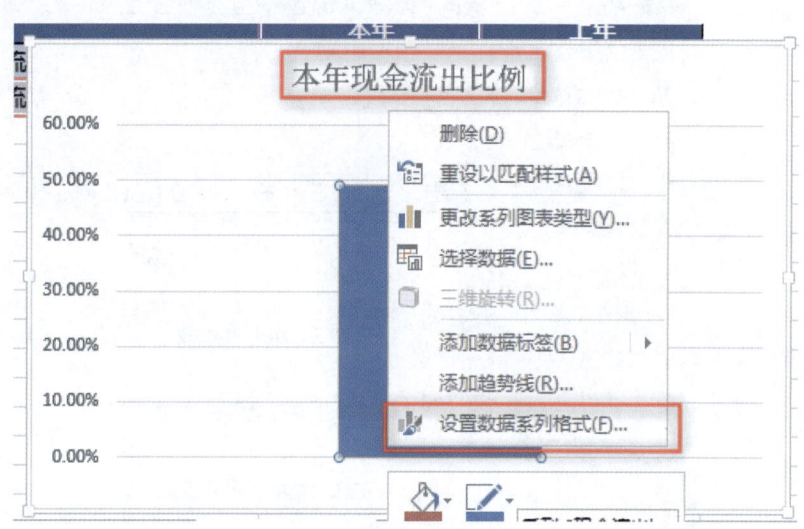

图2-50 【设置数据系列格式】步骤图

STEP 04 调整系列的分类间距

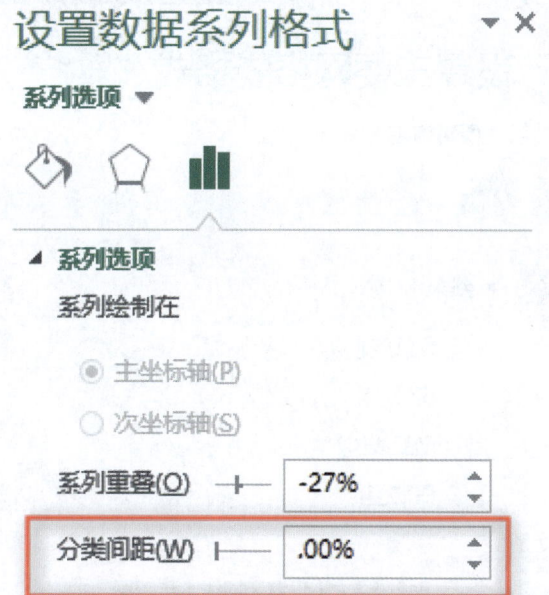

图2-51 【调整系列的分类间距】步骤图

弹出【设置数据系列格式】对话框,拖动【分类间距】右侧的滑块,向左拖动,将其比例调整为"0%",如图 2-51 所示。

STEP 05 设置无网线

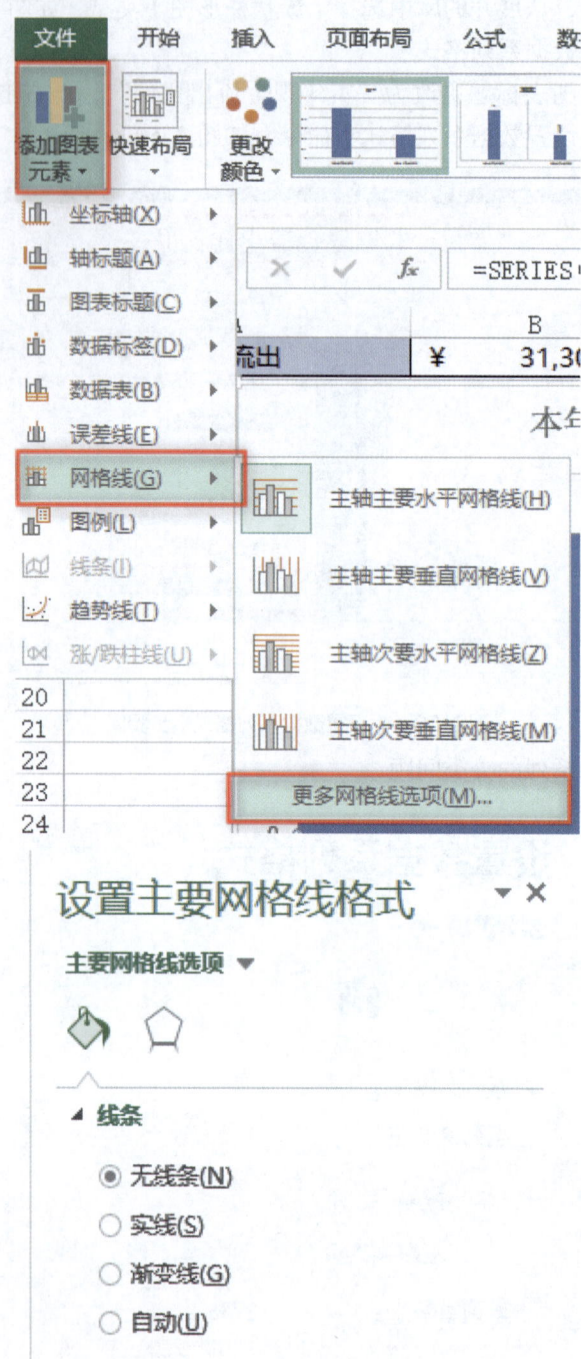

图2-52 【设置无网线】步骤图

单击【关闭】按钮，返回工作表。在【图表工具-设计】选项卡下单击【添加图表元素】→【网格线】按钮，从展开的列表中单击【主要网格线选项-无线条】选项，如图2-52所示。

STEP 06　设置无横坐标轴

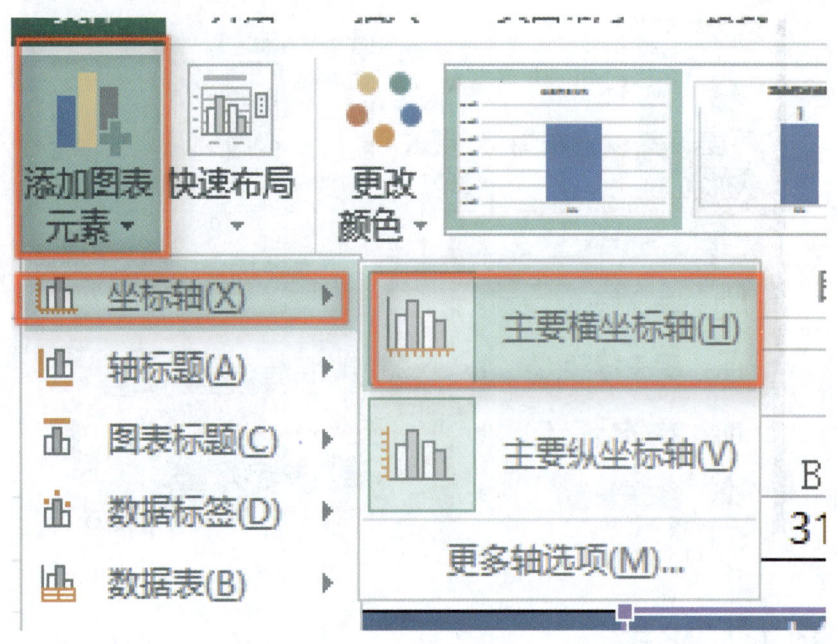

图2-53　【设置无横坐标轴】步骤图

在【图表工具－设计】选项卡下单击【添加图表元素】→【坐标轴】按钮，取消已选择的【主要横坐标轴】选项，如图2-53所示。

STEP 07　图表效果

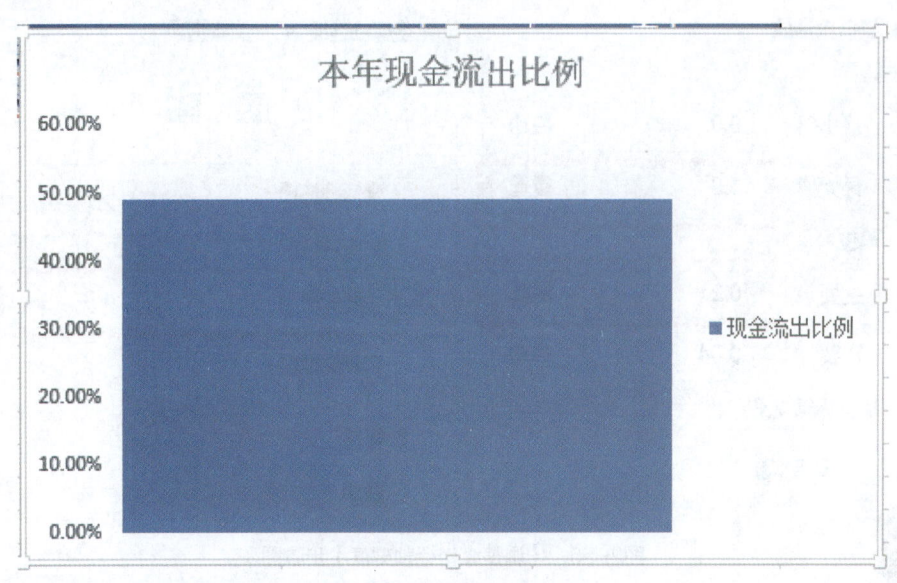

图2-54　图表效果图

经过以上一系列的设置，得到的图表效果如图2-54所示，可以看到图表中没有了网格线和横坐标轴。

STEP 08 调整纵坐标轴刻度

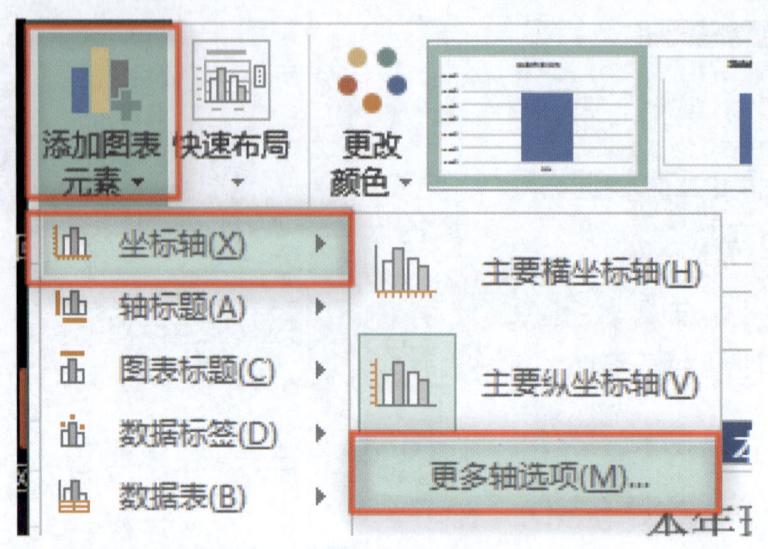

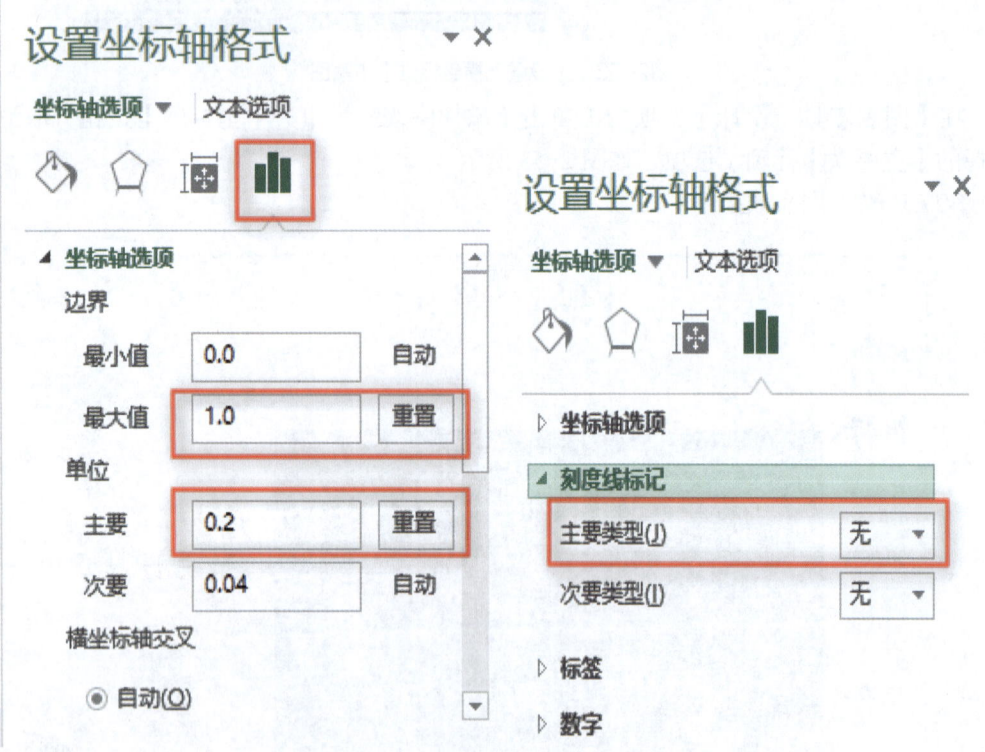

图2-55 【调整纵坐标轴刻度】步骤图

双击纵坐标轴，弹出【设置坐标轴格式】对话框，分别将边界【最大值】和刻度单位【主要】设置为"1.0"和"0.2"，然后再从【刻度线标记-主要类型】下拉列表中选择"无"选项，如图2-55所示。

STEP 09　选择绘图区填充色

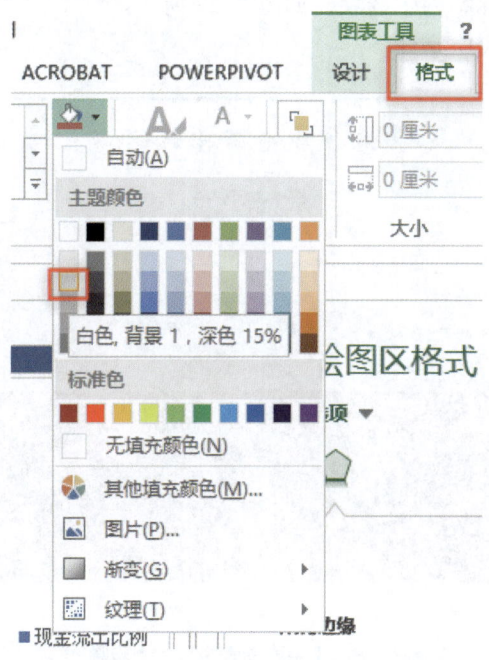

图2-56　【选择绘图区填充色】步骤图

单击【关闭】按钮，返回工作表。选择图表中的绘图区域，在【图表工具－格式】选项卡下单击【形状填充】按钮，从展开的下拉列表中选择绘图区的填充色为"白色，背景1，深色15%"，如图2-56所示。以同样的方法设置数据系列颜色为"深红"色。

STEP 10　选择数据标签放置位置

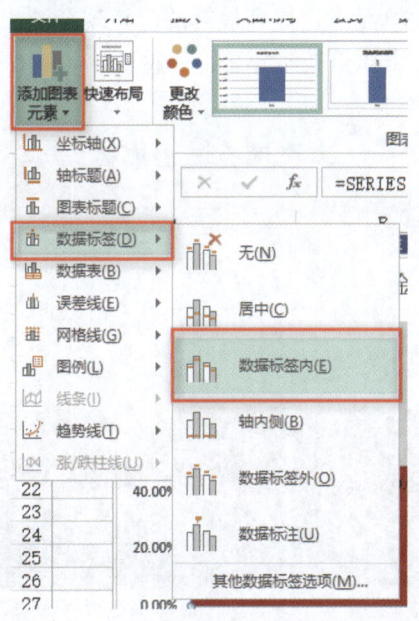

图2-57　【选择数据标签放置位置】步骤图

在【图表工具-设计】选项卡下单击【添加图表元素-数据标签】按钮,从展开的下拉列表中选择【数据标签内】选项,如图2-57所示。

STEP 11 更改图表中字体

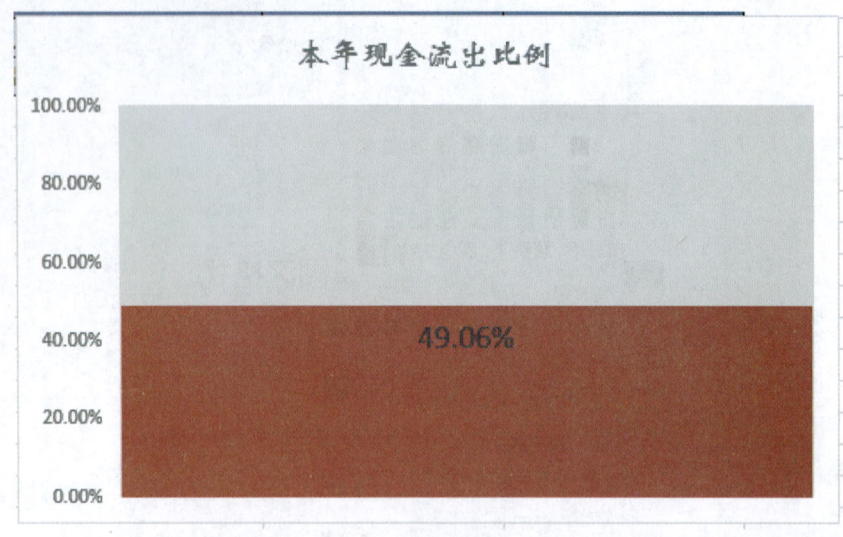

图2-58 【更改图表中字体】步骤图

将图表中的图例删除,并将图表中字体设置为"华文新魏",得到"本年现金流出比例"图的最终效果,如图2-58所示。从图中很明显地看出本年现金流出比例为49.06%。

STEP 12 创建上年现金流出比例图

按住Ctrl键复制一份图表,将标题更改为"上年现金流出比例",然后将数据源更改为A12、C12、A14和C14单元格,得到最终的上年现金流出比例图,如图2-59所示。从图中可以看出上年现金流出比例较本年更低一些。

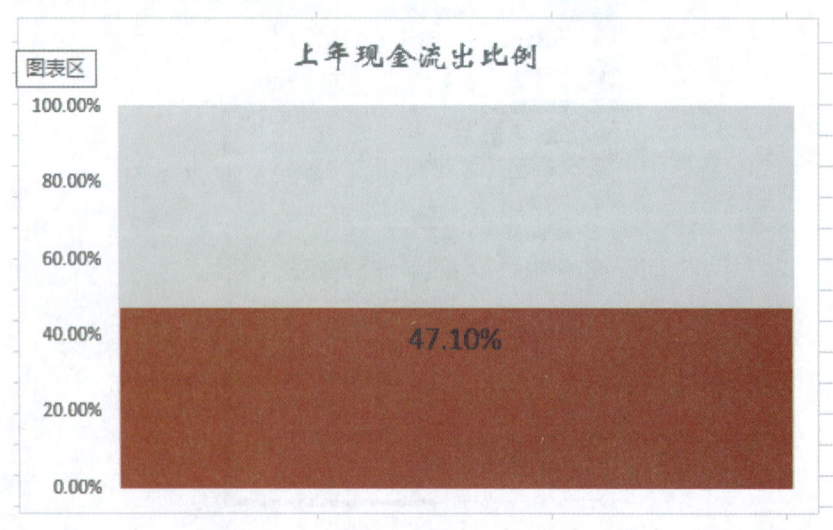

图2-59 【创建上年现金流出比例图】步骤图

四、现金流量表结构分析

现金流量表的结构分析就是在现金流量表有关数据的基础上,进一步明确现金收入的构成、现金支出的构成及现金余额是如何形成的。现金流量结构分析可以分为现金收入结构分析、现金支出结构分析和现金余额结构分析三大方面。

(一)现金收入结构分析

现金收入构成反映企业经营活动现金收入、投资活动现金收入及筹资活动现金收入在全部现金收入中的比重,以及各项业务活动现金收入中具体项目的构成情况,明确企业的现金来自何方,要增加现金收入主要靠什么途径。

原始文件:实例文件 \ 第 2-3 章 \ 原始文件 \ 现金流量表 4.xlsx
最终文件:实例文件 \ 第 2-3 章 \ 最终文件 \ 现金收入结构分析.xlsx

STEP 01 创建现金结构分析表

	A	B	C
1	一、现金收入结构表		
2	项目	本年金额	结构百分比
3	经营活动产生的现金收入		
4	其中:销售商品、提供劳务收到的现金		
5	收到的税费返还		
6	收到其他与经营活动有关的现金		
7	投资活动产生的现金收入		
8	其中:收回投资收到的现金		
9	取得投资收益收到的现金		
10	处置固定资产、无形资产和其他长期资产收回的现金净额		
11	处置子公司及其营业单位收到的现金净额		
12	收到其他与投资活动有关的现金		
13	筹资活动产生的现金收入		
14	其中:吸收投资收到的现金		
15	取得借款收到的现金		
16	收到其他与筹资活动有关的现金		
17	现金收入合计		

图2-60 【创建现金结构分析表】步骤图

打开实例文件 \ 第 2-3 章 \ 原始文件 \ 现金流量表 4.xlsx,将 Sheet 2 工作表标签重命名为"现金结构分析",然后在该工作表中创建"现金收入结构表",如图2-60所示。

STEP 02 引用经营活动现金流入数据

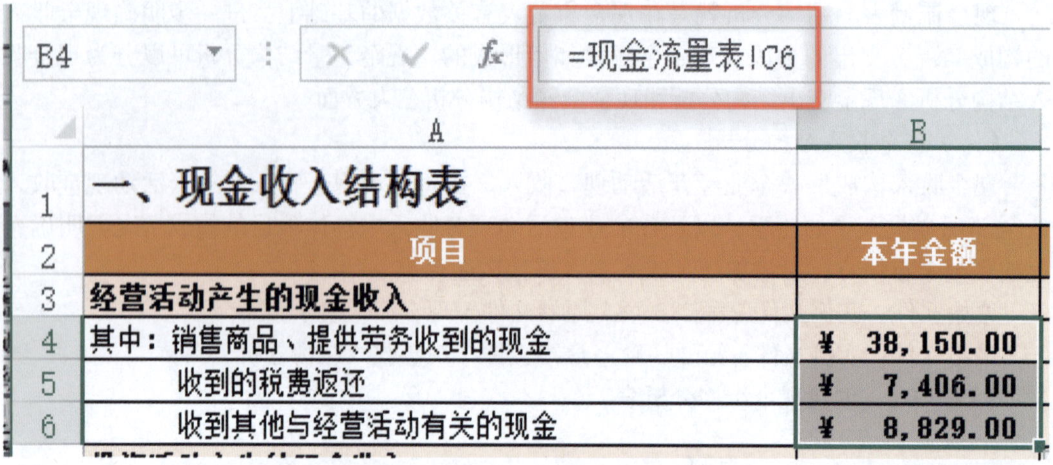

图2-61 【引用经营活动现金流入数据】步骤图

选择 B4 单元格,在编辑栏中输入公式"= 现金流量表 !C6",按 Enter 键后向下复制公式至 B6 单元格,得到的结果如图 2-61 所示。

STEP 03 汇总经营活动产生的现金收入

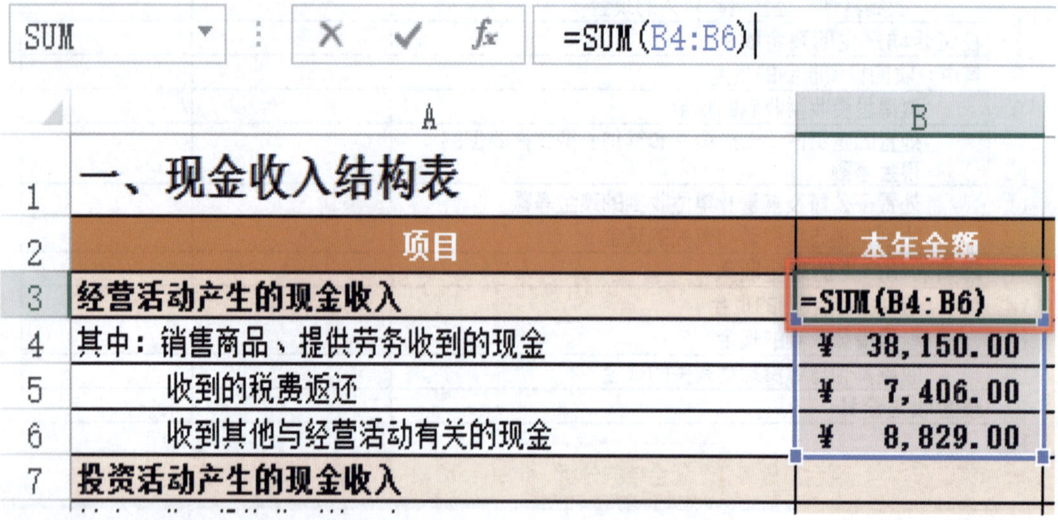

图2-62 【汇总经营活动产生的现金收入】步骤图

选择 B3 单元格,在编辑栏中输入公式"=SUM(B4:B6)",如图 2-62 所示,按 Enter 键后得到计算结果。

STEP 04　引用投资活动、筹资活动数据

图2-63　【引用投资活动、筹资活动数据】步骤图

按照引用和计算经营活动现金收入的方法，引用投资活动、筹资活动各项目的值，并使用 SUM 函数汇总这两个项目的收入合计值，得到的结果如图 2-63 所示。

STEP 05　计算现金收入合计

图2-64　【计算现金收入合计】步骤图

选择 B17 单元格，在编辑栏中输入公式"=B3+B7+B13"，按 Enter 键，计算现金收入的合计值，结果如图 2-64 所示。

STEP 06　计算总现金流入百分比

C3　　=B3/$B$17

	A	B	C
1	一、现金收入结构表		
2	项目	本年金额	结构百分比
3	经营活动产生的现金收入	¥ 54,385.00	22.91%
4	其中：销售商品、提供劳务收到的现金	¥ 38,150.00	
5	收到的税费返还	¥ 7,406.00	
6	收到其他与经营活动有关的现金	¥ 8,829.00	
7	投资活动产生的现金收入	¥ 123,011.00	51.83%
8	其中：收回投资收到的现金	¥ 31,950.00	
9	取得投资收益收到的现金	¥ 17,730.00	
10	处置固定资产、无形资产和其他长期资产收回的现金净额	¥ 27,750.00	
11	处置子公司及其营业单位收到的现金净额	¥ 39,931.00	
12	收到其他与投资活动有关的现金	¥ 5,650.00	
13	筹资活动产生的现金收入	¥ 59,950.00	25.26%
14	其中：吸收投资收到的现金	¥ 29,150.00	
15	取得借款收到的现金	¥ 24,150.00	
16	收到其他与筹资活动有关的现金	¥ 6,650.00	
17	现金收入合计	¥ 237,346.00	100.00%

图2-65　【计算总现金流入百分比】步骤图

选择 C3 单元格，在编辑栏中输入公式“=B3/$B$17”，按 Enter 键后，将该单元格的公式复制到 C7、C13 和 C17 单元格中，计算出总现金流入的百分比，如图 2-65 所示。

STEP 07　计算投资和筹资、经营活动各子项目的百分比

C4　　=B4/$B$3

	A	B	C
1	一、现金收入结构表		
2	项目	本年金额	结构百分比
3	经营活动产生的现金收入	¥ 54,385.00	22.91%
4	其中：销售商品、提供劳务收到的现金	¥ 38,150.00	70.15%
5	收到的税费返还	¥ 7,406.00	13.62%
6	收到其他与经营活动有关的现金	¥ 8,829.00	16.23%
7	投资活动产生的现金收入	¥ 123,011.00	51.83%
8	其中：收回投资收到的现金	¥ 31,950.00	25.97%
9	取得投资收益收到的现金	¥ 17,730.00	14.41%
10	处置固定资产、无形资产和其他长期资产收回的现金净额	¥ 27,750.00	22.56%
11	处置子公司及其营业单位收到的现金净额	¥ 39,931.00	32.46%
12	收到其他与投资活动有关的现金	¥ 5,650.00	4.59%
13	筹资活动产生的现金收入	¥ 59,950.00	25.26%
14	其中：吸收投资收到的现金	¥ 29,150.00	48.62%
15	取得借款收到的现金	¥ 24,150.00	40.28%
16	收到其他与筹资活动有关的现金	¥ 6,650.00	11.09%
17	现金收入合计	¥ 237,346.00	100.00%

图2-66　【计算投资和筹资、经营活动各子项目的百分比】步骤图

选择 C4 单元格，在编辑栏中输入公式“=B4/$B$3”，按 Enter 键后，向下复制公式至 C6 单元格，计算结果如图 2-66 所示。用同样的方法，计算出投资活动、筹资活动中各子项目的百分比，计算结果如图 2-66 所示。

STEP 08 创建图表

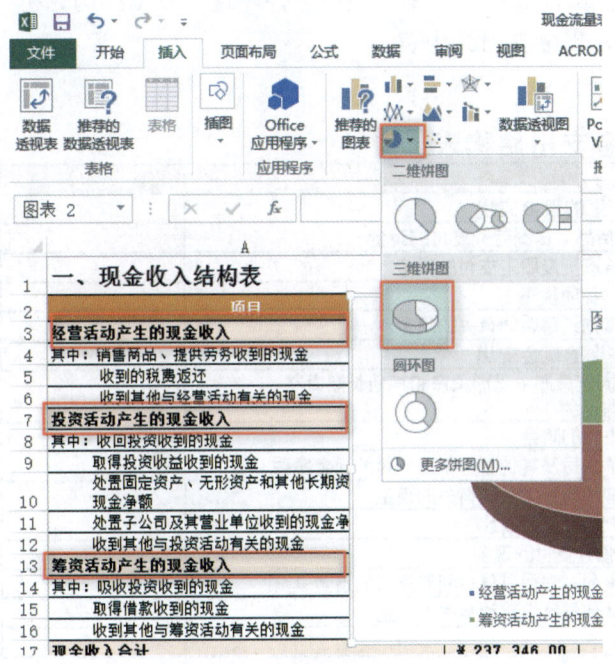

图2-67 【创建图表】步骤图

按住 Ctrl 键，同时选择 A3:B3、A7:B7、A13:B13 单元格区域，在【插入】选项卡下单击【饼图】按钮，从展开的图表库中选择【三维饼图】类型，如图 2-67 所示。

STEP 09 创建的现金收入结构分析图

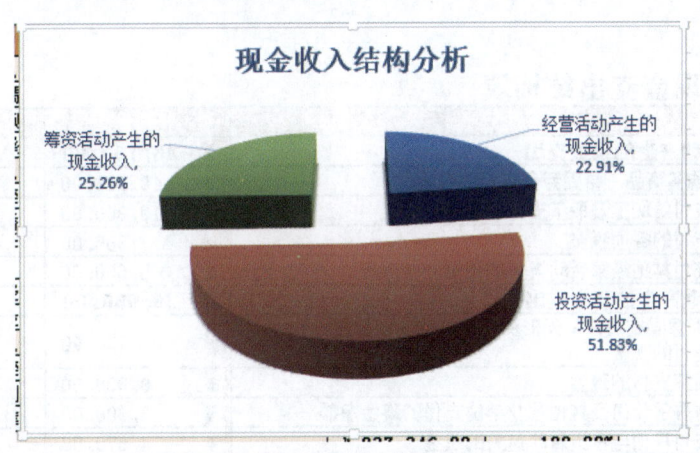

图2-68 【创建的现金收入结构分析图】步骤图

创建了图表后，为图表添加上标题，并设置图表格式和饼图分离度数，显示百分比数据标签，得到如图2-68所示的图表效果。从图中可以看出，投资活动产生的现金收入为主要部分。

（二）现金支出结构分析

现金支出结构是指企业的各项现金支出占企业当期全部现金支出的百分比，它具体反映企业的现金用在哪些方面。

原始文件：实例文件\第2-3章\原始文件\现金结构分析.xlsx
最终文件：实例文件\第2-3章\最终文件\现金支出结构分析.xlsx

STEP 01 创建现金支出结构表

	A	B	C
19	二、现金支出结构表		
20	项目	本年金额	结构百分比
21	经营活动产生的现金支出		
22	其中：购买商品、接受劳务支付的现金		
23	支付给职工及职工支付的现金		
24	支付的各项税费		
25	支付其他经营活动有关的现金		
26	投资活动产生的现金支出		
27	其中：购建固定资产、无形资产和其他长期资产支付的现金		
28	投资支付的现金		
29	取得子公司及其他营业单位支付的现金净额		
30	支付其他与投资活动有关的现金		
31	筹资活动产生的现金支出		
32	其中：偿还债务支付的现金		
33	分配股利、利润或偿付利息支付的现金		
34	支付其他与筹资活动有关的现金		
35	现金支出合计		

图2-69 【创建现金支出结构表】步骤图

打开实例文件\第2-3章\原始文件\现金结构分析.xlsx，切换至"现金结构分析"工作表中，创建如图2-69所示的"现金支出结构表"。

STEP 02 引用各项明细数据并计算支出合计

	A	B	C
19	二、现金支出结构表		
20	项目	本年金额	结构百分比
21	经营活动产生的现金支出	¥ 45,193.00	
22	其中：购买商品、接受劳务支付的现金	¥ 18,828.00	
23	支付给职工及职工支付的现金	¥ 13,350.00	
24	支付的各项税费	¥ 7,365.00	
25	支付其他经营活动有关的现金	¥ 5,650.00	
26	投资活动产生的现金支出	¥ 39,950.00	
27	其中：购建固定资产、无形资产和其他长期资产支付的现金	¥ 21,150.00	
28	投资支付的现金	¥ 8,830.00	
29	取得子公司及其他营业单位支付的现金净额	¥ 5,300.00	
30	支付其他与投资活动有关的现金	¥ 4,670.00	
31	筹资活动产生的现金支出	¥ 31,300.00	
32	其中：偿还债务支付的现金	¥ 21,150.00	
33	分配股利、利润或偿付利息支付的现金	¥ 5,750.00	
34	支付其他与筹资活动有关的现金	¥ 4,400.00	
35	现金支出合计	¥ 116,443.00	

图2-70 【引用各项明细数据并计算支出合计】步骤图

根据"现金流量表"中相应项目设置公式引用数据，然后使用 SUM 函数计算出各项活动所得的现金流出合计，最后再将各项活动现金流出合计相加，得到现金总流出金额，如图 2-70 所示。

STEP 03 计算各项现金流出的百分比

	A	B	C
19	二、现金支出结构表		
20	项目	本年金额	结构百分比
21	经营活动产生的现金支出	￥ 45,193.00	38.81%
22	其中：购买商品、接受劳务支付的现金	￥ 18,828.00	41.66%
23	支付给职工及职工支付的现金	￥ 13,350.00	29.54%
24	支付的各项税费	￥ 7,365.00	16.30%
25	支付其他经营活动有关的现金	￥ 5,650.00	12.50%
26	投资活动产生的现金支出	￥ 39,950.00	34.31%
27	其中：购建固定资产、无形资产和其他长期资产支付的现金	￥ 21,150.00	52.94%
28	投资支付的现金	￥ 8,830.00	22.10%
29	取得子公司及其他营业单位支付的现金净额	￥ 5,300.00	13.27%
30	支付其他与投资活动有关的现金	￥ 4,670.00	11.69%
31	筹资活动产生的现金支出	￥ 31,300.00	26.88%
32	其中：偿还债务支付的现金	￥ 21,150.00	67.57%
33	分配股利、利润或偿付利息支付的现金	￥ 5,750.00	18.37%
34	支付其他与筹资活动有关的现金	￥ 4,400.00	14.06%
35	现金支出合计	￥ 116,443.00	100.00%

图2-71 【计算各项现金流出的百分比】步骤图

先设置公式计算出各项活动现金流出合计占总现金支出的百分比，再设置公式计算出各子项目占各项活动合计值的百分比，计算结果如图 2-71 所示。

STEP 04 创建现金流出结构图表

按住 Ctrl 键，同时选择 A21:B21、A26:B26 和 A31:B31 单元格区域，在【插入】选项卡下单击【饼图】按钮，从展开的图表库中选择【三维饼图】类型，如图 2-72 所示。设置图表格式和饼图分离度数。从图中可以很明显地看出，经营活动产生的现金流出占主要比例。

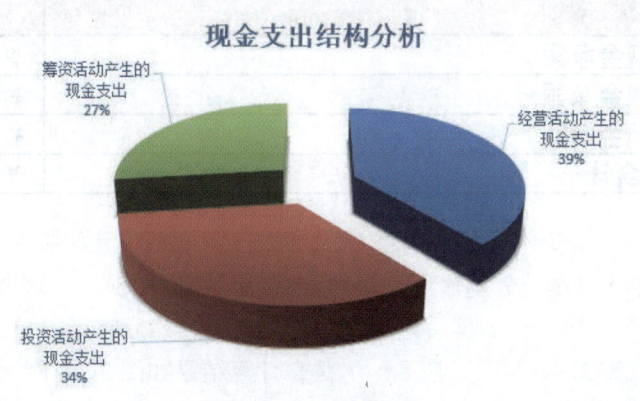

图2-72 【创建现金流出结构图表】步骤图

（三）现金净额比较分析

在前面我们分别分析了现金流入与流出的结构，接下来将分析现金净额结构。现金净额主要反映企业的余额是怎样形成的。

原始文件：实例文件\第 2-3 章\原始文件\现金结构分析 2.xlsx
最终文件：实例文件\第 2-3 章\最终文件\现金净额比较分析.xlsx

STEP 01　创建现金净额结构表

打开实例文件\第 2-3 章\原始文件\现金结构分析 2.xlsx，切换至"现金结构分析"工作表中，创建如图 2-73 所示的"现金净额结构表"。

	A	B	C
31	筹资活动产生的现金支出	¥ 31,300.00	26.88%
32	其中：偿还债务支付的现金	¥ 21,150.00	67.57%
33	分配股利、利润或偿付利息支付的现金	¥ 5,750.00	18.37%
34	支付其他与筹资活动有关的现金	¥ 4,400.00	14.06%
35	现金支出合计	¥ 116,443.00	100.00%
36			
37	三、现金净额结构表		
38	项目	本年金额	结构百分比
39	经营活动现金净额		
40	投资活动现金净额		
41	筹资活动现金净额		
42	现金净额合计		

图 2-73　【创建现金净额结构表】步骤图

STEP 02　引用各项目活动净额并计算总净额

	A	B
37	三、现金净额结构表	
38	项目	本年金额
39	经营活动现金净额	¥ 9,192.00
40	投资活动现金净额	¥ 83,061.00
41	筹资活动现金净额	¥ 28,650.00
42	现金净额合计	¥ 120,903.00

图 2-74　【引用各项目活动净额并计算总净额】步骤图

在 B39:B41 单元格区域分别输入公式"= 现金流量表 !C15""= 现金流量表 !C28""= 现金流量表 !C38"，按 Enter 键后返回引用的对应值，然后在 B42 单元格对应编辑栏中输入公式"=SUM（B39:B41）"，按 Enter 键，计算结果如图 2-74 所示。

STEP 03 计算百分比

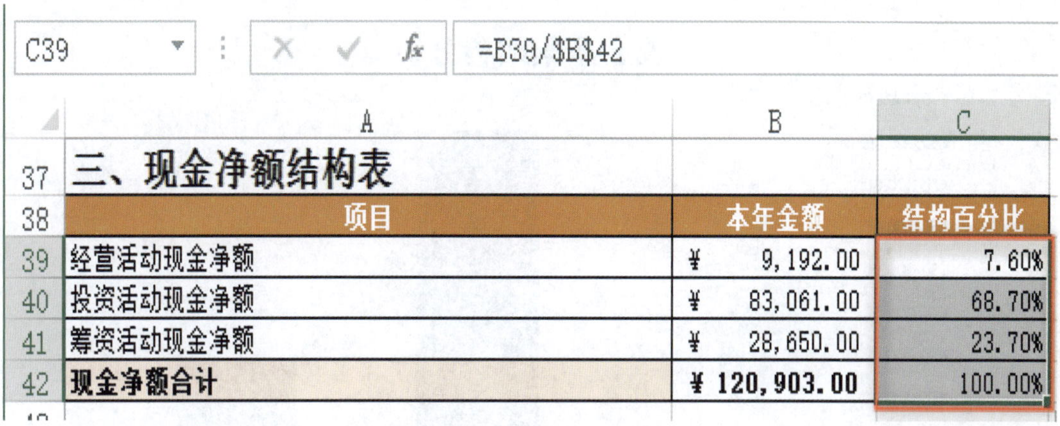

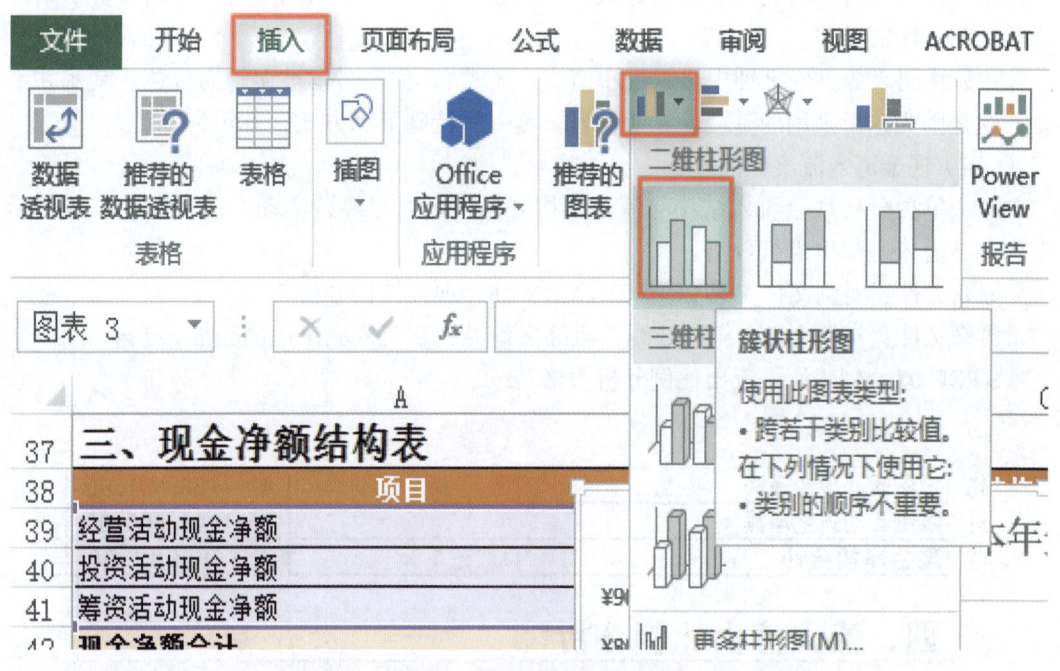

图2-75 【计算百分比】步骤图

选择 C39 单元格，在编辑栏中输入公式"=B39/$B$42"，按 Enter 键后，向下复制公式至 C42 单元格，计算出各活动项目所产生的净额占总净额的百分比，计算结果如图 2-75 所示。

STEP 04 创建图表

图2-76 【创建图表】步骤图

选择 A38:B41 单元格区域，再选择【簇状柱形图】，如图 2-76 所示。

STEP 05 美化图表

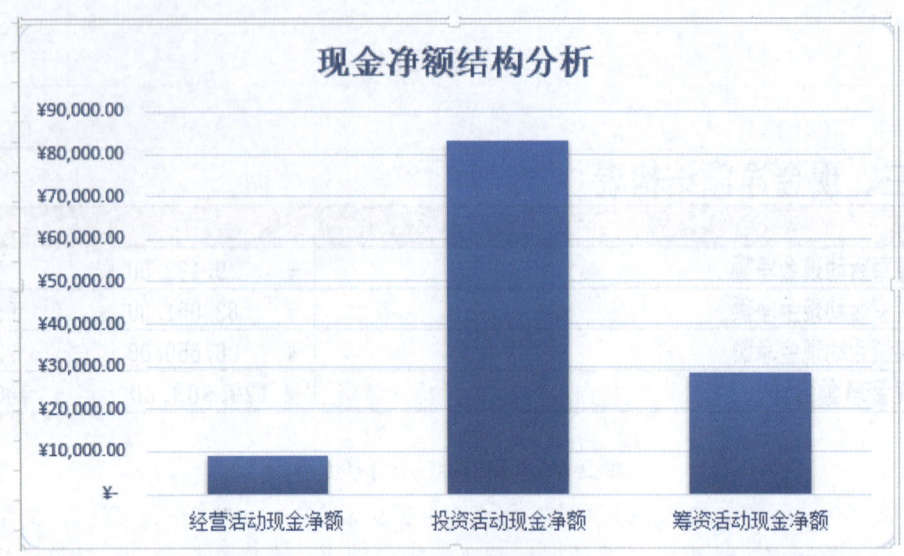

图2-77 【美化图表】步骤图

在图表上方添加图表标题"现金净额结构分析",然后再分别对数据系列和绘图区域的格式进行设置,得到图表的最终效果,如图 2-77 所示。从图中可以看出投资活动所产生的现金净额最多。

在最终图表的纵坐标轴中显示最小值为"¥-",很多时候被误解为负数,其实并不是,这是因为这里采用的是会计专业符号,是一种特殊显示方式,其实为0值。

(四)现金流入流出比例分析

除了单独分析现金流入结构与流出结构外,还可以对经营活动、投资活动和筹资活动的现金流入与流出进行分析。

原始文件:实例文件\第 2-3 章\原始文件\现金结构分析 3.xlsx

最终文件:实例文件\第 2-3 章\最终文件\现金流入流出比例分析.xlsx

STEP 01 创建流入流出比例分析表格

	A	B
40	投资活动现金净额	¥ 83,061.00
41	筹资活动现金净额	¥ 28,650.00
42	**现金净额合计**	**¥ 120,903.00**
43		
44	四、流入流出比例分析	
45	项目	百分比
46	经营活动流入流出比	
47	投资活动流入流出比	
48	筹资活动流入流出比	

图2-78 【创建流入流出比例分析表格】步骤图

打开实例文件\第2-3章\原始文件\现金结构分析3.xlsx,切换至"现金结构分析"工作表,创建如图2-78所示的"流入流出比例分析"表格。

STEP 02　计算经营活动现金流入流出比

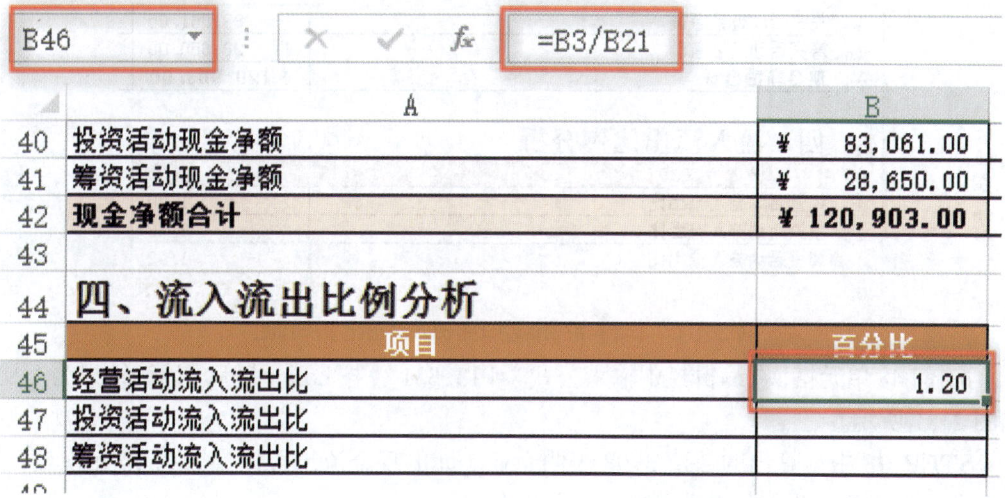

图2-79　【计算经营活动现金流入流出比】步骤图

选择B46单元格,在编辑栏中输入公式"=B3/B21",按Enter键,计算结果为1.20,如图2-79所示。

STEP 02中计算出的数值1.20表明企业1元的现金流出可以换回1.20元现金,现金的使用率较好,主营业务的货款回笼状况良好。

STEP 03　计算投资活动现金流入流出比

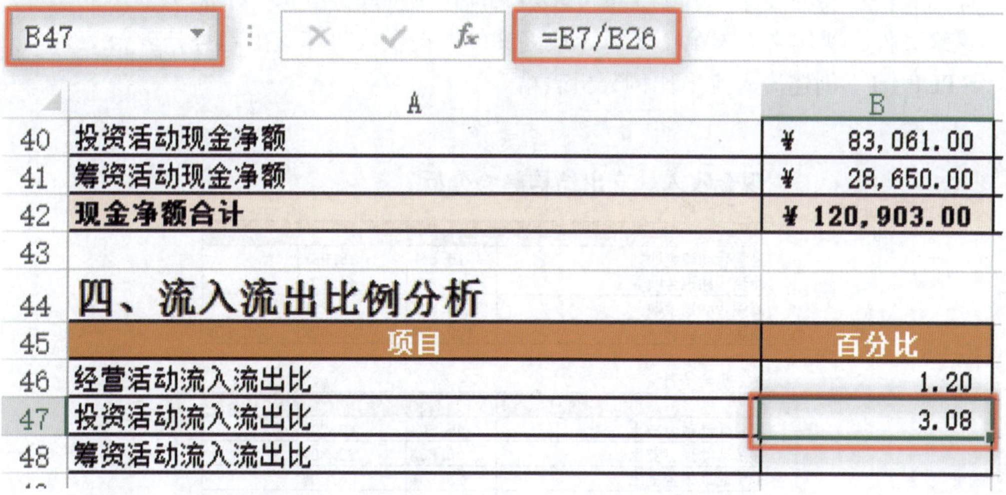

图2-80　【计算投资活动现金流入流出比】步骤图

选择B47单元格,在编辑栏中输入公式"=B7/B26",按Enter键后,计算结果为3.08,如图2-80所示。

STEP 04 计算筹资活动现金流入流出比

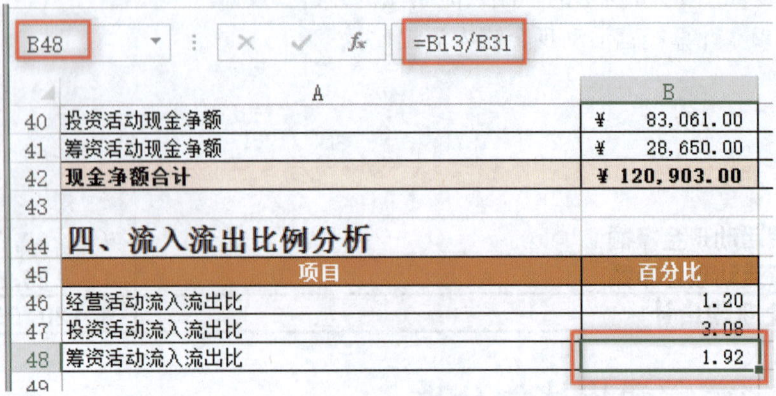

图2-81 【计算筹资活动现金流入流出比】步骤图

选择B48单元格,在编辑栏中输入公式"=B13/B31",按Enter键后,计算结果为1.92,如图2-81所示。

STEP 03 中计算出的数值3.08表明企业1元的现金流出可以换回3.08元现金,说明企业对外投资产生的效益非常好,应继续保持。

STEP 04 中计算出的数值1.92表明从筹资现金的收入来看,企业目前筹资主要以吸引投资为主,说明投资的收益性和持续性较好。

(五)现金收入和支出趋势分析

如果将不同时期的现金流量放在一起进行比较,就可以了解到企业现金流量结构的变化及未来的发展趋势。假设已知企业2010—2012年内的各项活动的现金收入和支出比例,现在进行趋势分析。

原始文件:实例文件\第2-3章\原始文件\结构趋势分析.xlsx

最终文件:实例文件\第2-3章\最终文件\现金收入和支出趋势分析.xlsx

STEP 01 创建流入流出比例分析表格

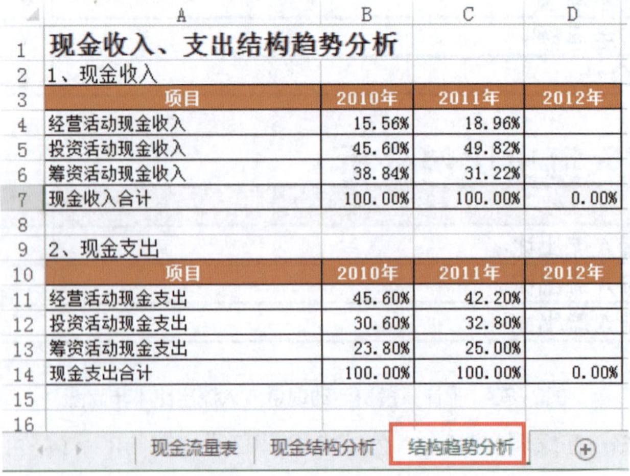

图2-82 【创建流入流出比例分析表格】步骤图

打开实例文件\第 2-3 章\原始文件\结构趋势分析.xlsx，将 Sheet 3 工作表标签重命名为"结构趋势分析"，然后创建如图 2-82 所示的"现金收入、支出结构趋势分析"表格。

STEP 02 引用 2012 年现金流入比例

	A	B	C	D
1	现金收入、支出结构趋势分析			
2	1、现金收入			
3	项目	2010年	2011年	2012年
4	经营活动现金收入	15.56%	18.96%	22.91%
5	投资活动现金收入	45.60%	49.82%	51.83%
6	筹资活动现金收入	38.84%	31.22%	25.26%
7	现金收入合计	100.00%	100.00%	100.00%

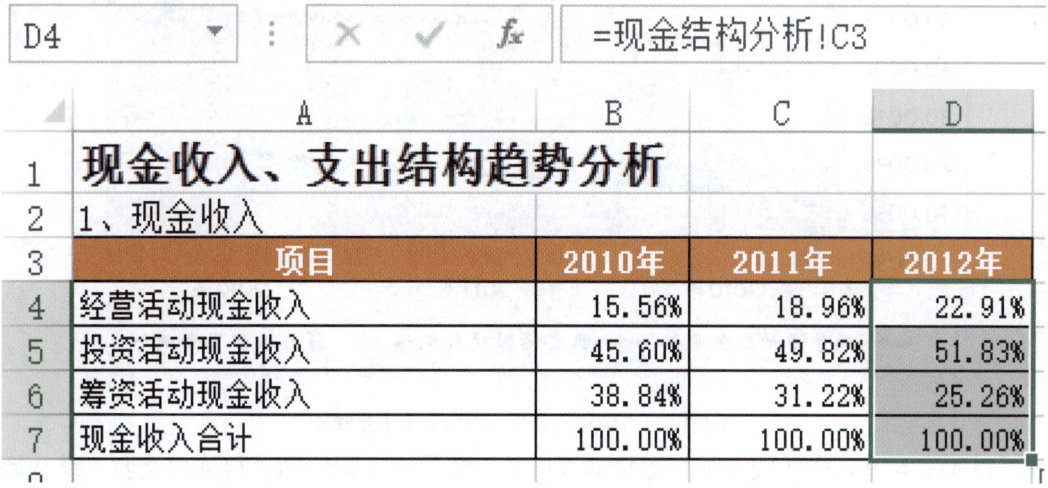

D4 =现金结构分析!C3

图2-83 【引用2012年现金流入比例】步骤图

在 D4:D6 单元格区域中分别输入公式"=现金结构分析!C3""=现金结构分析!C7""=现金结构分析!C13"，按 Enter 键后，引用各项目现金流入比例如图 2-83 所示。

STEP 03 引用 2012 年现金流出比例

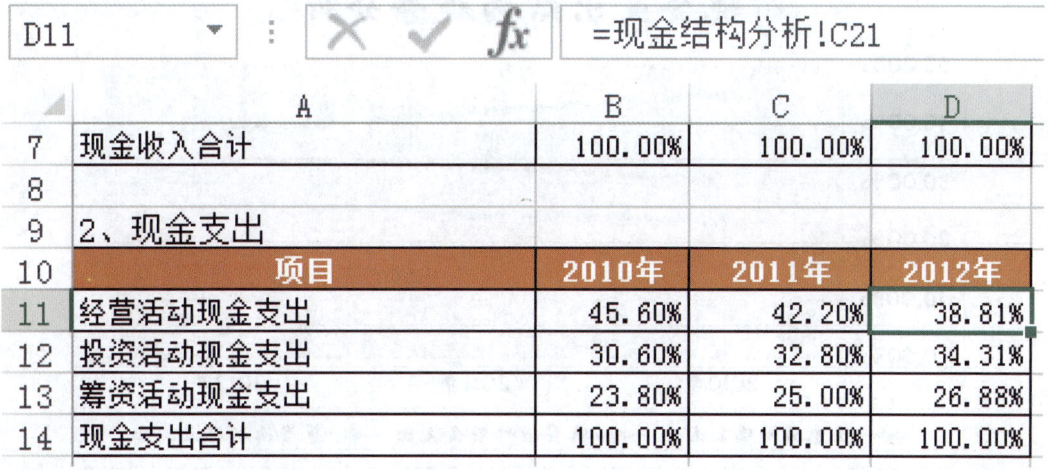

D11 =现金结构分析!C21

	A	B	C	D
7	现金收入合计	100.00%	100.00%	100.00%
8				
9	2、现金支出			
10	项目	2010年	2011年	2012年
11	经营活动现金支出	45.60%	42.20%	38.81%
12	投资活动现金支出	30.60%	32.80%	34.31%
13	筹资活动现金支出	23.80%	25.00%	26.88%
14	现金支出合计	100.00%	100.00%	100.00%

图2-84 【引用2012年现金流出比例】步骤图

在 D11:D13 单元格区域中分别输入公式"=现金结构分析!C21""=现金结构分析!C26""=现金结构分析!C31"，按 Enter 键后，引用各项目现金流出比例如图 2-84 所示。

STEP 04 创建现金收入趋势图表

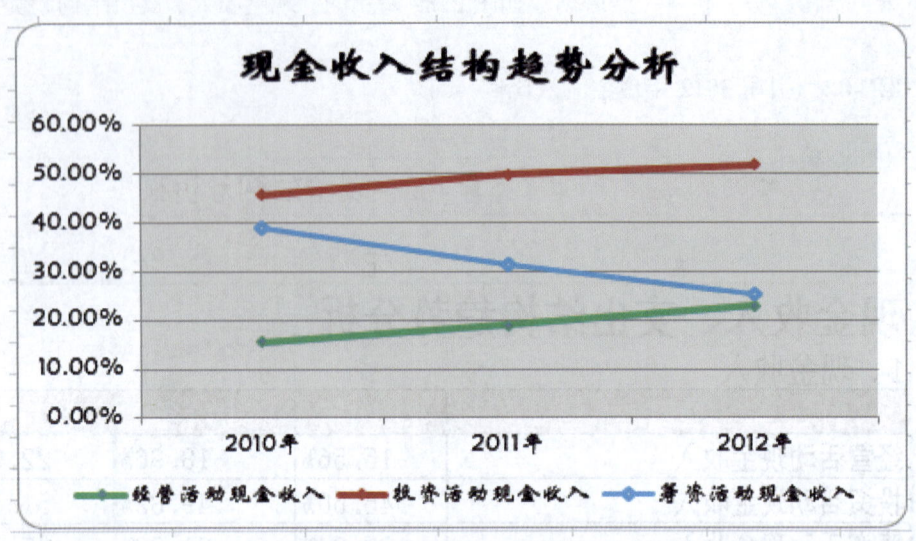

图2-85 【创建现金收入趋势图表】步骤图

以 A3:D6 单元格区域为图表源数据区域，创建数据点折线图，得到现金收入结构趋势分析图表，效果如图 2-85 所示。

STEP 05 创建现金支出趋势图表

以 A10:D13 单元格区域为图表源数据区域，创建数据点折线图，得到现金支出结构趋势分析图表，效果如图 2-86 所示。

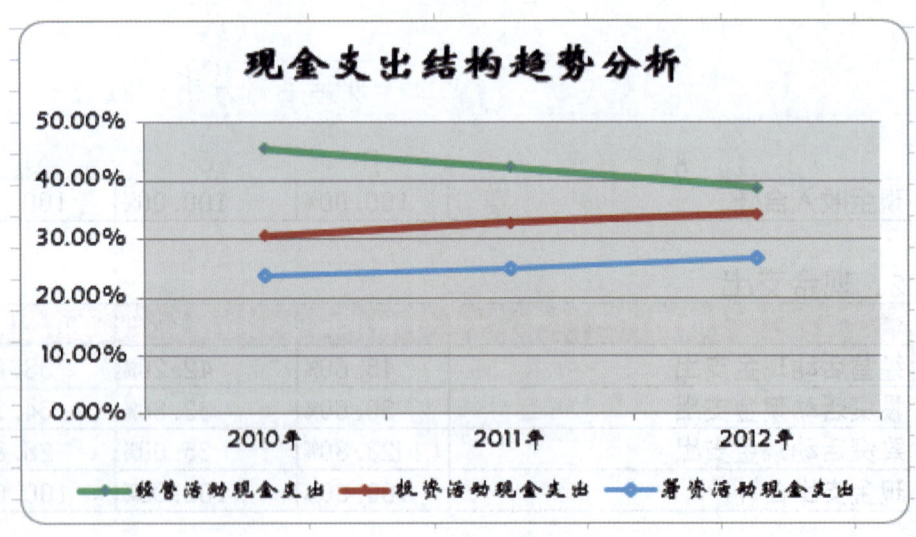

图2-86 【创建现金支出趋势图表】步骤图

从STEP 04中可以得知，在企业的现金收入中，投资活动现金收入不仅占的比重很大，而且该比例仍在上升；筹资活动的现金收入比重不断下降，这说明企业对筹资的依赖性逐步减少。

从 STEP 05 中可以得知，在企业的全部现金支出中，经营活动的现金支出虽然比重很大，但已明显呈下降趋势，而投资活动和筹资活动的现金支出比重呈上升趋势。投资活动比重上升说明企业在保证现有生产经营的基础上，用更多的现金进行扩大再生产和对外投资；而筹资活动现金支出比重上升说明企业以前举借的债务到期，因而企业用来偿还债务的现金支出上升。

课后问题与作业练习
➢ 有哪些方法可以实现用 Excel 图表分析给定财务数据？具体是什么步骤？

第三单元　财务分析数据的采集和整理

本单元学习目标

1. 熟练掌握金蝶软件的基本操作，并掌握商品、仓库、往来单位设置，部门职员设置，财务资料等基本资料的内容设置；
2. 了解采购管理、销售管理、仓存管理、资金管理和财务管理等五大管理功能。

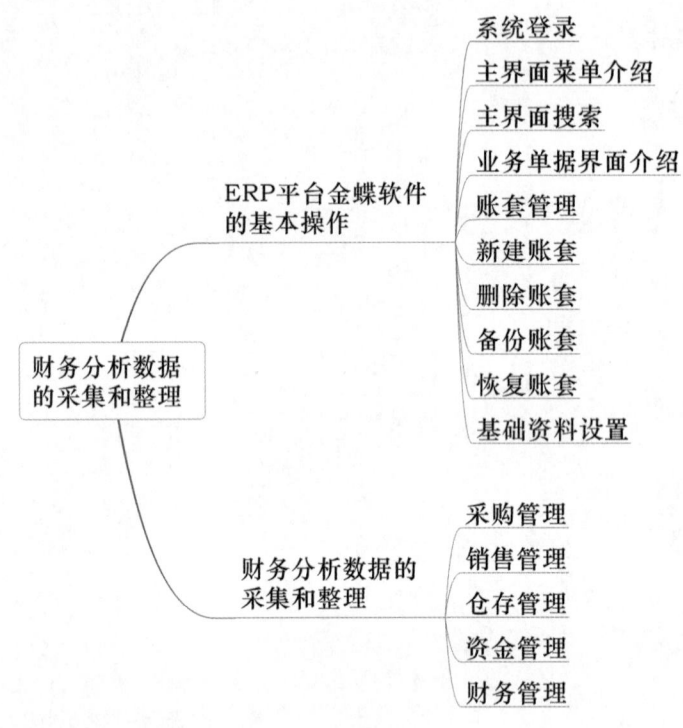

图3-1　本单元思维导图

第三单元 财务分析数据的采集和整理

第一节　ERP 平台金蝶软件的基本操作

一、系统登录

（一）本机同时装有客户端与服务器端

1. 双击桌面上的【金蝶 KIS 商贸标准版】图标，或点击【开始】→【程序】→【金蝶 KIS 商贸标准版】→【金蝶 KIS 商贸标准版】，可打开登录界面。

图3-2　【登录界面】示意图1

2. 在系统登录界面输入用户名和密码，点击【确定】　即可登录【登录到】中显示的账套。

如果要登录的账套不在【登录到】中，点击【登录到】后面的，可看到所有在【查看账套】中对该用户授予了查看权限的账套（如图 3-3）。双击选择要登录的账套或点击选中该账套后点击【确定】　即可登录。

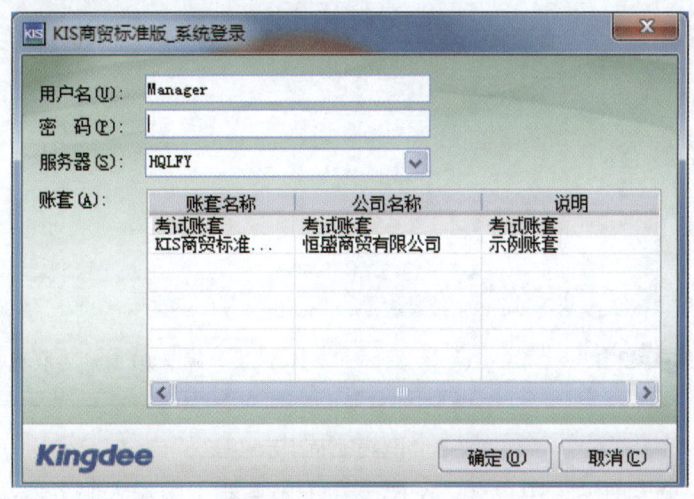

图3-3　【选择账套】示意图

3. 服务器为系统默认，不需修改。

如果登录时出现图3-4提示，则点击【开始】→【程序】→【金蝶KIS商贸标准版】→【工具】→【商贸系列加密服务器】，即可启动加密服务器。重新按以上所述方法登录即可。

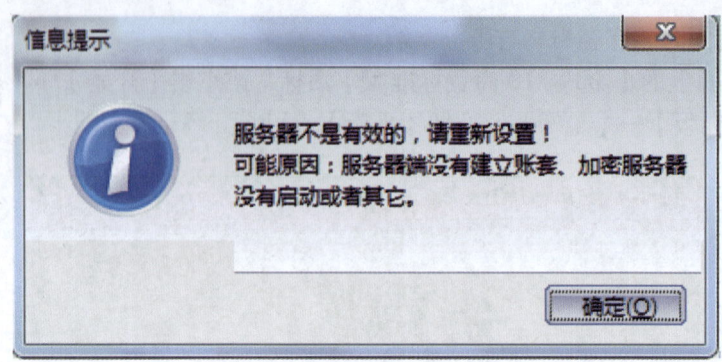

图3-4 【启动加密服务器】示意图

4. 在登录界面点击【新建账套】或【账套管理】可快速进入新建账套或账套管理功能。

温馨提示：每个账套默认设有用户"manager"，默认密码为空（登录后可在【系统】-【密码设置】中设置密码）。初次进入一个新建账套时，需以"manager"用户名登录后，才能在【基础设置】→【用户管理】中根据实际需要新增更多用户。

（二）本机只装有客户端

1. 初次登录时，双击桌面上的【金蝶KIS商贸标准版】图标，或点击【开始】→【程序】→【金蝶KIS商贸标准版】→【金蝶KIS商贸标准版】，可打开登录界面。

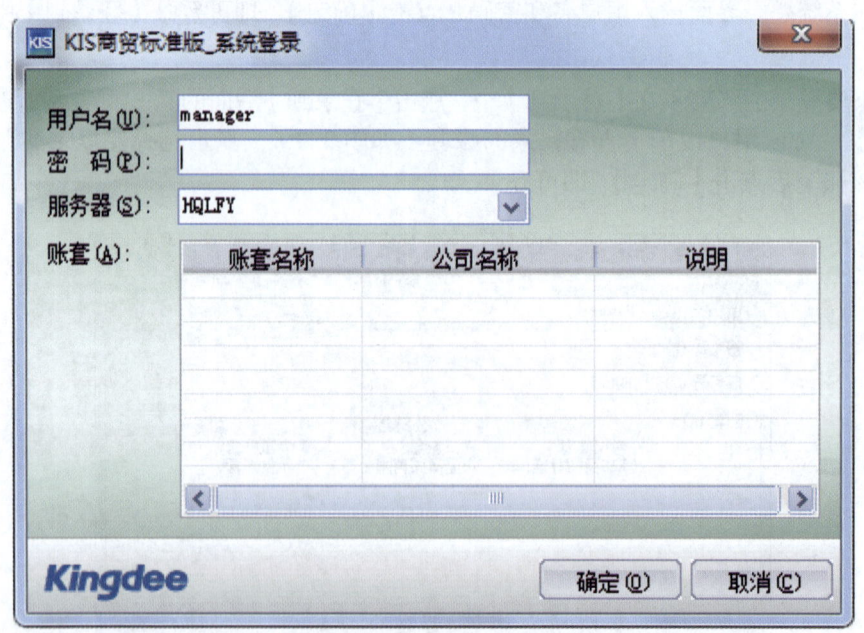

图3-5 【登录界面】示意图2

2. 在系统登录界面输入用户名、密码，在【服务器】中输入服务器端的IP地址并回车，可看到所有在【查看账套】中对该用户授予了查看权限的账套（如图3-6）。双击选择要登录的账套或点击选中该账套后点击【确定】即可登录账套。

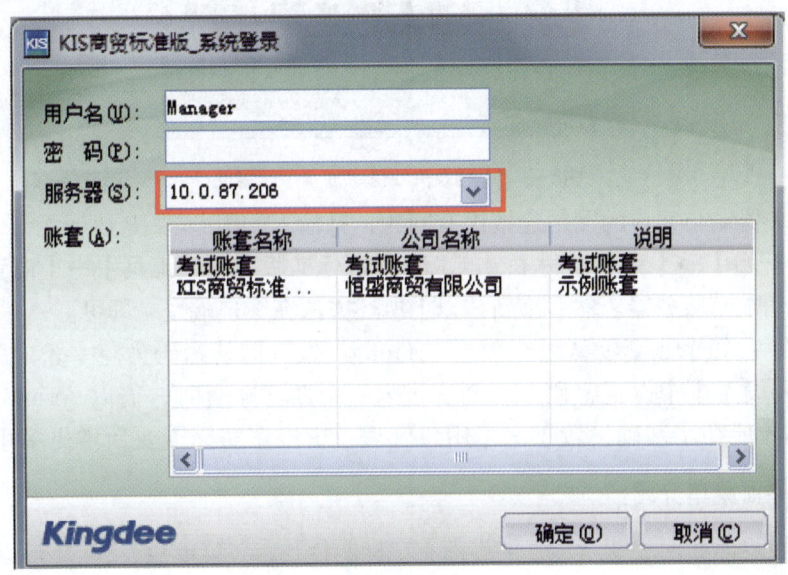

图3-6 【输入服务器】示意图

3. 再次打开登录界面时，系统在【登录到】中自动显示上次登录的账套，输入用户名及密码可登录该账套。

图3-7 【再次打开登录界面】示意图

如果要登录其他账套或连接其他服务器，点击【登录到】后面的 ![icon] ，即可进入服务器及账套选择的界面。

4. 如果登录时出现图3-8提示，请检查输入的服务器IP地址是否正确。

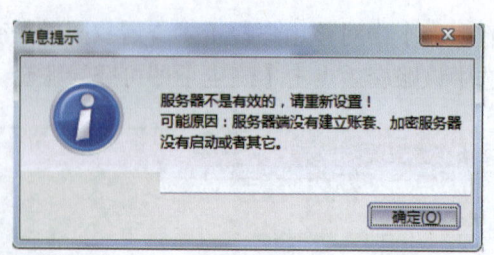

图3-8 【登录失败信息提示】示意图

如果服务器端与客户的网络连接没有问题,且输入的服务器 IP 地址无误,则在服务器端点击【开始】→【程序】→【金蝶 KIS 商贸标准版】→【工具】→【商贸系列加密服务器】启动加密服务器。然后重新按以上所述方法在客户端登录即可。

温馨提示:每个账套默认设有用户"manager",默认密码为空(登录后可在【系统】-【密码设置】中设置密码)。初次进入一个新建账套时,需以"manager"用户名登录后,才能在【基础设置】→【用户管理】中根据实际需要新增更多用户。

二、主界面菜单介绍

登录后主界面如图 3-9 所示,主界面有"标题栏"、"菜单栏"、"logo 栏"、"搜索栏"、"主功能列表区"、"模块功能区"、"账簿报表区"、"预警报表区"、"基础资料区"和"状态栏"。

点击主功能列表区中的相应模块时,模块功能区、账簿报表区、基础资料区都会随着模块相应变化。

状态栏会出现提示当前账套名称、当前账期、当前登录用户等。

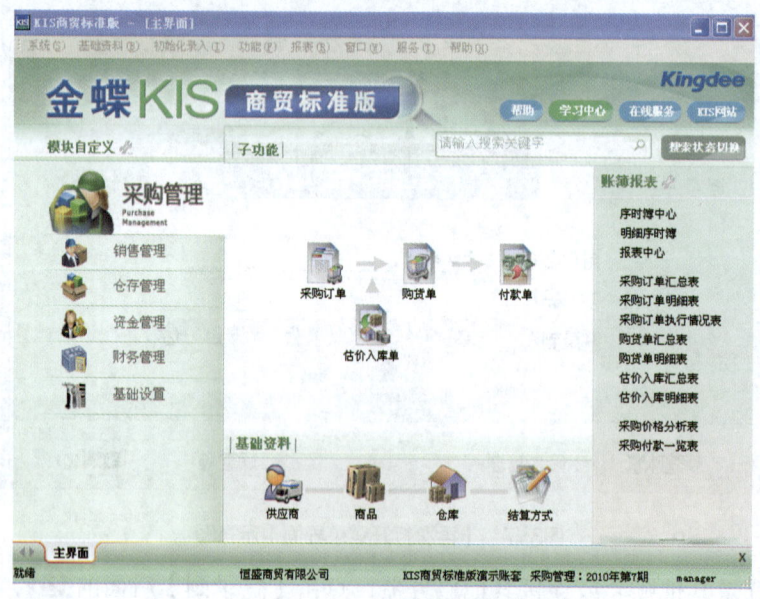

图3-9 【主界面】示意图

基础版界面略有不同,没有主功能列表区,而是以页签形式分为"业务管理"和"财务管理"两部分。

主界面菜单主要有【系统】、【基础资料】、【功能】、【报表】、【窗口】、【服务】、【帮助】等菜单，高度集成了常用功能。以下以标准版菜单为例进行介绍。

（一）系统

该菜单包括了对系统管理和账套数据进行日常维护的主要功能。

1. 系统菜单设置了系统管理的功能，如：重新登录、清除任务、密码设置、退出系统、上机日志、界面自定义。

2. 设置了账套选项及用户权限设置的菜单，如：账套选项、账套备份、套打设置、用户管理。

（二）基础资料

基础资料包括了系统涉及的业务、财务相关功能用到的基础资料，包括商品、仓库、往来单位、部门职员、币别、财务资料、结算方式、结算账户、摘要库、收支类别、单据设置、组装清单。

基础资料是业务运作的基础，该数据至关重要，在系统运作前要准确地录入。系统为用户预先定义了部分基础资料，诸如结算方式、结算账户、摘要库等均有预设相应资料，用户可以根据实际情况进行调整。

（三）功能

功能菜单里集中设置了系统的核心功能，主要有采购管理、销售管理、仓存管理、资金管理、财务管理、价格资料、计算成本、重算本期成本、业务期末结账等功能。

1. 采购管理，主要处理与采购相关的业务，系统通过编制有关的采购单据来实现，这些单据包括采购订单、估价入库单、购货单等，其中购货单中包括购货单、退货单和估价冲回功能。

2. 销售管理，主要处理与销售有关的业务，系统通过编制销售单据来实现，这些单据包括销售订单、委托销售单、销售单等，其中销售单中包括销售单、销售退货单、委托销售结算功能。

3. 仓库管理，主要处理存货出入仓库的业务，系统通过编制相应的单据来实现，这些单据包括其他入库单、其他出库单、盘点、盘盈单、盘损单、调价单、调拨单、组装单和拆卸单。

4. 资金管理，主要处理资金往来等业务，系统通过编制相应的单据来实现，单据包括收款单、付款单、核销单、其他收款单、其他付款单等。

5. 价格资料，对销售、采购业务中的价格进行管理，提供销售、采购历史价格的查看。

（四）报表

报表菜单里设置了系统所有报表功能，主要有序时簿中心、报表中心及分模块报表。其中报表中心功能集合了所有报表和报表预览功能。

预警报表区，通过登录后的业务监控，随时将检测到的最新预警信息弹出预警窗口。

（五）窗口

窗口菜单里可以操作多窗口的排布，这里也会列举已经打开的窗体，点击相应菜单，直接定位到对应窗口。

1. 层叠窗口：将所有打开的子窗口层叠排放。

2. 横向平铺：将所有打开的子窗口进行横向平铺排放。
3. 纵向平铺：将所有打开的子窗口进行纵向平铺排放。

（六）服务

提供服务的相关信息，只有缴纳服务费的用户才能享受。

1. 在线知识库。
2. 在线留言。
3. 远程协助：可以远程解决问题。
4. 更新管理：提供补丁在线下载。

三、主界面搜索

主界面搜索功能，以所有单据及凭证内容作为摘要信息，进行全字匹配搜索，可以快速查找、调用和编辑单据信息。

主界面搜索功能使用非常方便。只需在搜索框中键入一个或多个搜索字词，然后按下 Enter 或点击【搜索】即可。

这时，模块功能区就会呈现出按相关性排序的搜索结果页。点击【搜索状态切换】可以在主界面和搜索界面间切换。

点击【链接】可以直接打开相应单据或凭证进行查看和编辑。

四、业务单据界面介绍

业务单据界面按照单据形态分为两种：单表体单据和双表体单据。不同之处是表体部分，前者为一个表体，后者为两个表体。

通用单表体单据界面如图 3-10 所示，单表体单据分为"标题栏"、"菜单栏"、"工具栏"、"表头"、"表体"、"表尾"和"状态栏"。

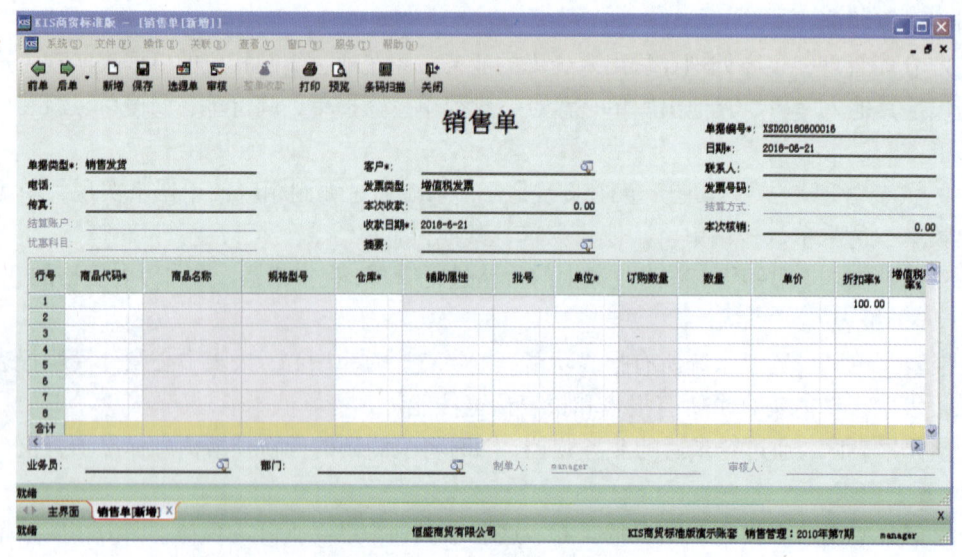

图3-10　通用单表体单据界面图

通用双表体单据界面如图3-11所示,双表体单据分为"标题栏"、"菜单栏"、"工具栏"、"表头"、"上表体"、"下表体"、"表尾"和"状态栏"。

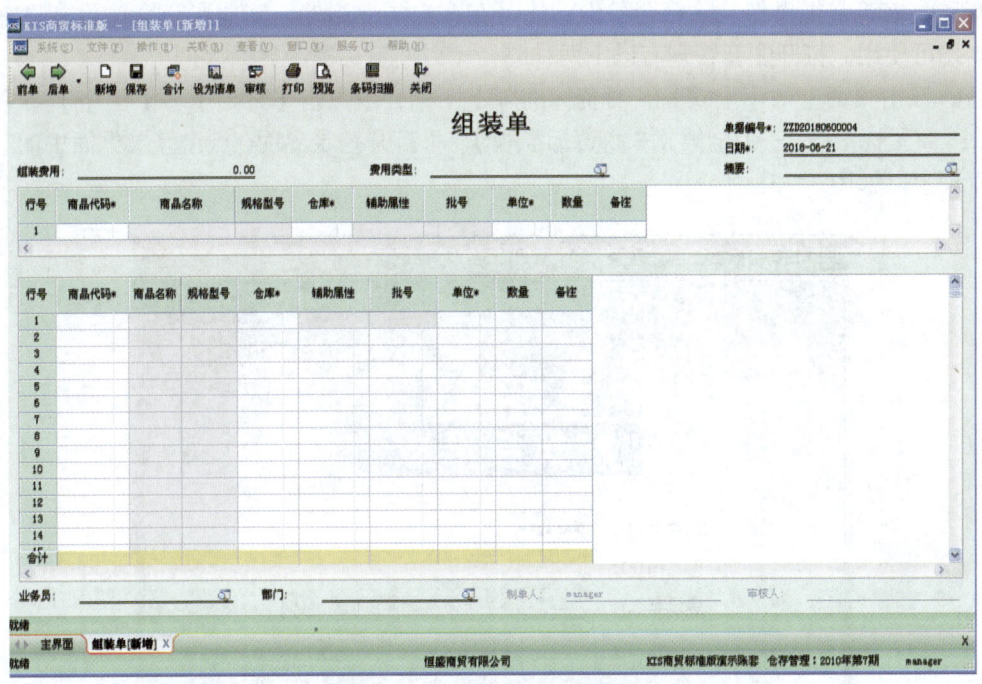

图3-11 通用双表体单据界面图

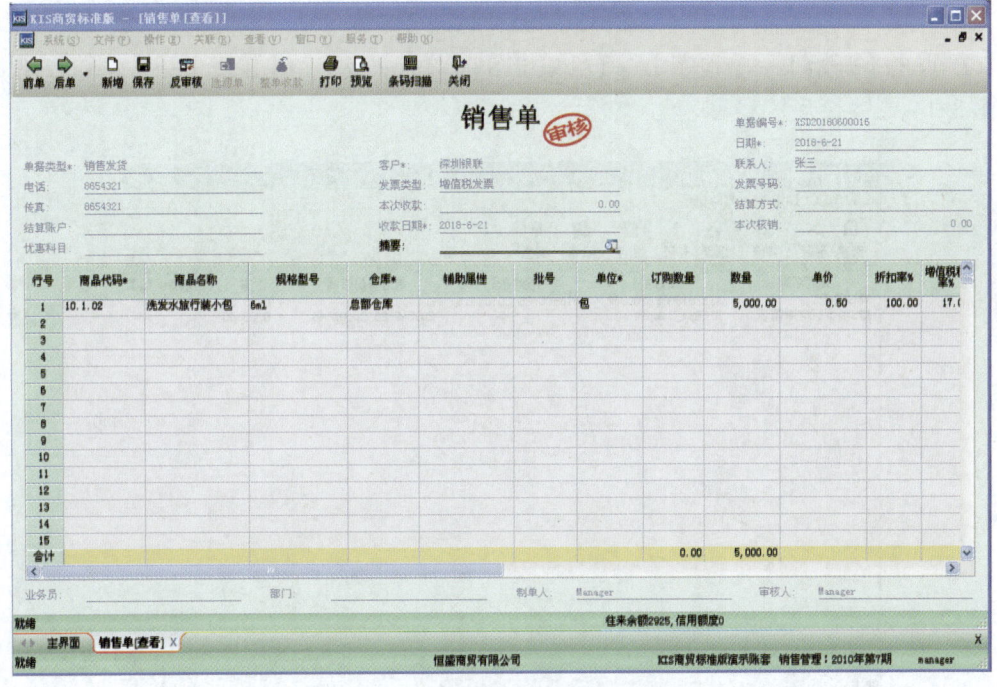

图3-12 保存后单据界面图(任意举例)

五、账套管理

账套管理是相对独立的系统功能。账套管理工具主要用于账套的新增、删除、备份、恢复和收缩等常规操作。除账套备份功能可在客户端使用外,其他账套管理功能只有服务器端可使用。打开账套管理有以下两种路径(以商贸标准版界面为例)。

1. 双击桌面上的【金蝶 KIS 商贸标准版】图标,或点击【开始】→【程序】→【金蝶 KIS 商贸标准版】→【金蝶 KIS 商贸标准版】,可打开登录界面。点击登录界面中的【账套管理】。如图3-13。

图3-13 【登录界面】示意图

2. 点击【开始】→【程序】→金蝶 KIS 商贸标准版】→【工具】→【账套管理】。如图 3-14。

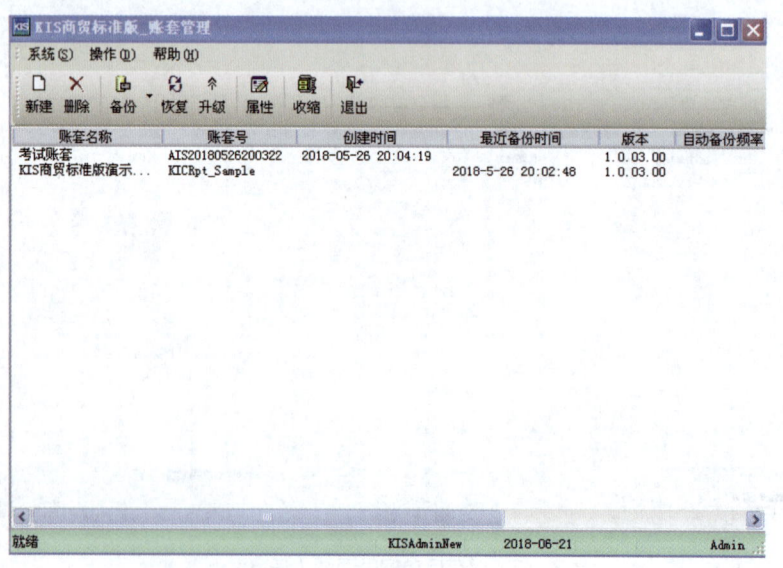

图3-14 【账套管理】示意图

六、新建账套

新建账套有以下两种路径（以商贸标准版界面为例）。

1. 双击桌面上的【金蝶 KIS 商贸标准版】图标，或点击【开始】→【程序】→【金蝶 KIS 商贸标准版】→【金蝶 KIS 商贸标准版】，可打开登录界面。点击登录界面中的【新建账套】，会出现建账向导界面。如图3-15。

图3-15 【新增账套】示意图

2. 进入【账套管理】界面后，选择【操作】→【新建账套】，会出现建账向导界面，指导输入必要的各种账套信息，其中首先要设置企业名称。

一家公司要管账，首先要准备一个空白的账本来记账。在软件里，这个空白的账本就叫账套。新建账套就相当于准备账本的过程。

如果已有账套，点击【账套管理】选中所需账套直接启用便可。

在输入完企业名称后单击【下一步】，进入到后续信息设置流程，配置账套相关信息。

账套代号：用于数据管理的系统默认账套代号。计算机管理账套是按照文件的方式进行管理的，因此每个账套必须有一个文件名。

账套名称：供用户记忆用的账套的名称。

账套地址：存放账套文件的地址。记住账套文件存放的位置及文件的名称，可以方便以后对数据进行安全备份和维护。

七、删除账套

账套删除：是指删除不再需要的账套。

具体操作是：

1. 首先进入【账套管理】界面，选择一个账套。

2. 然后选择【操作】→【删除】。

3. 系统会给出一个是否确定删除的提示，单击【是】。

4. 然后系统会给出是否要备份账套的提示，如果要备份，就选择【是】，否则就选择【否】，该账套就被删除了。

提示：在删除账套之前，系统会做一些检测账套信息的工作，检测当前账套是否正在使用。如果检测到当前账套正在使用，则不会删除当前账套，并会给出相应的提示。

八、备份账套

为了保证账套数据的安全性，需要定期对账套进行备份。一旦原有的账套毁坏，则可以通过账套恢复功能将以前的账套备份文件恢复成一个新账套进行使用。

备份账套：该功能可以将账套文件备份成一个新的金蝶KIS账套。

具体操作是：

首先进入【账套管理】界面，选择需要备份的账套。

如果用户需要手动备份账套：

1. 选择菜单【操作】→【手动备份账套】，打开【账套备份】界面，选择需要备份的路径。

2. 在【文件名】处输入备份账套的名称。

3. 设置好后，点击【确定】即可开始备份账套。

如果用户需要自动备份账套：

1. 选择菜单【操作】→【自动备份账套】，打开【自动备份账套】界面，选择需要备份的路径。

2. 设置好后，点击【确定】即可开始备份账套，备份过程中会对账套自动进行收缩。

注意：当方案保存后，只有重启加密服务器自动备份设置才能生效。

九、恢复账套

该功能可以将备份的账套文件恢复成一个新的金蝶KIS账套。

具体操作是：

1. 首先进入【账套管理】界面，选择菜单【操作】→【恢复】，打开【恢复账套】界面。

2. 选择需要恢复的账套。

3. 在【账套号】和【账套名称】处输入新建账套的账套编号和名称，编号和名称不允许同系统中已有账套的名称或者编号重复。

4. 设置好后，点击【确定】即可开始恢复账套。

注意：如果是自动备份的账套，由于是压缩文件，所以格式不同，在恢复时会有一个自解压过程。

十、基础资料设置

基础资料，就是在系统中使用的各种基础数据的总称。用户在录入凭证或者录入单据时，都毫无例外地需要输入一些业务资料信息，如科目、币别、商品、客户、仓库等信息。可以这么说，所有的凭证、单据都是由一些基础资料信息和具体的数量信息构成的。对于这些基础数据，为了便于进行统一设置与管理，系统提供了基础资料管理这样一个功能。

在金蝶KIS系统主界面上，选择【基础资料】主菜单，可以看到所有基础资料的子菜单。主要是对以下各项基础资料进行维护管理：商品、仓库、往来单位、部门职员、币别、财务资料、结算方式、结算账户、摘要库、收支类别、组装清单、单据设置等。

（一）商品

商品中主要记录了商品的名称、规格型号、商品类型、计价方法、计量单位、商品图片、成本指导价等有关资料，便于在以后发生购销存业务时直接引用。

在金蝶KIS系统主界面上，选择【基础资料】→【商品】→【商品】，进入商品操作界面，单击【新增】，进行商品的新增操作。

1. 界面介绍

以金蝶KIS标准版界面为例介绍商品基础资料中所包含的内容。高级版、标准版包含【商品资料】（图3-16）和【价格资料】（图3-17）两个页签。

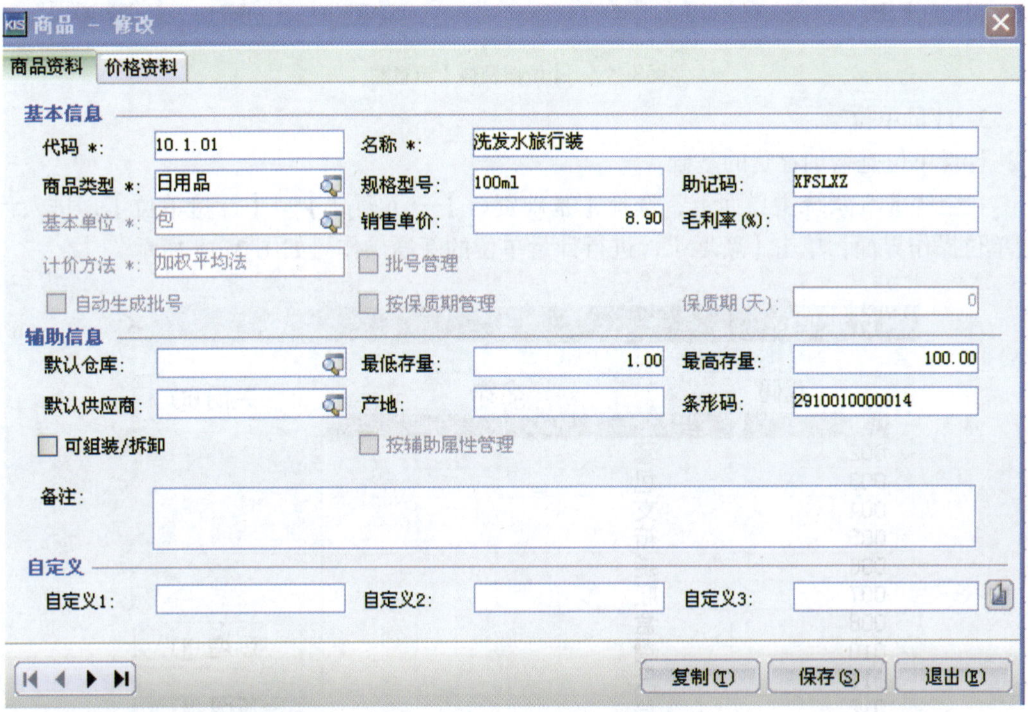

图3-16 【商品资料】示意图

2. 价格资料（价格资料页签仅适用于高级版、标准版）

金蝶KIS商贸高级版和标准版提供了灵活的商品多计量单位功能。在高级版中，同一商品可以设置3个主计量单位和1个辅助计量单位；标准版中，同一商品可以设置2个主计量单位和1个辅助计量单位。

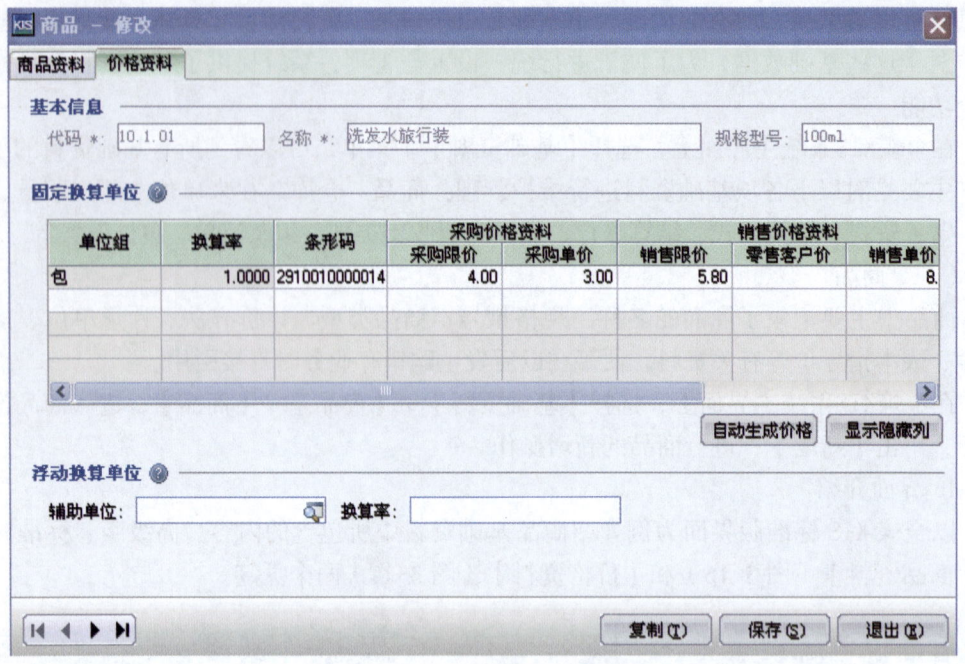

图3-17 【价格资料】示意图

3. 计量单位

计量单位是增加存货的基础。

在金蝶 KIS 系统主界面上，选择【基础资料】→【商品】→【计量单位】，进入计量单位操作界面，单击【新增】，进行计量单位的新增操作。如图 3-18 所示。

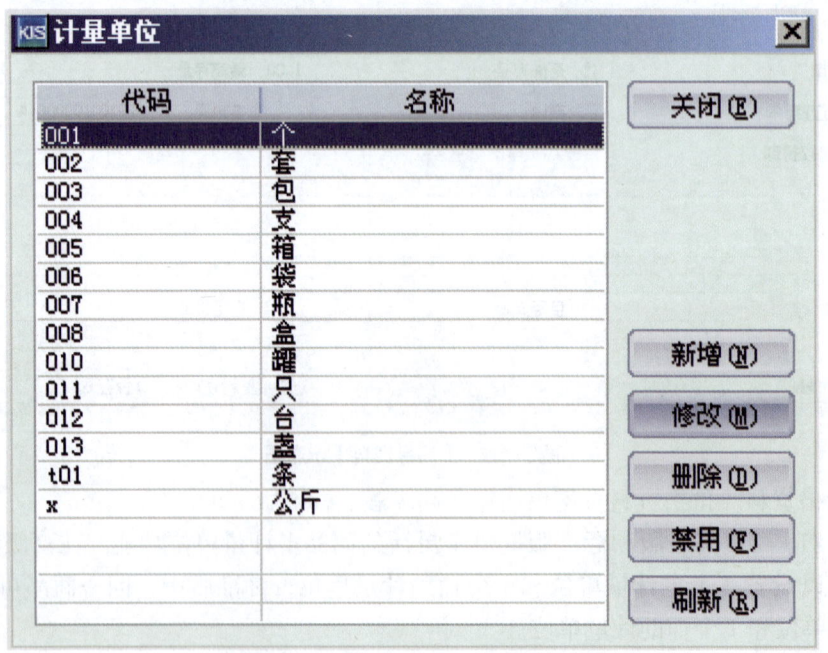

图3-18 【计量单位】示意图

计量单位界面分为2个字段，用户只需要输入代码和名称即可。

注意：名称中不能使用中横杠"-"。

系统还提供了新增、修改、删除和禁用等其他常规功能。

4. 商品类型

该基础资料只有在财务与业务系统结合使用时才可以看到。

商品类型的作用是将不同商品进行分类，并事先定义其会计核算方法，以便后续对业务进行会计处理。商品类型是增加商品的基础，需首先定义商品类型才可增加商品。

在金蝶KIS系统主界面上，选择【基础资料】→【商品】→【商品类型】，进入商品类型操作界面，单击【新增】，进行商品类型的新增操作。如图3-19。

注意：商品类型名称中不能使用中横杠"-"。

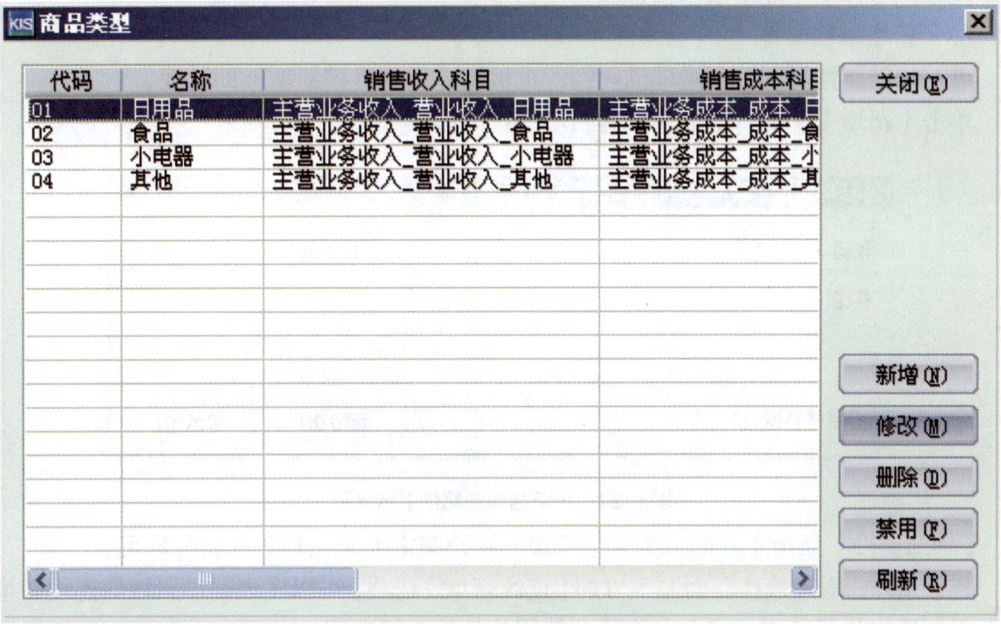

图3-19 【商品类型】示意图

界面介绍：

（1）销售收入科目：指该类商品发生销售业务时，对应的销售收入科目。

（2）销售成本科目：指该类商品销售结转成本时，对应的结转销售成本科目。

（3）存货核算科目：指该类商品对应的存货科目。

（4）委托代销科目：指该类商品发生委托代销业务时，转入的委托代销科目。委托代销科目仅适用于高级版、标准版。

（5）采购费用转出科目：指采购费用临时归集待实际入库分摊转出的科目。

5. 辅助属性（辅助属性仅适用于高级版、标准版）

辅助属性是对一些特别商品的其他属性的说明，如颜色、尺码等。操作如下：

（1）操作路径

在金蝶KIS系统主界面上，选择【基础资料】→【商品】→【辅助属性】。

（2）新增类别

单击【新增类别】，进行辅助属性类别的新增操作。如图 3-20。

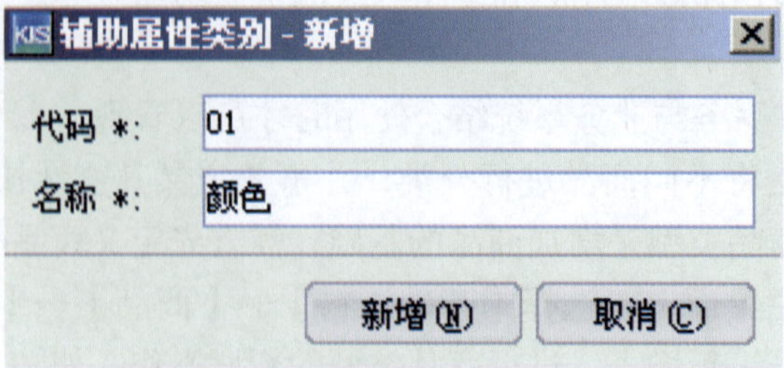

图3-20 【新增辅助属性类别】示意图

注意：名称中不能使用中横杠"-"。

（3）新增辅助属性

可在辅助属性类别下新增辅助属性，也可不分类别直接新增辅助属性。

单击【新增】，进行辅助属性的新增操作。如图 3-21。

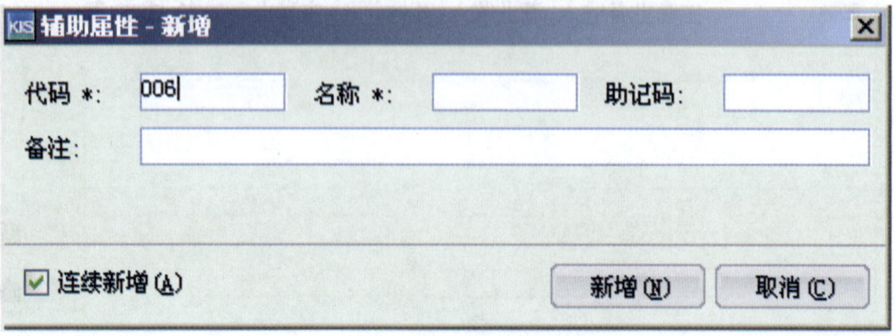

图3-21 【新增辅助属性】示意图

【辅助属性－新增】界面分为 4 个字段，用户只需要输入代码和名称即可。

连续新增：通过选择界面左下方的【连续新增】选项，可以实现辅助属性的连续新增。

系统还提供了新增、修改、删除和禁用等其他常规功能。

6. 商品价格资料

在金蝶 KIS 系统主界面上，选择【基础资料】→【商品】→【商品价格资料】，进入商品价格资料录入界面，在该界面可以一次将所有商品的采购和销售各等级的价格以及采购和销售限价定义好。如图 3-22 所示。

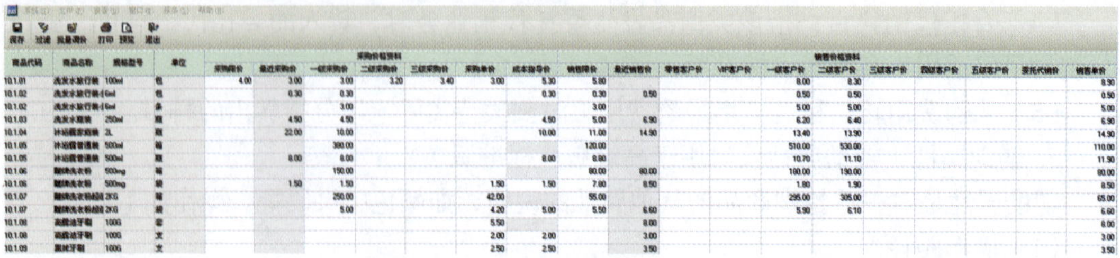

图3-22 【商品价格资料】示意图

（二）仓库

在金蝶 KIS 系统主界面上，选择【基础资料】→【仓库】→【仓库】，进入仓库操作界面，单击【新增】，进行仓库的新增操作。如图 3-23 所示。

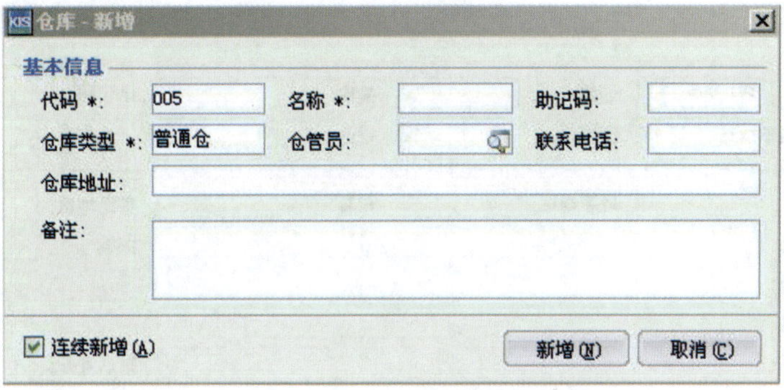

图3-23　【新增仓库】示意图

输入代码、名称和仓库类型即可。注意：名称中不能使用中横杠"-"。

仓库类型：分为普通仓和赠品仓，赠品仓的商品只进行数量管理。

连续新增：通过选择界面左下方的【连续新增】选项，可以实现仓库的连续新增。

系统还提供了新增、修改、删除和禁用等其他常规功能。

（三）往来单位

1. 客户

在金蝶 KIS 系统主界面上，选择【基础资料】→【往来单位】→【客户】，进入客户操作界面，单击【新增】，进行客户的新增操作。如图 3-24 所示。

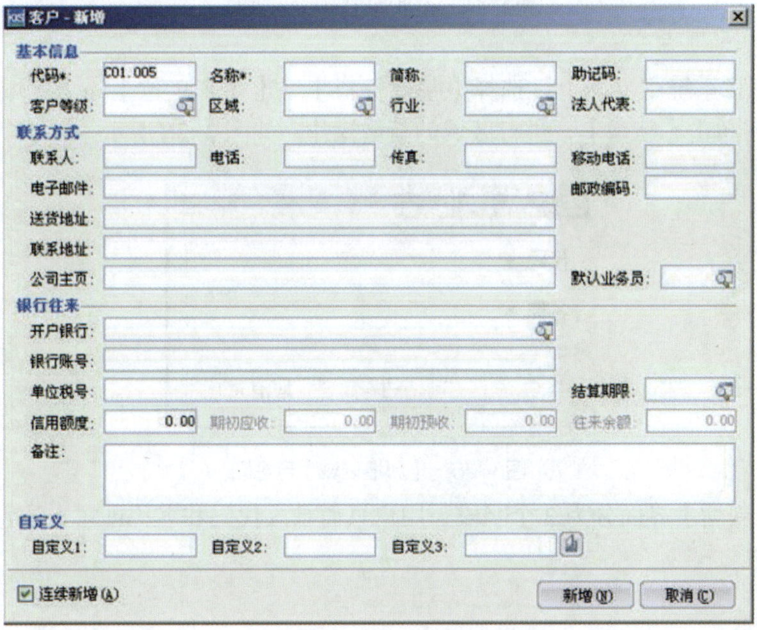

图3-24　【新增客户】示意图

2. 供应商

在金蝶KIS系统主界面上，选择【基础资料】→【往来单位】→【供应商】，进入供应商操作界面，单击【新增】，进行供应商的新增操作。如图3-25所示。

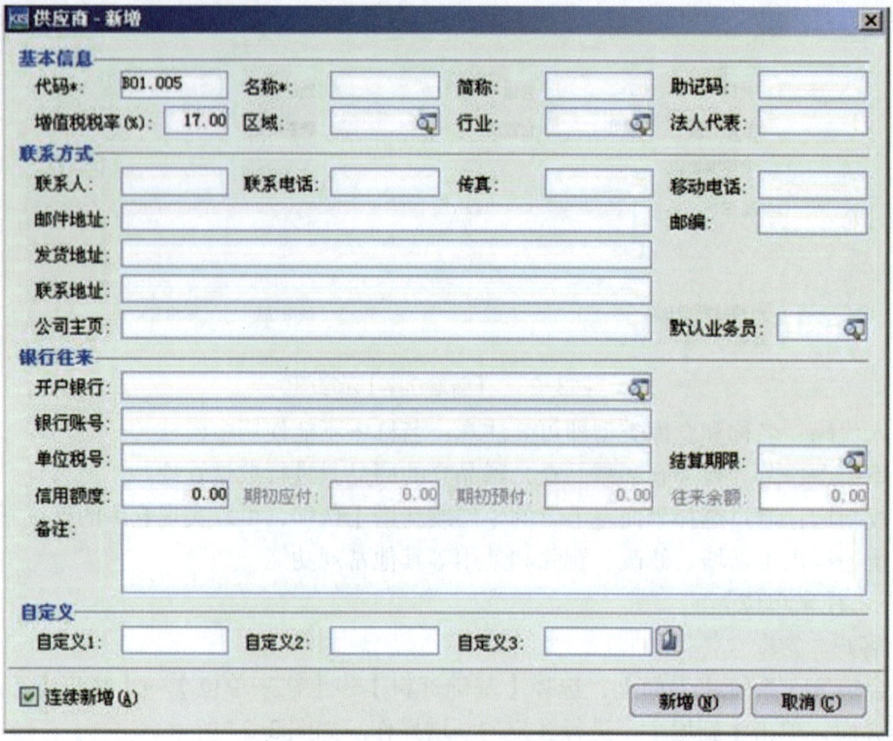

图3-25 【新增供应商】示意图

3. 区域

在金蝶KIS系统主界面上，选择【基础资料】→【往来单位】→【区域】，进入区域操作界面，单击【新增】，进行区域的新增操作。如图3-26所示。

图3-26 【新增区域】示意图

【区域-新增】界面分为2个字段，用户只需录入代码和名称即可。注意：名称中不能使用中横杠"-"。

4. 行业

在金蝶KIS系统主界面上，选择【基础资料】→【往来单位】→【行业】，进入行业操作界面，单击【新增】，进行行业的新增操作。如图3-27所示。

图3-27 【新增行业】示意图

【行业-新增】界面分为2个字段,用户只需录入代码和名称即可。注意:名称中不能使用中横杠"-"。

5. 银行

在金蝶KIS系统主界面上,选择【基础资料】→【往来单位】→【银行】,进入银行操作界面,单击【新增】,进行银行的新增操作。如图3-28所示。

图3-28 【新增银行】示意图

【银行-新增】界面分为2个字段,用户只需录入代码和名称即可。注意:名称中不能使用中横杠"-"。

6. 结算期限

在金蝶KIS系统主界面上,选择【基础资料】→【往来单位】→【结算期限】,进入结算期限操作界面,单击【新增】,进行结算期限的新增操作。注意:名称中不能使用中横杠"-"。如图3-29所示。

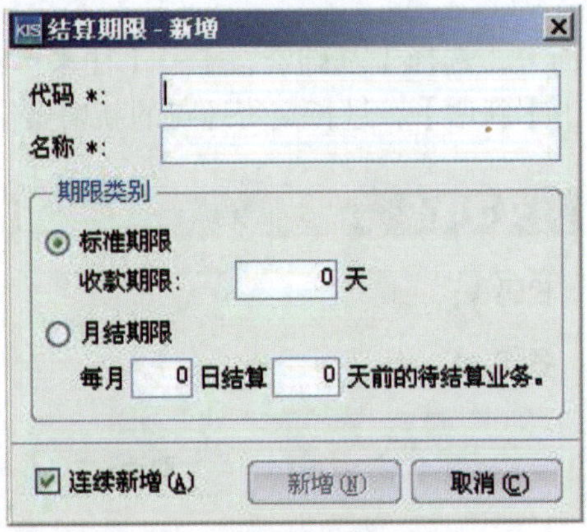

图3-29 【新增结算期限】示意图

7. 客户等级

在金蝶 KIS 系统主界面上,选择【基础资料】→【往来单位】→【客户等级】,进入客户等级操作界面,单击【新增】,进行客户等级的新增操作。注意:名称中不能使用中横杠"-"。如图 3-30 所示。

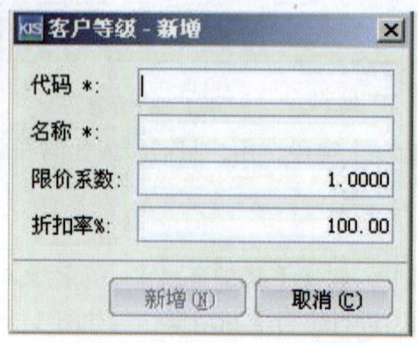

图3-30 【新增客户等级】示意图

8. 交货方式

在金蝶 KIS 系统主界面上,选择【基础资料】→【往来单位】→【交货方式】,进入交货方式操作界面,单击【新增】,进行交货方式的新增操作。如图 3-31 所示。

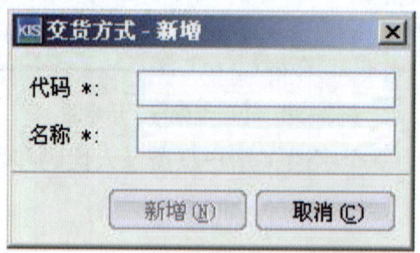

图3-31 【新增交货方式】示意图

【交货方式 - 新增】界面分为 2 个字段,用户只需要输入代码和名称即可。注意:名称中不能使用中横杠"-"。

9. 交货地点

在金蝶 KIS 系统主界面上,选择【基础资料】→【往来单位】→【交货地点】,进入交货地点操作界面,单击【新增】,进行交货地点的新增操作。如图 3-32 所示。

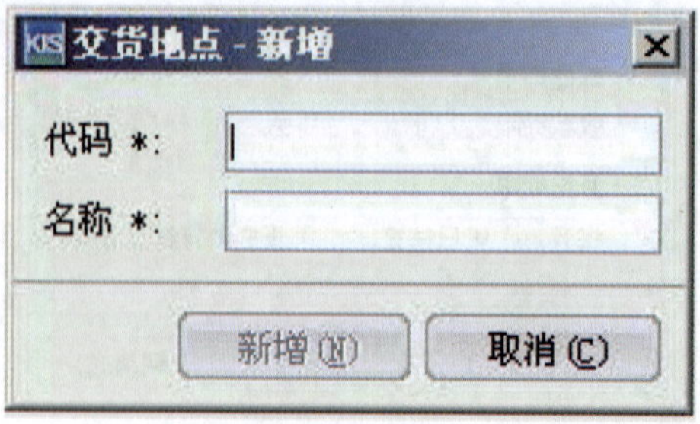

图3-32 【新增交货地点】示意图

【交货地点-新增】界面分为2个字段，用户只需要输入代码和名称即可。注意：名称中不能使用中横杠"-"。

（四）部门职员

1. 部门

在金蝶KIS系统主界面上，选择【基础资料】→【部门职员】→【部门】，进入部门操作界面，单击【新增】，进行部门的新增操作。如图3-33所示。

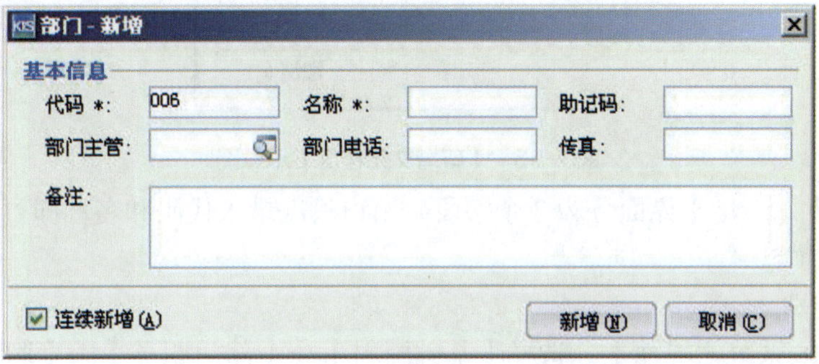

图3-33 【新增部门】示意图

用户只需要填写必填项——代码和名称即可，其他项目可根据需要进行填写。注意：名称中不能使用中横杠"-"。

2. 职员

在金蝶KIS系统主界面上，选择【基础资料】→【部门职员】→【职员】，进入职员操作界面，单击【新增】，进行职员的新增操作。如图3-34所示。

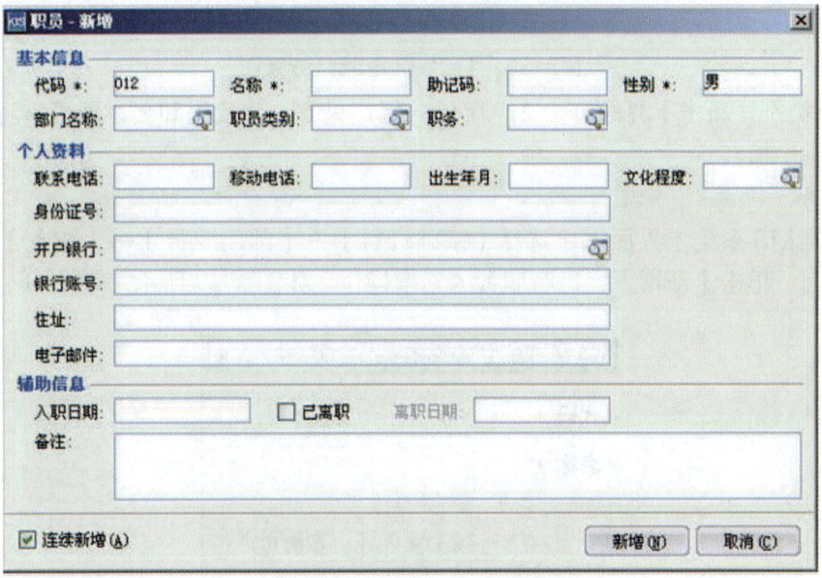

图3-34 【新增职员】示意图

用户只需要填写必填项——代码、名称和性别即可，其他项目可根据需要进行填写。注意：名称中不能使用中横杠"-"。

3. 文化程度

在金蝶 KIS 系统主界面上，选择【基础资料】→【部门职员】→【文化程度】，进入文化程度操作界面，单击【新增】，进行文化程度的新增操作。如图 3-35 所示。

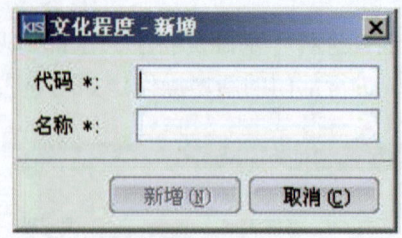

图3-35 【新增文化程度】示意图

【文化程度-新增】界面分为 2 个字段，用户只需录入代码和名称即可。注意：名称中不能使用中横杠"-"。

4. 职员类别

在金蝶 KIS 系统主界面上，选择【基础资料】→【部门职员】→【职员类别】，进入职员类别操作界面，单击【新增】，进行职员类别的新增操作。如图 3-36 所示。

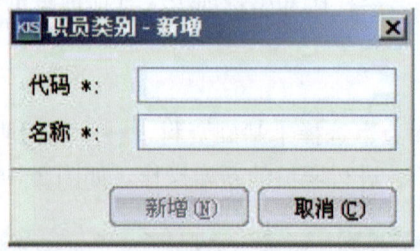

图3-36 【新增职员类别】示意图

【职员类别-新增】界面分为 2 个字段，用户只需录入代码和名称即可。注意：名称中不能使用中横杠"-"。

5. 职务

在金蝶 KIS 系统主界面上，选择【基础资料】→【部门职员】→【职务】，进入职务操作界面，单击【新增】，进行职务的新增操作。如图 3-37 所示。

图3-37 【新增职务】示意图

【职务-新增】界面分为 2 个字段，用户只需录入代码和名称即可。注意：名称中不能使用中横杠"-"。

(五)币别

币别基础资料仅适用于高级版、标准版。

在企业的经营活动中,都是以币别作为交易的媒介和度量单位的。对于涉外企业,其交易活动中不可避免的将涉及多种币别,为了方便用户对不同币种的业务数据进行记录和度量,系统提供了币别这个基础资料。

在金蝶KIS系统主界面上,选择【基础资料】→【币别】,进入币别操作界面,单击【新增】,进行币别的新增操作。如图3-38所示。

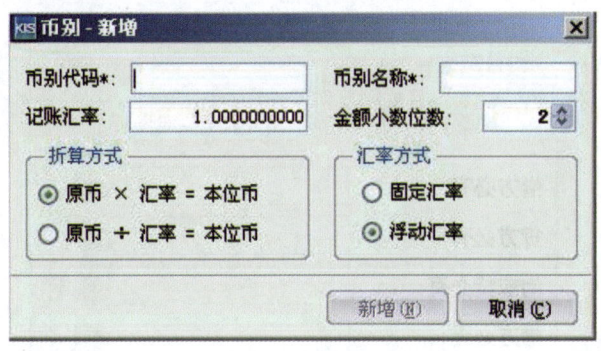

图3-38 【新增币别】示意图

(六)财务资料

1. 会计科目

在金蝶KIS系统主界面上,选择【基础资料】→【财务资料】→【会计科目】,进入会计科目操作界面,单击【新增】,进行会计科目的新增操作。如图3-39所示。

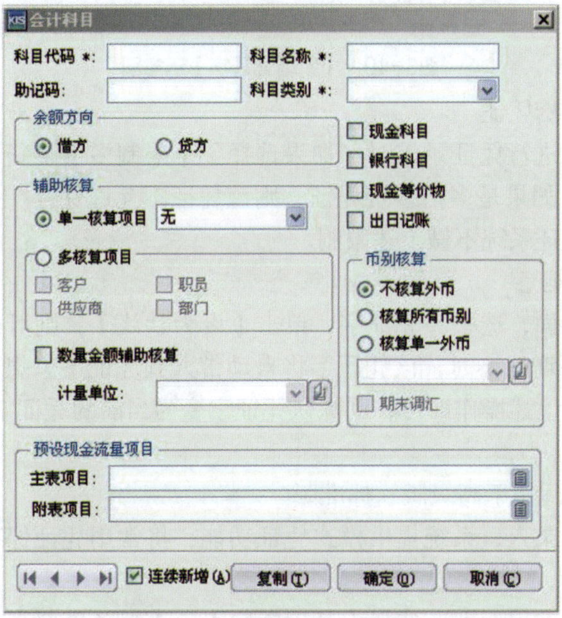

图3-39 【新增会计科目】示意图

2. 凭证字

凭证字就是我们在录入凭证时使用的用于标记凭证类别的凭证字，它与我们在实际工作中所使用的凭证字的含义是相同的。

在金蝶 KIS 系统主界面上，选择【基础资料】→【财务资料】→【凭证字】，进入凭证字操作界面，单击【新增】，进行凭证字的新增操作。如图 3-40 所示。

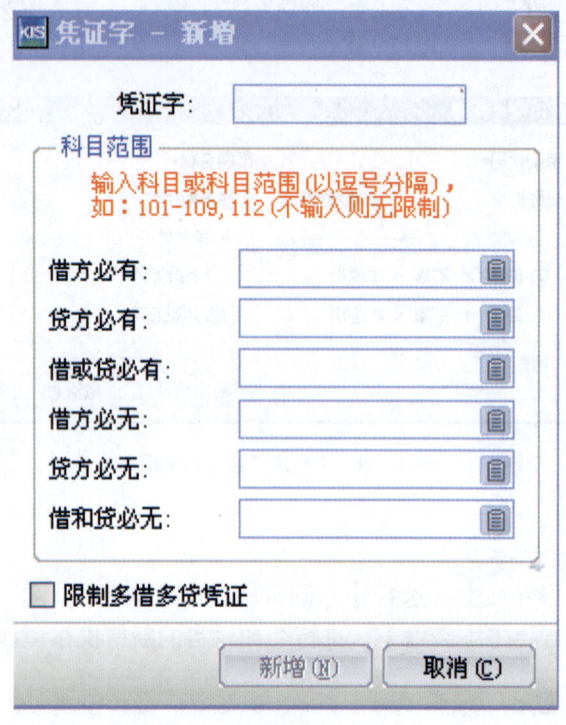

图 3-40 　【新增凭证字】示意图

（1）限制多借多贷凭证

在账务处理系统进行凭证录入时，如果选择了【限制多借多贷凭证】，则系统将对当前凭证进行判断，如果是多借多贷凭证，则该凭证不允许保存。对于一借一贷、一借多贷、多借一贷的凭证系统不做上述限制。

（2）设置默认凭证字

在凭证字管理界面，选中一凭证字，单击【设为默认】，则可以将指定的凭证字设为默认凭证字，在新增凭证时，该凭证字将自动带入到凭证中。想更改默认凭证字，选中另一个凭证字重复上述操作即可，则默认凭证字变为当前的凭证字。

（3）模式凭证

模式凭证功能仅适用于高级版、标准版。

为方便用户重复录入，系统提供模式凭证功能，将常用凭证保存为模式凭证，以后在录入凭证时可调用。

在金蝶 KIS 系统主界面上，选择【基础资料】→【财务资料】→【模式凭证】，进入模式凭证操作界面，单击【新增】，进行模式凭证的新增操作。如图 3-41 所示。

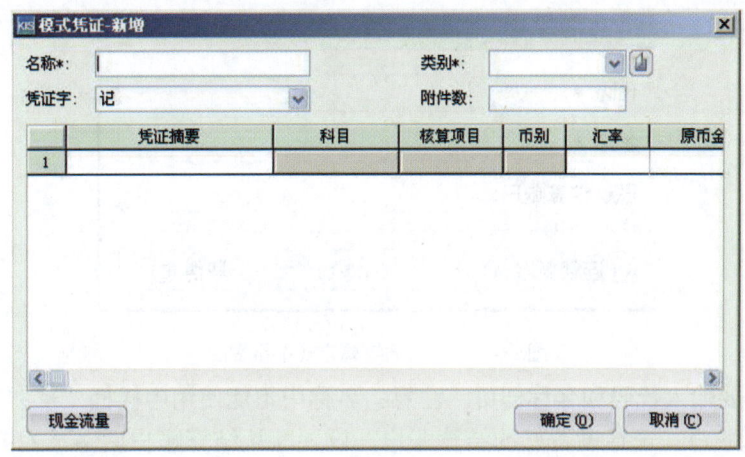

图3-41 【新增模式凭证】示意图

模式凭证的操作方式与凭证录入类似，不再赘述。

需要注意的是：

① 模式凭证可以不录入金额或者凭证不平衡也可以保存。
② 设置两条以上的分录才能指定现金流量。
③ 指定现金流量为模式凭证非必录项。
④ 名称中不能使用中横杠"-"。
⑤ 现金流量项目是凭证指定现金流量的具体项目。

在金蝶 KIS 系统主界面上，选择【基础资料】→【财务资料】→【现金流量项目】，进入现金流量项目操作界面，系统已经根据会计上的要求预设好了现金流量项目，用户也可以根据需要进行编辑。如图 3-42 所示。

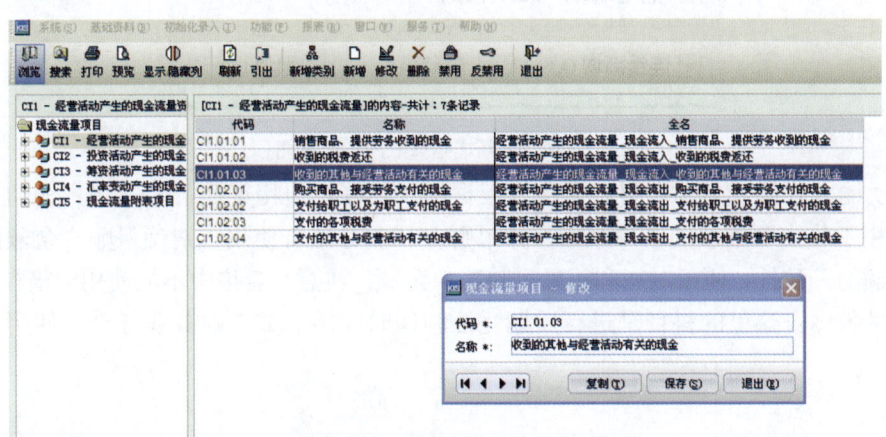

图3-42 【现金流量项目】示意图

进行现金流量项目编辑时，只需要输入代码和名称即可。

（七）结算方式

在金蝶 KIS 系统主界面上，选择【基础资料】→【结算方式】，进入结算方式操作界面，单击【新增】，进行结算方式的新增操作。如图 3-43 所示。

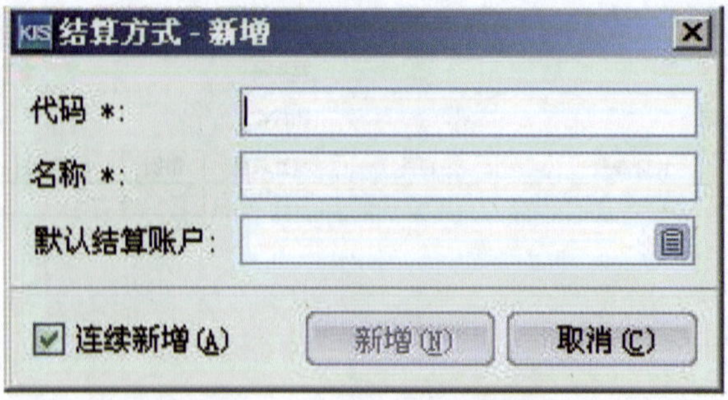

图3-43 【新增结算方式】示意图

用户只需要输入代码和名称即可。注意：名称中不能使用中横杠"-"。

默认结算账户：选择设置好的结算账户。设置默认结算账户后，录入单据时，选择了结算方式后，可以根据这里的设置自动将结算账户带出。

（八）结算账户

在金蝶 KIS 系统主界面上，选择【基础资料】→【结算账户】，进入结算账户操作界面，单击【新增】，进行结算账户的新增操作。如图 3-44 所示。

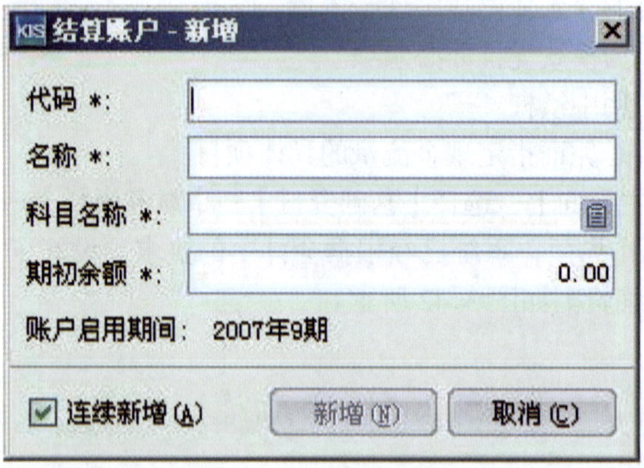

图3-44 【新增结算账户】示意图

依次输入代码、名称和科目名称，根据提示的账户启用期间，输入账户期初余额，这主要用于收支明细表的账户余额，如果财务和业务结合使用，请确保账户余额同科目初始余额的一致性，便于对账和正确反映账户余额。注意：名称中不能使用中横杠"-"。

科目名称：这里的科目是进行后期凭证制作时使用。如果财务业务分开使用，无此字段。

（九）摘要库

金蝶 KIS 商贸系列中财务和业务共用一个摘要库，对于常用的摘要用户可以在摘要库中设置好，录入单据和凭证时，可直接调用，提高录入效率。

在金蝶 KIS 系统主界面上，选择【基础资料】→【摘要库】，进入摘要库操作界面，单击【摘要-增加】，进行摘要的新增操作。如图 3-45 所示。

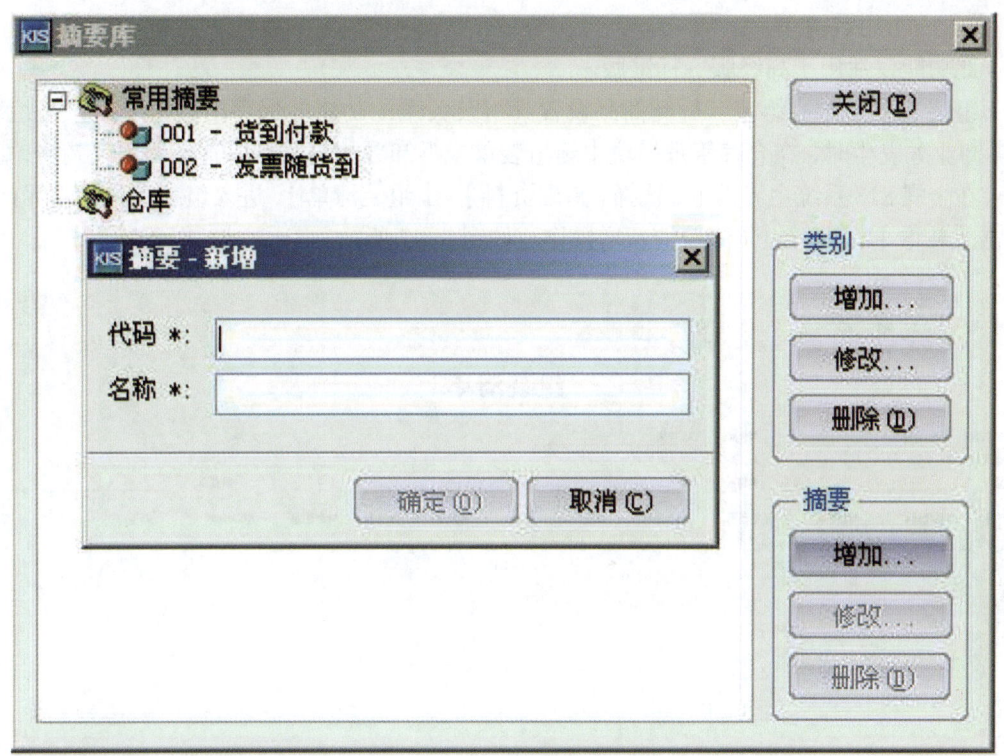

图3-45 【新增摘要】示意图

用户只需要输入代码和名称即可。注意：名称中不能使用中横杠"-"。

（十）收支类别

收支类别基础资料仅适用于高级版、标准版。

收支类别是针对应收应付模块的其他收入单和其他付款单而设计的，它分为收入类别和支出类别，分别对应其他收款单和其他付款单，通过收支类别的定义，可以统计和核算非主营收支的资金分类，收支类别同时绑定会计科目，在生成凭证时引用。

以收入类别为例，在金蝶KIS系统主界面上，选择【基础资料】→【收支类别】，进入收支类别操作界面，单击【新增】，进行收入类别的新增操作。如图3-46所示。

图3-46 【新增收入类别】示意图

用户只需要输入代码、名称和会计科目即可。注意：名称中不能使用中横杠"-"。
会计科目：指获取收入和支付费用时记入的科目。如果财务业务分开使用，无此字段。

（十一）组装清单

此功能仅适用于高级版、标准版。

组装清单是对可组装／拆卸商品设置其组装关系的功能。保存组装清单后，当组装／拆卸业务发生时，在仓存管理模块中建组装单或拆卸单的时候可以直接调用组装清单。

在金蝶KIS系统主界面上，选择【基础资料】→【组装清单】，进入组装清单操作界面，单击【新增】，进行组装清单的新增操作。如图3-47所示。

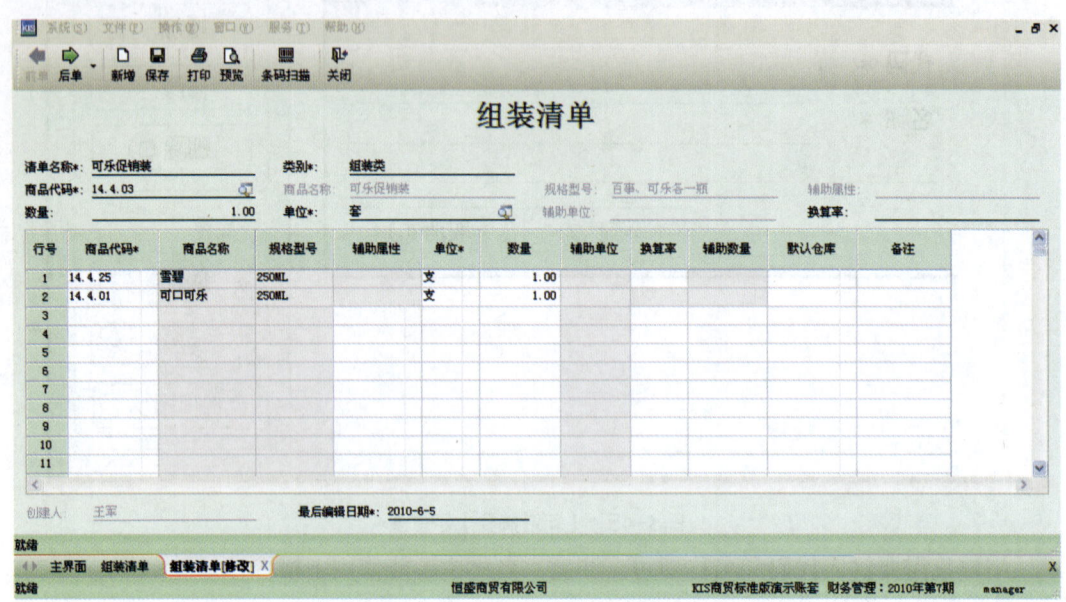

图3-47　【组装清单】示意图

1. 表头

类别：分为两大类，即组装类和拆卸类。

商品代码：这里只能选择组装件，即商品基础资料中选择了选项【可组装／拆卸】。

数量：组装件的基本单位数量。

2. 表体

商品代码：子件的商品代码，这里只能选择非组装的商品。

数量：子件的基本单位数量。

默认仓库：子件的仓库，设置后可在做组装单或拆卸单时，默认带出子件的仓库。

（十二）单据设置

单据设置是根据单据类型设置单据的编码规则。

在金蝶KIS系统主界面上，选择【基础资料】→【单据设置】，进入单据设置操作界面，系统预设了所有单据的编码设置，单击【修改】，进行单据设置的修改操作。如图3-48所示。

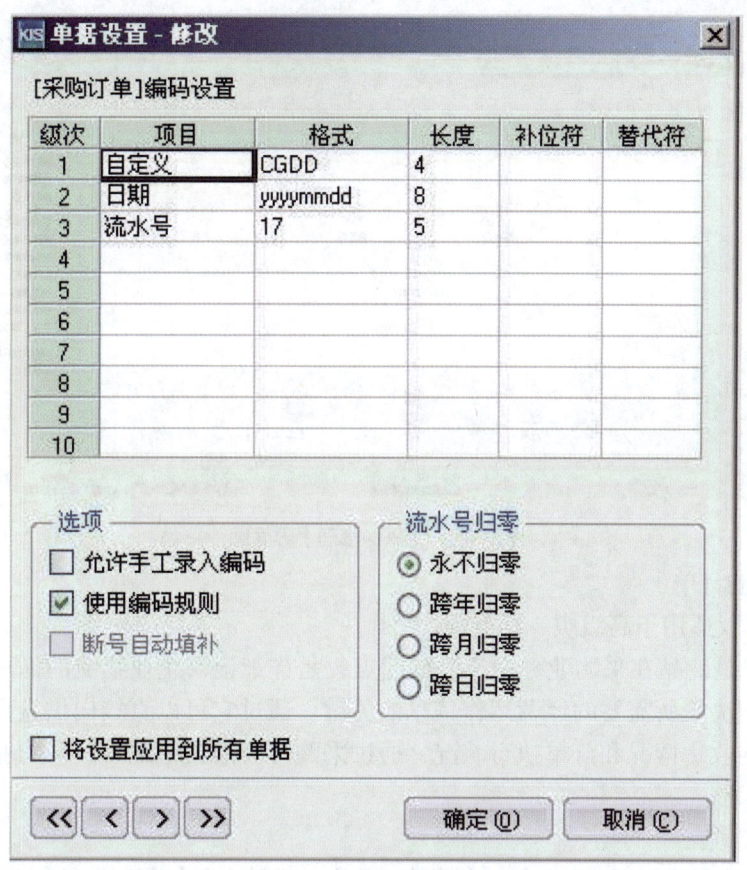

图3-48 【修改单据设置】示意图

第二节 财务分析数据的采集和整理

一、采购管理

采购管理系统,是通过采购订货、采购收货、采购退货、采购付款、估价入库、估价冲回、价格管理、供应商管理、仓库及供货信息资料等功能综合运用的管理系统,对采购物流和资金流的全过程进行有效的双向控制和跟踪,实现完善的企业物资供应信息管理。如图3-49所示。

首先,可以根据采购订单,与供应商签订采购协议,在收到所采购商品时根据订单来编制购货单,办理入库手续,如果预计在月末结账前无法收到供货方的正式发票或其他有效凭据,则可以在月末结账前将本次收到商品办理暂估入库,待下月收到发票或其他有效凭据时再将原暂估入库数冲回,重新办理入库手续。针对采购付款,可以通过购货单的现金结算功能,以现金支付并完成结算,也可以按双方约定的期限,在到期日通过付款单来处理和结算。

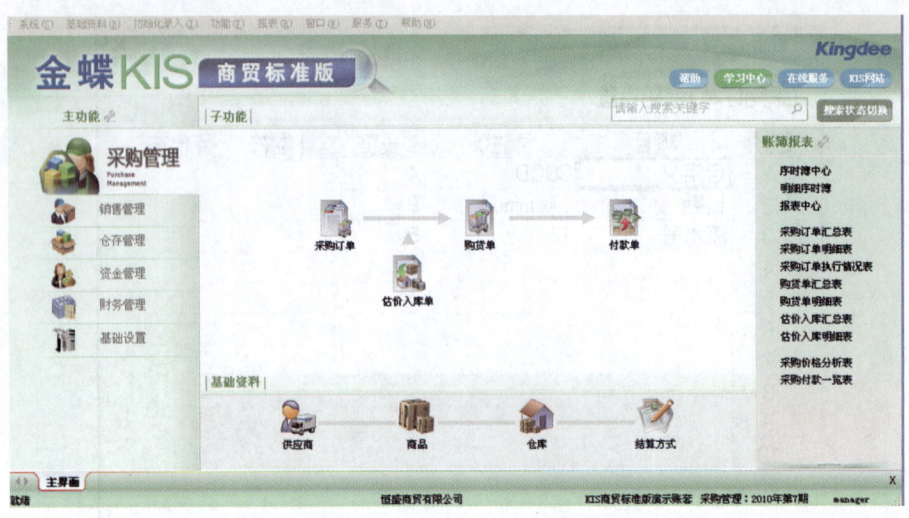

图3-49 【采购管理】界面图

（一）采购订单

采购订单仅适用于高级版、标准版。

采购订单是商品在采购业务中流动的起点，是详细记录企业物流的循环流动轨迹、累积企业管理决策所需要的经营运作信息的关键。通过它可以直接向供应商订货并可查询采购订单的收货情况和订单执行状况，通过采购订单的关联跟踪，采购业务的处理过程可以一目了然。

1. 操作路径

单击【功能】→【采购管理】→【采购订单】，或者单击【采购管理】导航图中的【采购订单】图标。

2. 操作界面图

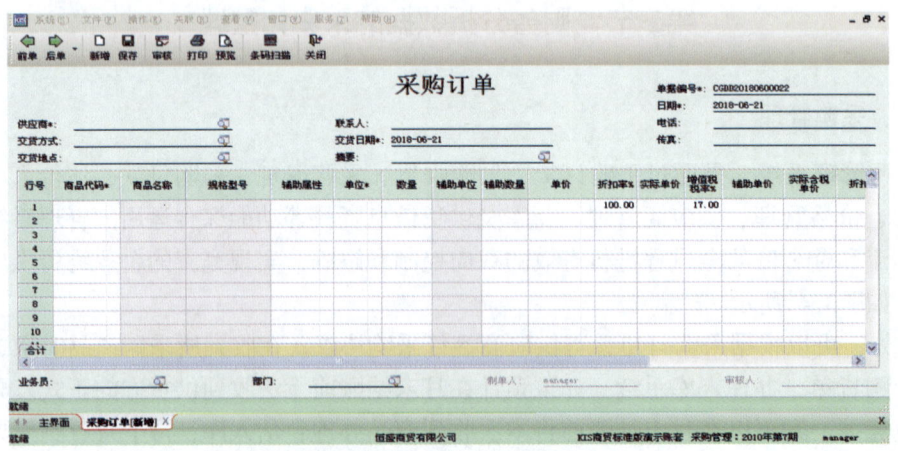

图3-50 【采购订单】示意图

（二）购货单

购货单，又称外购入库单、收货单、验收入库单等，是确认商品入库的书面证明。购货单是体现采购及库存业务的重要单据，它不仅表现了商品转移，同时也是所有权实际转移的重要标志。购货单身兼两职,同时还扮演着采购发票的角色,不但是仓库部门的入库依据,也是业务部门的成本确认、往来结算的依据。

本系统购货单支持现购、赊购、采购退货及估价冲回等多种业务的处理。该单据可清晰地跟踪采购入库、结算、付款、退款、退货等整个采购业务过程。

与采购订单、估价入库相关的描述仅适用于高级版、标准版。

1. 操作路径

单击【功能】→【采购管理】→【购货单】,或者单击【采购管理】导航图中的【购货单】图标。

2. 操作界面图

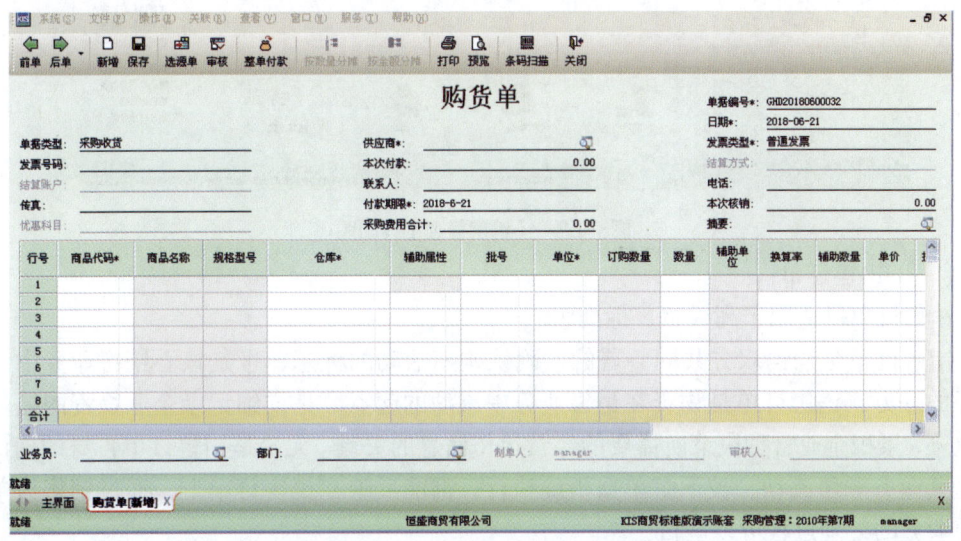

图3-51 【购货单】示意图

二、销售管理

销售管理系统,是通过销售订货、仓库发货、销售退货、销售收款、委托代销、委托结算、销售价格管理、客户管理等功能综合运用的管理系统,对销售全过程进行有效控制和跟踪,实现完善的企业销售信息管理。该系统与采购管理系统、仓存管理系统、资金管理系统、财务系统等其他系统结合运用,为企业提供了更完整、全面的小企业业务系统、业务流程管理和财务管理信息。以便于用户动态掌握每一客户的发货、结算及拖欠款情况,从而帮助企业及时调整销售、发货计划,加快资金的回笼;跟踪销售业务员发货、销售及回款情况,从而全面考核业务员的销售业绩和销售指标完成情况,协助企业制定销售考核目标,扩大销售成果。如图3-52所示。

首先,用户可以根据客户意向制订销售协议,在商定的发货日期根据订单来编制销售发货单,用于仓库发货;针对销售收款,如果客户在收货时现金付款,那么可以通过销售发货单的现金结算功能处理这种现结业务,也可以按双方约定的期限,在到期日通过收款单来处理和结算。

系统除了提供销售订单、销售单、收款单等常用单据,还提供了委托代销单,来管理商品从出库到销售、退货等完整的销售管理功能。可以处理诸如赊销、现销、分期收款销售、委托销售等类型的销售业务。

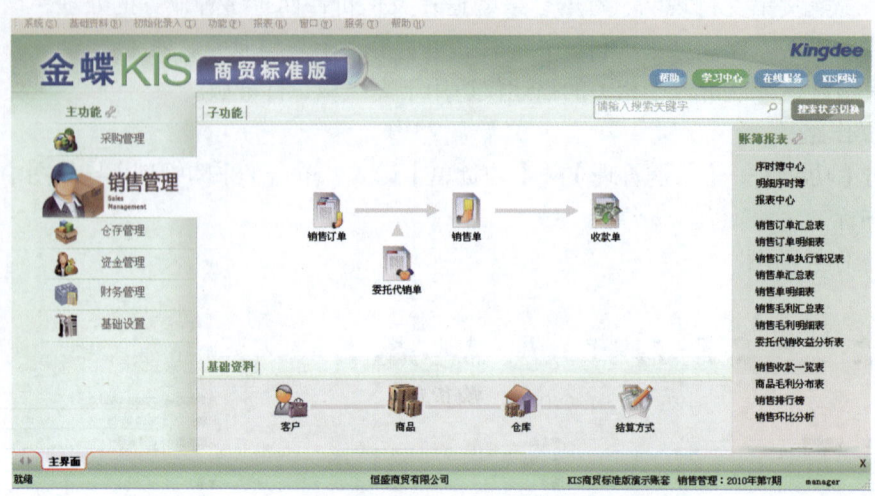

图3-52 【销售管理】界面图

（一）销售订单

销售订单仅适用于高级版、标准版。

销售订单是购销双方共同签署的、确认购销活动的标志，也是核心销售业务中三方关联的一方，销售订单是物资在销售业务中流动的起点，是详细记录企业物资的循环流动轨迹、累积企业管理决策所需要的经营运作信息的关键。无论是销售订单自身的确认，还是其业务顺序流动、被下游单据精确执行，都能反映在销售订单上，通过销售订单，销售业务的处理过程可以一目了然。

1. 操作路径

点击【功能】→【销售管理】→【销售订单】，或者单击【销售管理】导航图中的【销售订单】图标。

2. 操作界面图

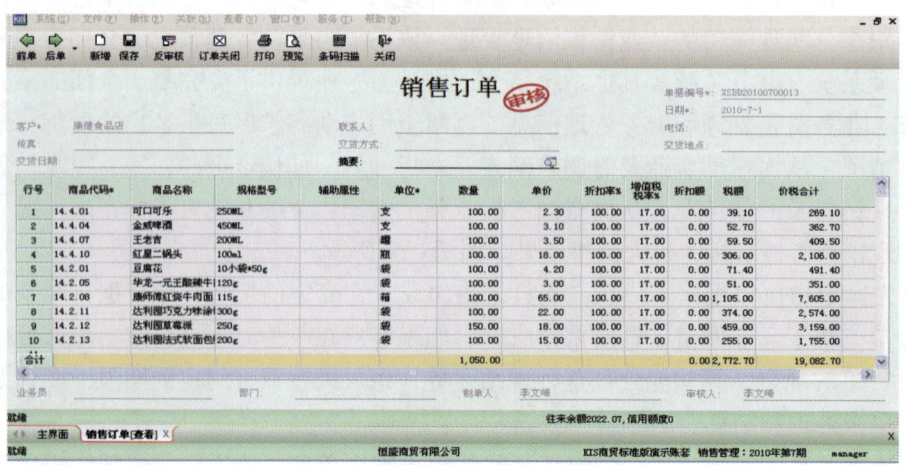

图3-53 【销售订单】示意图

（二）委托代销单

委托代销业务仅适用于高级版、标准版。

委托代销即由委托方和受托方签订委托代销合同，委托方按合同支付受托方代销手续费或委托方以一定的协议价给受托方，实际销售价与协议价之间的差额作为受托方报酬的销售形式，委托方要待受托方完成商品销售并与之结算时，才确认销售收入。通过委托代销单可以跟踪代销、结算、退回等整个委托代销业务过程。

1. 操作路径

单击【功能】→【销售管理】→【委托代销单】，或者单击【销售管理】导航图中的【委托代销单】图标。

2. 操作界面图

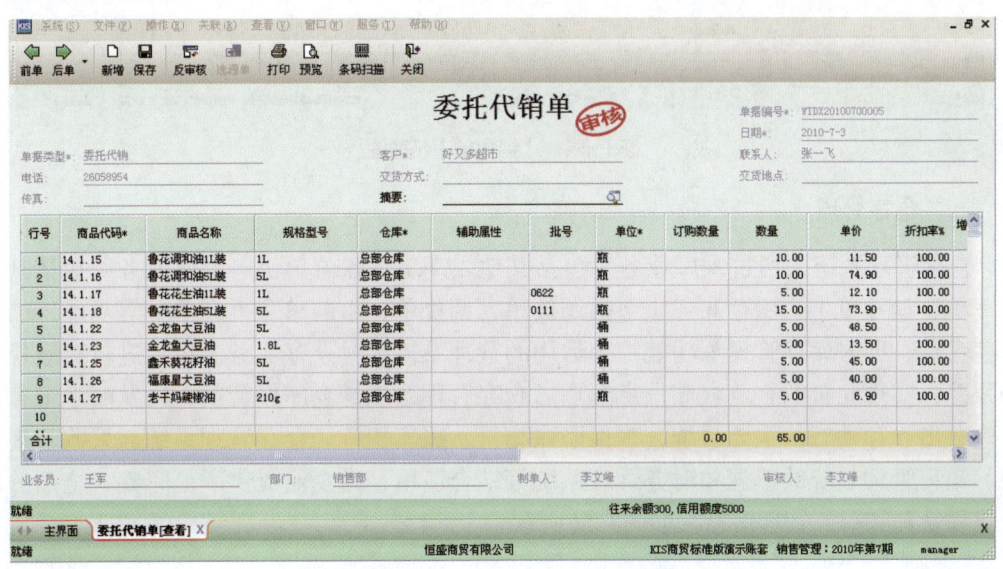

图3-54 【委托代销单】示意图

（三）销售单

销售单是确认商品销售的书面证明，是供货单位开给购货单位，据以付款、记账、纳税的依据。销售单身兼出库和发票两种职责，是企业商品发出、销售收入确认和商品成本结转的重要标志。

销售单包括增值税发票、普通发票、收据等多种发票类型，本系统销售单支持现销、赊销、委托结算、分期收款结算及销售退货等多种业务的处理。该单据可清晰地跟踪销售出库、委托代销、结算、收款、退款、退货等整个销售业务过程。

本模块与销售订单、委托代销业务相关的操作描述仅适用于高级版、标准版。

1. 操作路径

单击【功能】→【销售管理】→【销售单】，或者单击【销售管理】导航图中的【销售单】图标。

2. 操作界面图

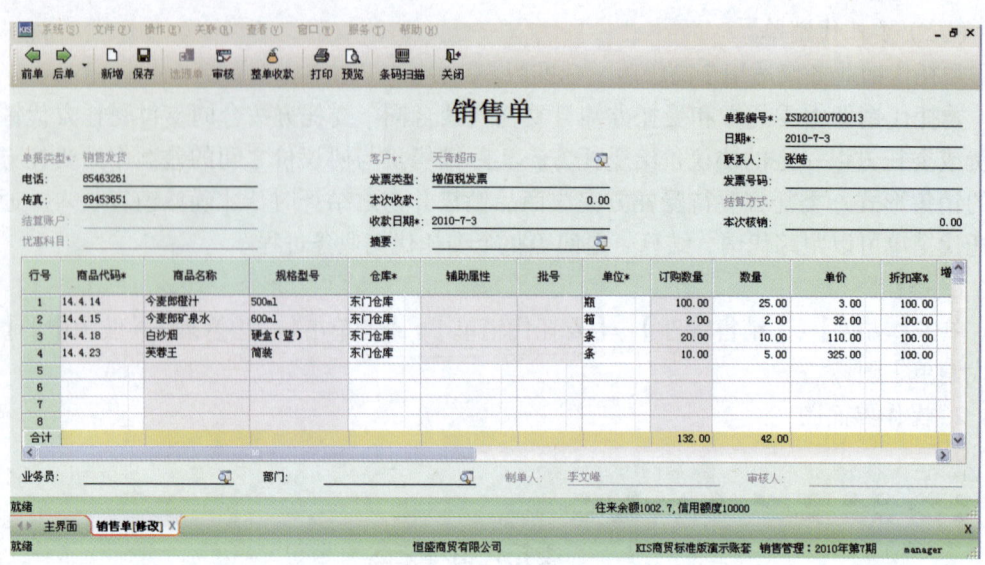

图3-55 【销售单】示意图

三、仓存管理

仓存管理系统，通过入库业务（包括其他入库单、盘盈单）、出库业务（包括其他出库单、盘亏单）、库存业务（包括调拨单、调价单、组装单和拆卸单）等功能，结合库存盘点、即时库存管理等功能综合运用的管理系统，对仓存业务全过程进行有效控制和跟踪，实现完善的企业仓储信息管理。仓存管理系统是仓库保管员正确及时地记载存货进、出、存动态的主要系统，确保账账相符、账实相符。仓存管理系统与采购管理系统、销售管理系统的单据和财务管理系统等结合使用，为企业提供了更完整、全面的业务流程管理和财务管理信息。如图3-56所示。

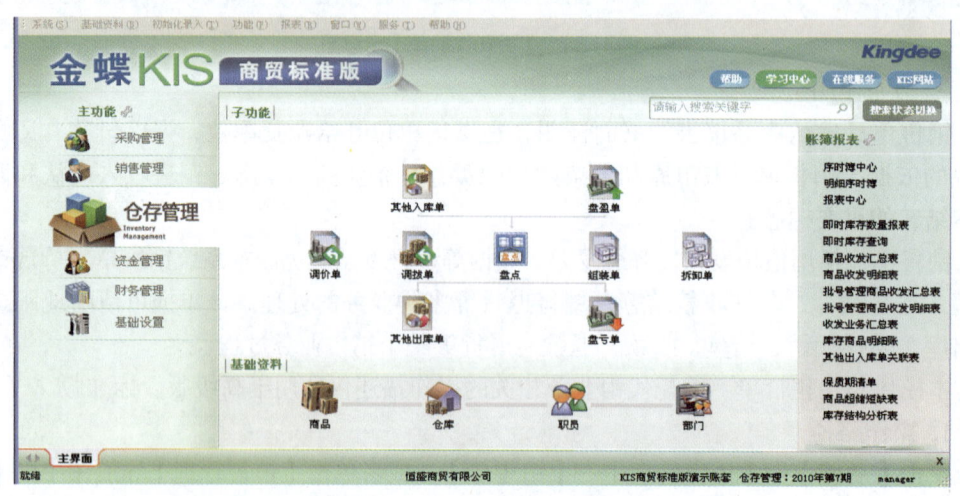

图3-56 【仓存管理】界面图

（一）其他入库单

其他入库单仅适用于高级版、标准版。

其他入库单是处理其他非采购类型的入库单据，比如获赠商品入库、获赔商品入库、以货抵债等不参与采购管理的入库类业务管理。其他入库单也是财务人员据以记账、核算成本的重要原始凭证，其他入库确认后，需要手工确定成本单价。

1. 操作路径

单击【功能】→【仓存管理】→【其他入库单】，或者单击【仓存管理】导航图中的【其他入库单】图标。

2. 操作界面图

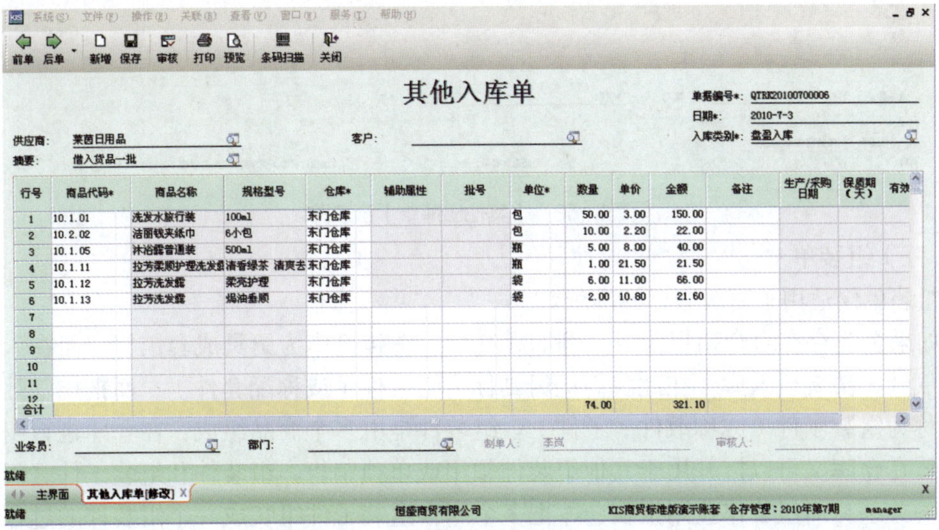

图3-57 【其他入库单】示意图

（二）其他出库单

其他出库单仅适用于高级版、标准版。

其他出库单是处理其他非销售类型的出库单据，比如内部领用福利品、赔偿发出、以货抵债等不参与销售管理的出库类业务管理。其他出库单也是财务人员据以记账、核算成本的重要原始凭证，其他出库确认后，系统自动带出当前商品的库存成本单价，可以手工修改，但成本单价一经确定就不再改变，不再受到成本核算或后期入库导致的成本变动影响。

1. 操作路径

单击【功能】→【仓存管理】→【其他出库单】，或者单击【仓存管理】导航图中的【其他出库单】图标。

2. 操作界面图

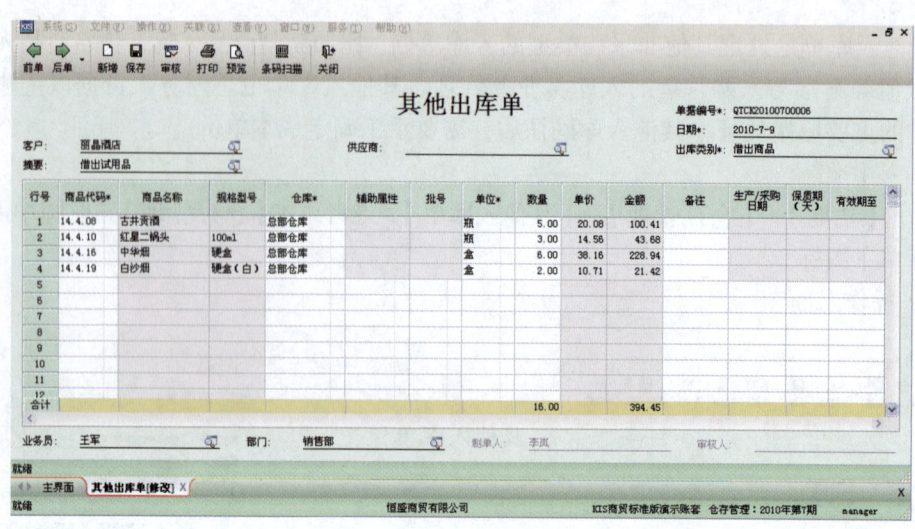

图3-58 【其他出库单】示意图

（三）组装单

组装单仅适用于高级版、标准版。

如果企业存在组合销售业务，例如燃气灶、洗碗机作为厨具成套销售，而在入库时按燃气灶、洗碗机入库。在此我们把厨具称为组装件（或称配套件），而把燃气灶、洗碗机称为组装子件（或称散件/子件）。组装件是由多个商品组成，在仓库进行组装，组装后在仓库又可以拆开用于其他组装件领用或单独销售。组装件和组装子件之间是一对多的关系。而组装作业则指在仓库把多个库存组装子件组装成一个组装件的过程；拆卸指将一个组装件拆卸成多个组装子件的过程，是组装业务的相反业务。

1. 操作路径

单击【功能】→【仓存管理】→【组装单】，或者单击【仓存管理】导航图中的【组装单】图标。

2. 操作界面图

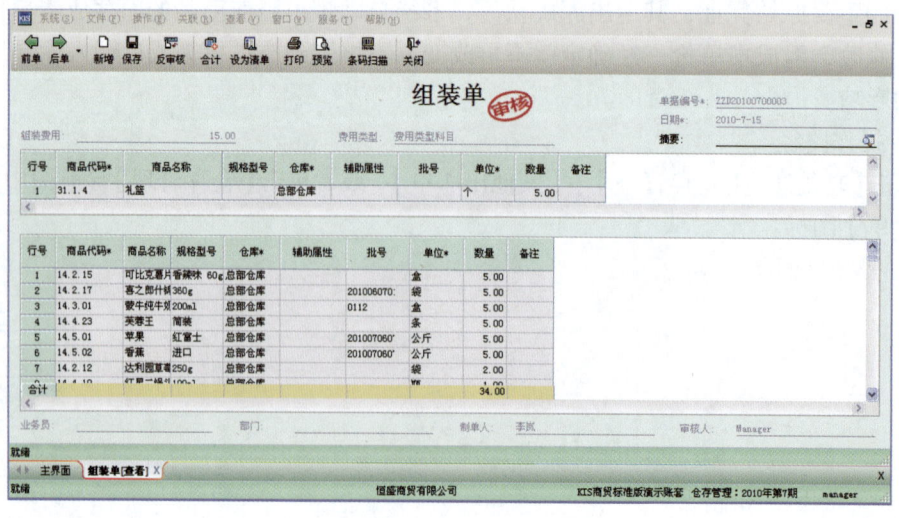

图3-59 【组装单】示意图

（四）拆卸单

拆卸单仅适用于高级版、标准版。

如果企业存在组合销售业务，例如燃气灶、洗碗机作为厨具成套销售，而在入库时按燃气灶、洗碗机入库。在此我们把厨具称为组装件（或称配套件），而把燃气灶、洗碗机称为组装子件（或称散件／子件）。组装件是由多个商品组成，在仓库进行组装，组装后在仓库又可以拆开用于其他组装件领用或单独销售。组装件和组装子件之间是一对多的关系。而组装作业则指在仓库把多个库存组装子件组装成一个组装件的过程；拆卸指将一个组装件拆卸成多个组装子件的过程，是组装业务的相反业务。

1. 操作路径

单击【功能】→【仓存管理】→【拆卸单】，或者单击【仓存管理】导航图中的【拆卸单】图标。

2. 操作界面图

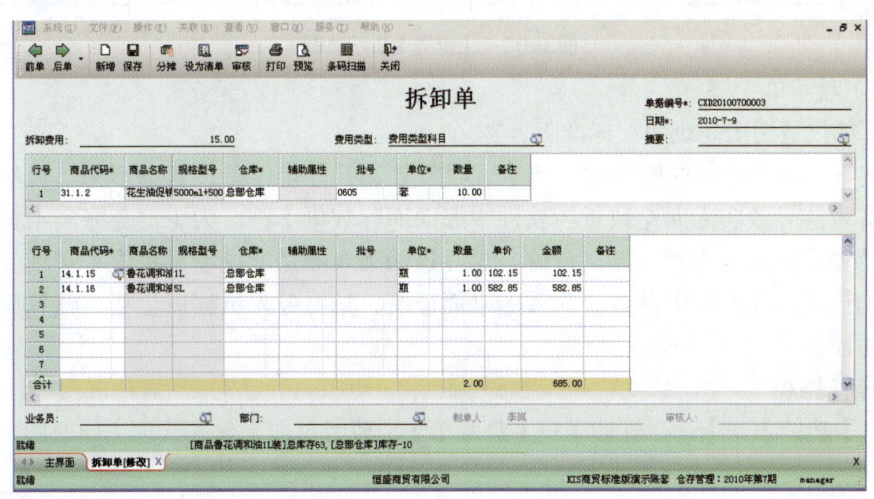

图3-60　【拆卸单】示意图

（五）盘盈单

盘盈单仅适用于高级版、标准版。

商贸行业因其经营的商品种类繁多、收发频繁、计量误差、管理不善、自然损耗等原因，有可能导致实际库存数量与软件中账面库存数量不符。为了避免账实不符的现象出现，就要定期进行库存盘点。盘盈、盘亏这两项业务是通过盘点报告单实现的，这个单据是确认商品在仓库中盘盈、盘亏的书面证明，是财务人员据以记账、核算成本的重要原始凭证。

1. 操作路径

单击【功能】→【仓存管理】→【盘盈单】，或者单击【仓存管理】导航图中的【盘盈单】图标。

2. 操作界面图

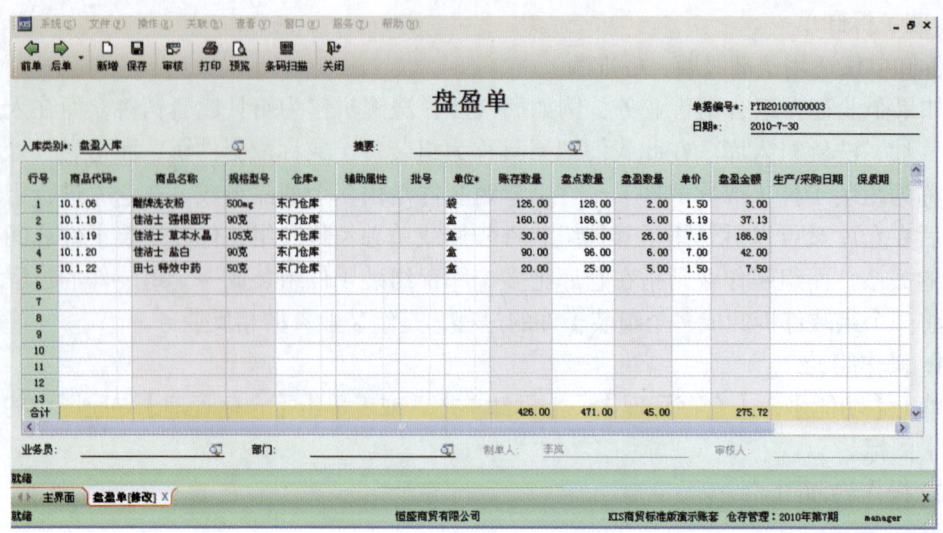

图3-61 【盘盈单】示意图

（六）盘亏单

盘亏单仅适用于高级版、标准版。

商贸行业因其经营的商品种类繁多、收发频繁、计量误差、管理不善、自然损耗等原因，有可能导致实际库存数量与软件中账面库存数量不符。为了避免账实不符的现象出现，就要定期进行库存盘点。盘盈、盘亏这两项业务是通过盘点报告单实现的，这个单据是确认商品在仓库中盘盈、盘亏的书面证明，是财务人员据以记账、核算成本的重要原始凭证。

1. 操作路径

单击【功能】→【仓存管理】→【盘亏单】，或者单击【仓存管理】导航图中的【盘亏单】图标。

2. 操作界面图

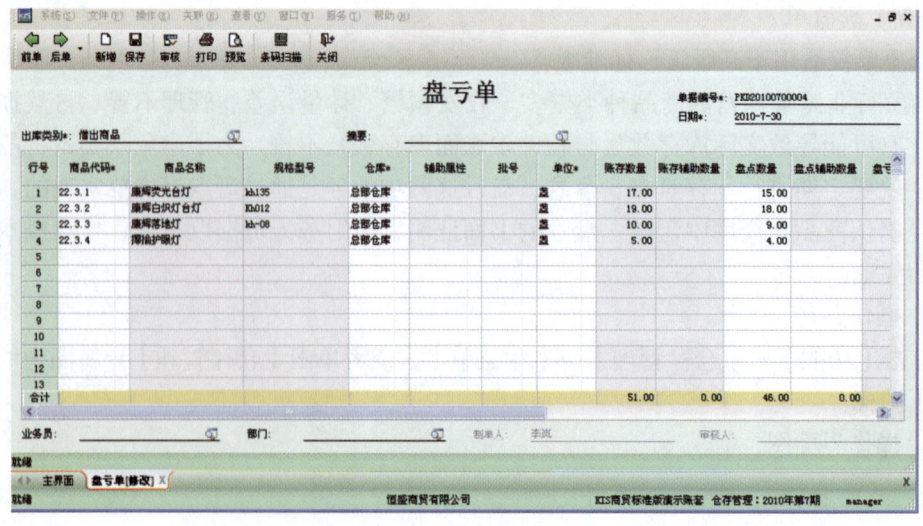

图3-62 【盘亏单】示意图

（七）调拨单

调拨单是确认商品在仓库之间流动的书面证明，是财务人员据以记账、核算成本的重要原始凭证。通常商品只是在内部仓库之间转移，商品的成本没有发生变化，不涉及金额的改变，俗称移库（或同价调拨）。但如果在商品调拨过程中产生的运费、损耗或其他费用需要计入商品成本，或者针对加盟店实行的变相销售调拨导致调出单价和调入单价不一致，那就是异价调拨。

1. 操作路径

单击【功能】→【仓存管理】→【调拨单】，或者单击【仓存管理】导航图中的【调拨单】图标。

2. 操作界面图

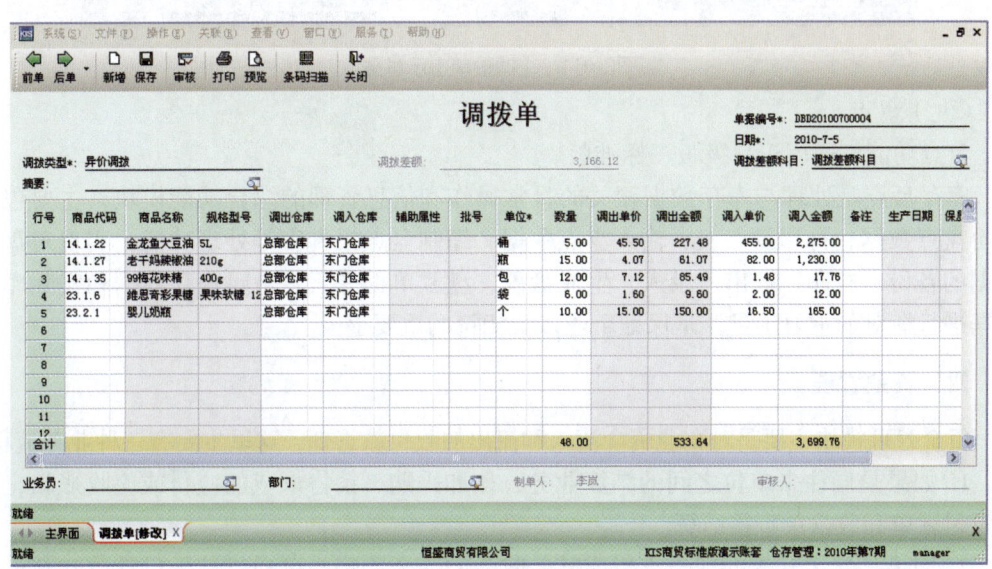

图3-63 【调拨单】示意图

（八）调价单

企业在实际经营过程中，由于价格不断上涨，导致库存商品的实际价值不断提高，或由于国家政策的改变发生价格变动，或长时间以来的估价等因素导致商品成本异常需要调整，本系统的【调价单】功能可以处理这种价格的变动，调整库存成本，并作为财务处理的重要依据。

1. 操作路径

单击【功能】→【仓存管理】→【调价单】，或者单击【仓存管理】导航图中的【调价单】图标。

2. 操作界面图

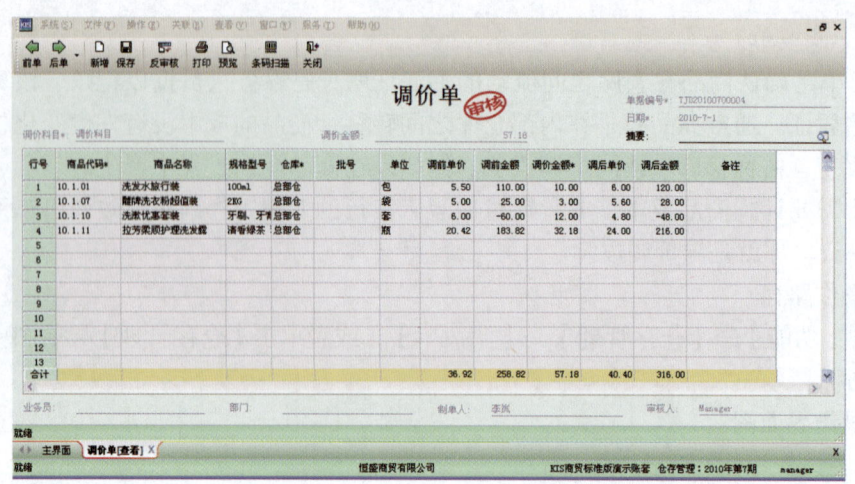

图3-64 【调价单】示意图

（九）盘点

盘点功能仅适用于高级版、标准版。

库存盘点是处理与库存数据相关的日常操作和信息管理的综合功能模块，主要包括备份盘点数据、打印盘点表、输入盘点数据、编制盘点报告表等处理功能，实现对盘点数据的备份、打印、输出、录入、生成盘盈、盘亏单据等，它是对账存数据和实际库存数据进行核对的重要工具，是保证企业账实相符的重要手段。

四、资金管理

资金管理模块主要是对企业资金流入和流出的收付款管理，这里主要有三种业务流程。

1. 如果是同往来单位之间的结算业务，比如采购、销售形成的应付或应收账款，可通过付款单和收款单直接结算。

2. 如果是费用开支的现金支付或其他收入的资金入账，可通过其他付款单和其他收款单的结算类型直接处理。

3. 如果同往来单位之间除了主营业务外还有其他需结算的业务，比如代垫运费、年度返点等形成其他应收／应付款，可通过其他收款单和其他付款单进行应收或应付登记，然后通过收款单和付款单结算收付款。

这里的收付款既包括因采购和销售业务形成的应收／应付款，还能够记录日常发生的其他应收／应付款业务，通过收款单和付款单处理企业同往来单位之间的应收／应付款业务，通过其他收款单和其他付款单直接记录企业日常的资金流动信息。如图3-65所示。

其他收付款单、银行存取款单相关的内容仅适用于高级版和标准版。

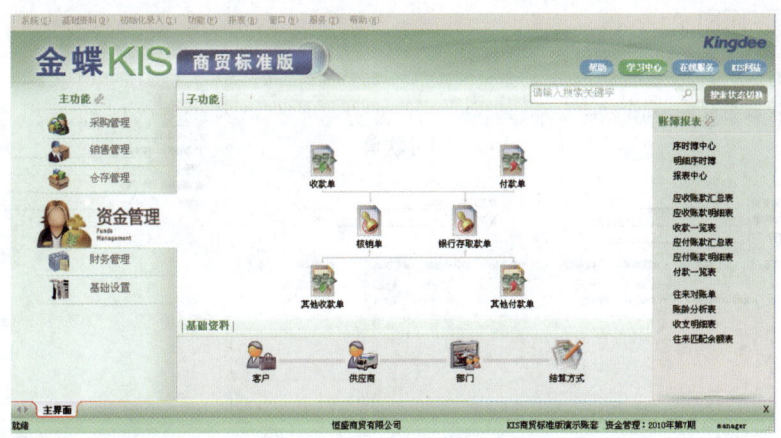

图3-65 【资金管理】界面图

(一)收款单

收款单是向客户收取商品赊销货款或预收货款的业务行为,此单据可处理企业应收款、销售预收款、预收款退款等资金业务,还可以处理一张赊销发票分次收款,或一张收款单同时处理几张赊销发票的业务。收款单在系统中处于资金管理的核心地位。

1. 操作路径

单击【功能】→【资金管理】→【收款单】,或者单击【资金管理】导航图中的【收款单】图标。

2. 操作界面图

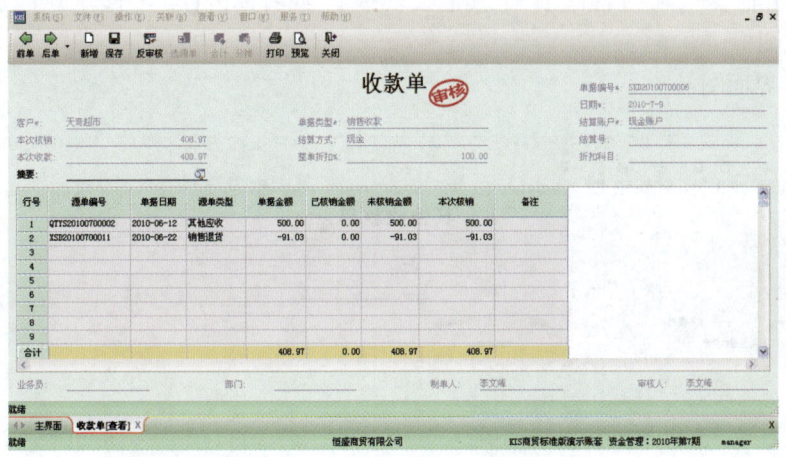

图3-66 【收款单】示意图

(二)付款单

付款单是向供应商提供商品赊购货款或预付货款的业务行为,此单据可处理企业应付款、采购预付款、预付款退款等资金业务,还可以处理一张购货单分次付款,或一张付款单同时处理几张购货单的业务。付款单在系统中处于资金管理的核心地位。

1. 操作路径

单击【功能】→【资金管理】→【付款单】,或者单击【资金管理】导航图中的【付款单】图标。

2. 操作界面图

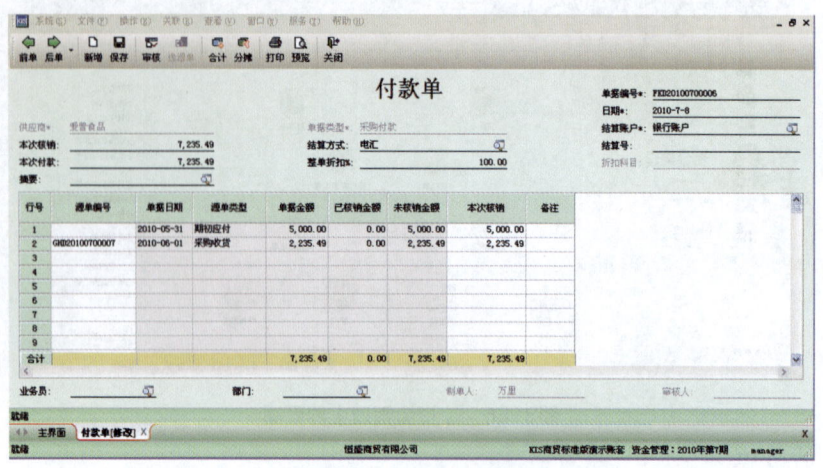

图3-67 【付款单】示意图

（三）其他收款单

其他收款单包括两个单据类型——收款结算和其他应收。收款结算单用于一般接受现金或支票入账等收款业务；其他应收单主要是处理同客户之间的其他收入，比如运费代垫、装修费报销等需要收款或核销的业务，因此其他应收单据保存审核后可直接通过收款单参与后续收款核销流程。

1. 操作路径

单击【功能】→【资金管理】→【其他收款单】，或者单击【资金管理】导航图中的【其他收款单】图标。

2. 操作界面图

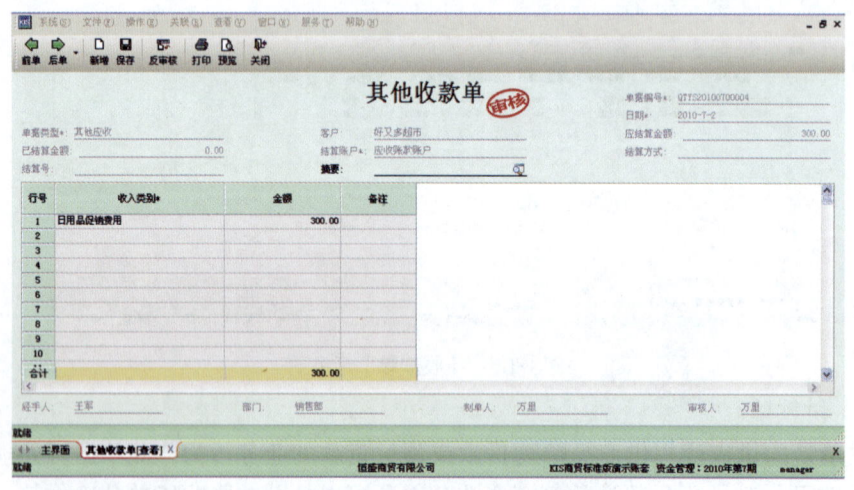

图3-68 【其他收款单】示意图

（四）其他付款单

其他付款单包括两个单据类型——费用结算和其他应付。费用结算单用于一般费用直接现金支付或转账支付的业务；其他应付单主要是处理同供应商之间的其他费用，比如运费、装修费等需要付款或核销的业务，因此其他应付单据保存审核后可直接通过付款单参与后续付款核销流程。

1. 操作路径

单击【功能】→【资金管理】→【其他付款单】，或者单击【资金管理】导航图中的【其他付款单】图标。

2. 操作界面图

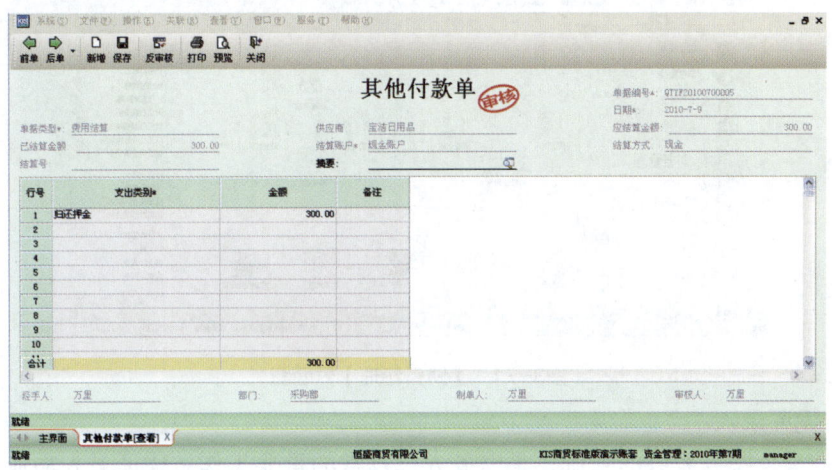

图3-69　【其他付款单】示意图

（五）核销单

由于企业与供应商、客户之间存在复杂的业务交易，因而会产生大量的往来款项，核销单就是用来解决企业往来业务款项转销的业务单据。

1. 操作路径

单击【功能】→【资金管理】→【核销单】，或者单击【资金管理】导航图中的【核销单】图标。

2. 操作界面图

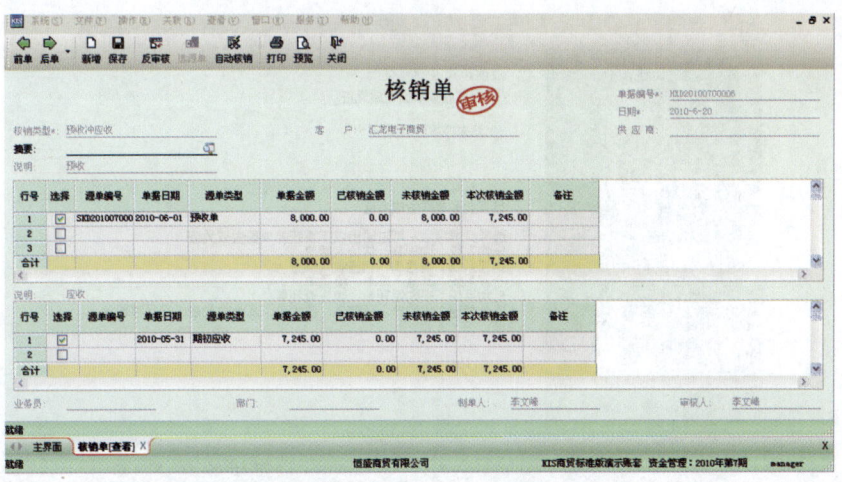

图3-70　【核销单】示意图

五、财务管理

金蝶 KIS 商贸系列产品提供一套标准完整的账务处理流程，从凭证的录入、审核、过账、期末调汇、结转损益到期末结账以及账簿报表的生成和查看，符合国家最新的会计制度和会计准则，是企业财务处理的好帮手。如图 3-71 所示。

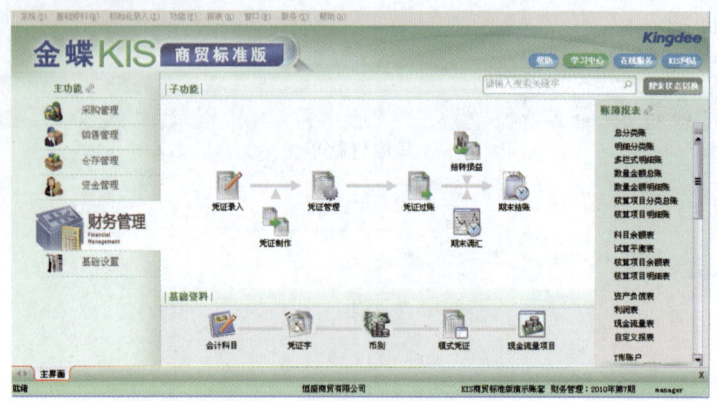

图3-71　【财务管理】界面图

（一）凭证录入

凭证是整个账务系统的基础，是财务人员日常的重要工作。凭证录入功能为用户提供了一个仿真的凭证录入环境，提供许多功能以方便用户高效快捷地输入记账凭证。在这里，用户可以将制作的记账凭证录入电脑，也可以根据原始单据直接制作记账凭证。

多币别核算及数量核算仅适用于高级版和标准版。

（二）凭证制作

用户如果在建账时选择了财务与业务结合使用，那么只要日常完成了业务单据的处理，业务凭证不再需要手工制作，只需跟随凭证制作向导，业务凭证轻松完成。以下以标准版界面为例介绍凭证制作流程。基础版界面辅助说明的内容有所不同，但操作方法相同。如图 3-72 所示。

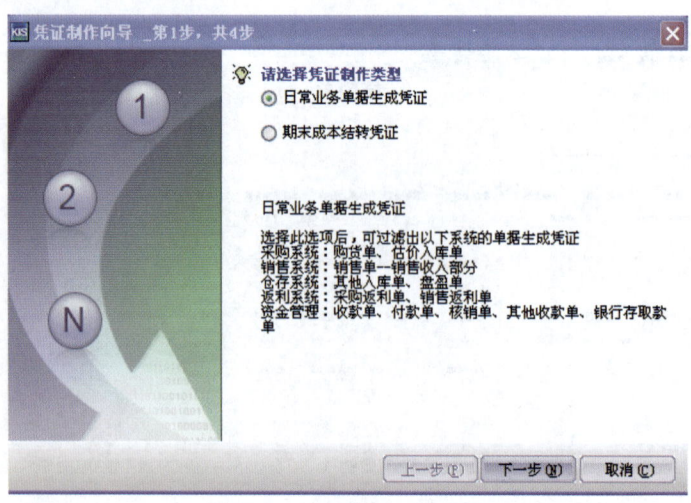

图3-72　【凭证制作】示意图

（三）凭证管理

凭证管理提供了十分丰富的凭证处理功能，可对凭证的删除、审核／反审核、作废／反作废、过账／反过账和打印进行批量处理，同时还可进行凭证的复制、冲销和整理。

（四）凭证过账

在会计凭证审核完毕之后就可以开始过账了（当然，如果账套选项中未选择【凭证过账前必须审核】，则保存后即可过账）。凭证过账就是系统将已录入的记账凭证根据其会计科目登记到相关的明细账簿中的过程。经过记账的凭证以后将不再允许修改，只能采取补充凭证或红字冲销凭证的方式进行更正。因此，在过账前应对记账凭证的内容仔细审核，系统只能检验记账凭证中的数据关系错误，而无法检查业务逻辑关系，这其中的内容只能由会计人员自己检查。

凭证过账是一项十分简单的操作，用户可以在过账向导的引导下，轻松地完成过账操作。过账可分为以下三个步骤进行。

第一步，选择过账参数。

在主界面上，选择【账务处理】的【凭证过账】，打开【凭证过账】向导界面，首先选择凭证过账参数。如图3-73所示。

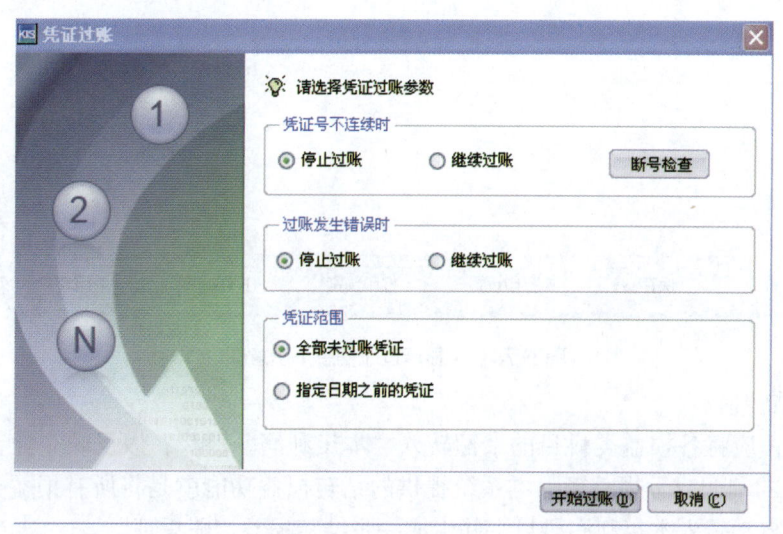

图3-73　【凭证过账】示意图

在该界面中，用户可以通过参数控制当【凭证号不连续时】和【过账发生错误时】是【停止过账】还是【继续过账】。如果需要查看凭证是否存在断号，可单击【断号检查】，系统将会提供一个凭证断号检查表列示系统断号情况。

在该界面中，还可以确定凭证过账的范围，如果选择【全部未过账凭证】，则系统将所有未过账的凭证进行全部过账操作；如果选择【指定日期之前的凭证】，则在右边出现一个日期列表框，用户可以选择一个日期，系统将对该日期之前的所有未过账凭证进行过账操作。

第二步，开始过账。

凭证过账参数设置完成后，单击【开始过账】，系统开始自动过账操作。在过账过程中，系统会对所有的记账凭证数据关系进行检查，有发生错误时，如在第一步选择过账参数时，【过账发生错误时】选择【停止过账】，则系统会给出错误提示信息，并中止过账，在修正完错误之后重新过账；否则，将在过账全部结束后才显示错误信息。在凭证过账的过程中，也可以中止过账，单击【中止】，系统提示是否中止过账，【确定】后将中止凭证过账。

第三步，显示过账信息。

在这个步骤中，系统显示成功过账的凭证数及发生错误数信息，如图3-74所示。用户在看完过账信息之后，可以单击【关闭】，结束本次过账操作，还可以将过账的信息打印保存下来。

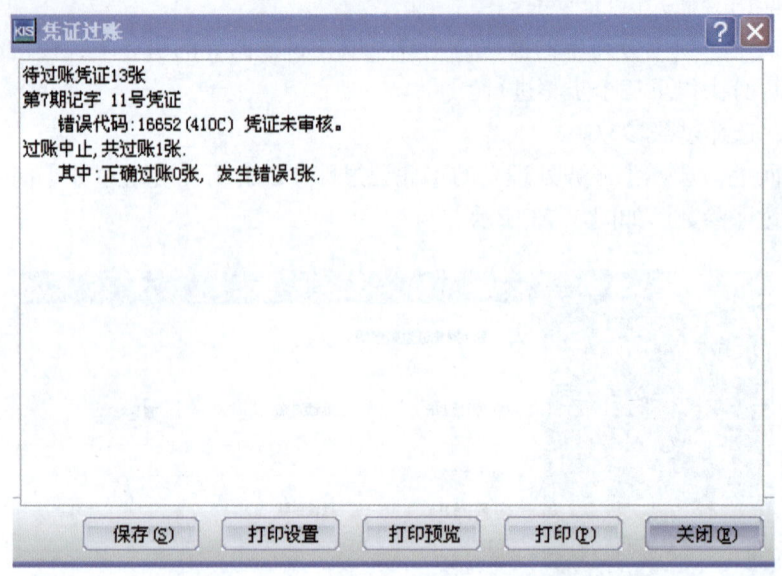

图3-74 【显示过账信息】示意图

（五）结转损益

期末时，应将各损益类科目的余额转入"本年利润"科目，以反映企业在一个会计期间内实现的利润或亏损总额。本系统提供的结转损益功能就是将所有损益类科目的本期余额全部自动转入本年利润科目，并生成一张结转损益记账凭证。

（六）期末调汇

本功能主要用于对外币核算的账户在期末自动计算汇兑损益，生成汇兑损益转账凭证及期末汇率调整表。

课后问题与作业练习

➢ 简述金蝶财务软件的基本操作。
➢ 简述金蝶财务软件供应链管理、资金管理和财务管理的基本操作过程。

第四单元 项目财务数据分析

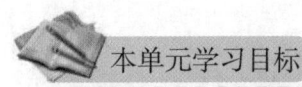

本单元学习目标

1. 掌握利用 Excel 进行存货管理分析；
2. 掌握利用 Excel 进行应收账款管理分析；
3. 掌握利用 Excel 进行本量利分析。

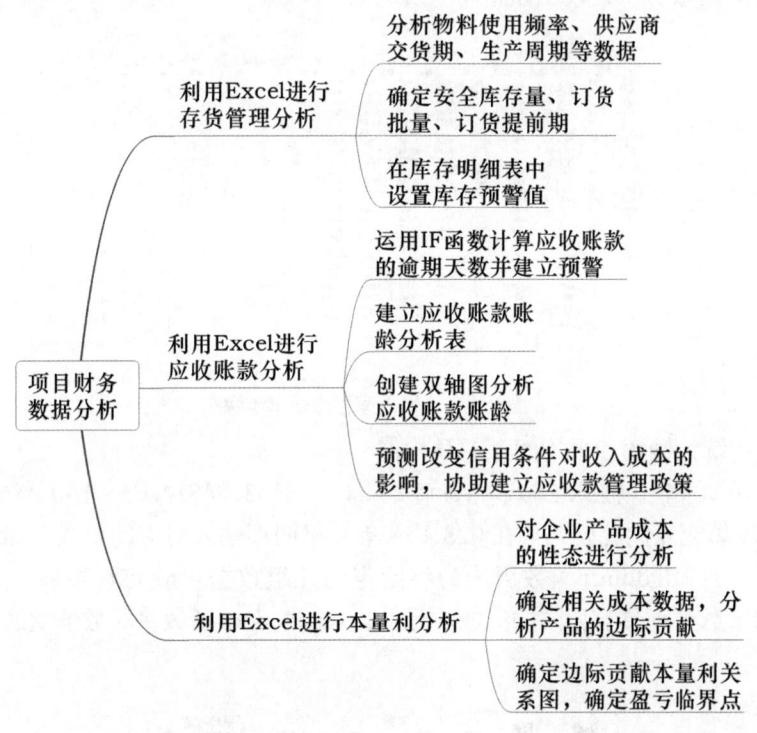

图4-1 本单元思维导图

第一节 利用 Excel 进行存货管理分析

一、分析物料使用频率、供应商交货期、生产周期等数据

产品的库存周转率 = 销售额 / 产品的库存价值。从这个公式可以看出，在销售额一定的情况下，库存品的资金占用越少，库存周转率越高，说明产品的库存效益越好。反之，当库存周转率减低时，库存占用资金多，库存费用会相应增加，资金运用效率差，说明经营水平较低。

第1步：创建库存周转率分析表

①新建一个 Excel 工作簿，命名为"库存周转率分析"；②输入表格字段标题，合并部分单元格，设置"加粗"和"居中"。如图4-2所示。

图4-2 【创建库存周转率分析表】步骤图

第2步：输入库存数据

①在 C3:H27 单元格区域输入相关的原始数据；②在 B3:B27 单元格区域输入相应的月份；③在 A3 单元格输入公式"=day（eomonth（B3,0））"，并填充 A 列；④在 A15 和 A28 单元格汇总当年天数。如图4-3所示。

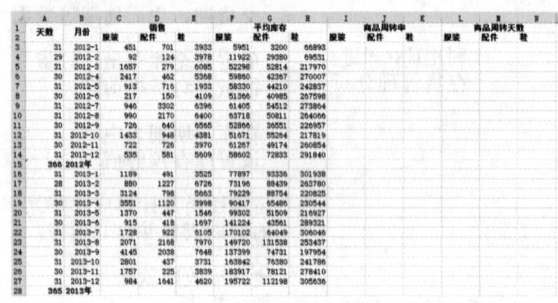

图4-3 【输入库存数据】步骤图

第3步：统计销售和平均库存的日均值

在 C15 单元格中输入公式"=sumproduct（$A$3:$A$14,C3:C14）/$A$15"，并在 D15:H15 区域填充复制此公式。在 C28:H28 单元格同理输入对应的公式。如图4-4所示。

小提示：sumproduct函数语法为将给定的几组数据对应元素相乘，并返回乘积之和。但数组参数必须具有相同的维数。另外，sumproduct函数将非数值型的数组元素作为0处理。

天数	月份	销售			平均库存		
		服装	配件	鞋	服装	配件	鞋
31	2012-1	451	701	3933	5951	3200	66893
29	2012-2	92	124	3978	11922	29380	69531
31	2012-3	1657	279	6085	52298	52814	217970
30	2012-4	2417	462	5368	59860	42367	270007
31	2012-5	913	716	1933	58330	44210	242837
30	2012-6	217	150	4109	51366	40985	267598
31	2012-7	946	3302	6396	61405	54512	273864
31	2012-8	990	2170	6400	63718	50811	264066
30	2012-9	726	640	6565	52866	36551	226957
31	2012-10	1433	948	4381	51671	55264	217819
30	2012-11	722	726	3970	61267	49174	260854
31	2012-12	535	581	5609	58602	72833	291840
366	2012年	928.4235	908.5874	4897.73	49228.78	44446.16	222985.9
31	2013-1	1189	491	3525	77897	93336	301938
28	2013-2	880	1227	6726	73196	88439	263780
31	2013-3	3124	798	5663	79229	88754	220825
30	2013-4	3551	1120	3998	90417	65486	230544
31	2013-5	1370	447	1546	99302	51509	216927
30	2013-6	915	418	1697	141224	43561	289321
31	2013-7	1728	922	6105	170102	64049	306046
31	2013-8	2071	2168	7970	149720	131538	253437
30	2013-9	4145	2038	7648	137399	74731	197954
31	2013-10	2801	437	3731	163842	76380	241786
30	2013-11	1757	225	3839	183917	78121	278410
31	2013-12	984	1641	4620	195722	112198	305636
365	2013年	2046.458	992.9041	4744.515	130543.6	80777.93	258951.1

图4-4 【统计销售和平均库存的日均值】步骤图

第 4 步：计算商品周转率和商品周转天数

①在 I3 单元格处输入公式"=C3*$A3/F3"，并在 I3:K28 区域快速填充复制此公式。（注：I3:K14 区域和 I16:K27 区域计算的是月度商品周转率，I15:K15 区域和 I28:K28 区域计算的是年度商品周转率。）②在 L3 单元格处输入公式"=round（$A3/I3,0）"，并在 L3:N28 区域快速填充复制此公式。（注：L3:N14 区域和 L16:N27 区域计算的是月度商品周转天数，L15:N15 区域和 L28:N28 区域计算的是年度商品周转天数。）如图 4-5 所示。

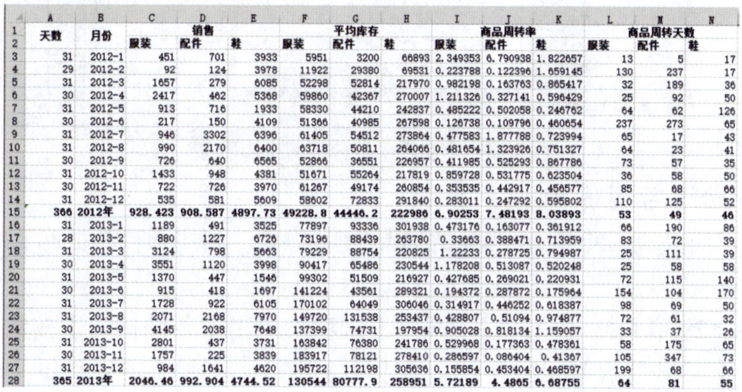

图4-5 【计算商品周转率和商品周转天数】步骤图

第 5 步：美化表格

①将 I3:K28 单元格区域的数字调整为百分比格式，如图 4-6 所示。②选中 C3:H28 和 L3:N28 单元格区域，设置单元格格式为【数值】，【小数位数】为 0，勾选【使用千位分隔符】复选框，如图 4-7 所示。

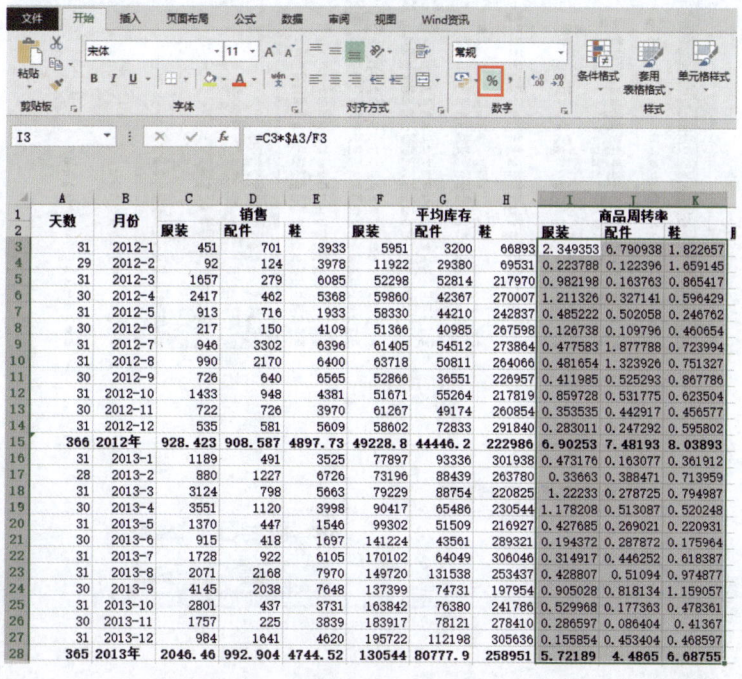

图4-6 【调整为百分比格式】步骤图

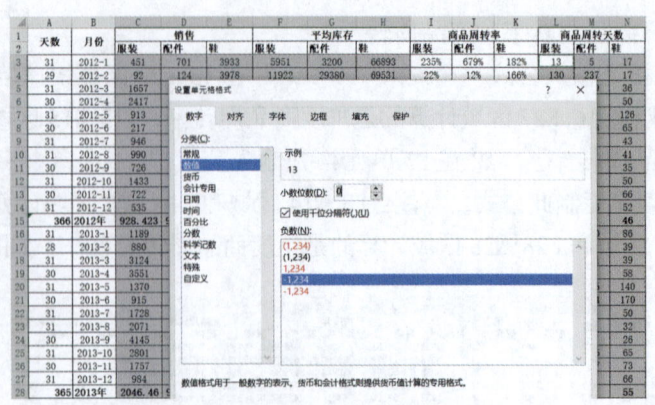

图4-7 【使用千位分隔符】步骤图

第6步：分析商品周转率

公司需要对商品周转率低于50%的商品做出调整。利用条件格式可以方便地找出相应的商品。

①选中I3:K28单元格区域，在【开始】选项卡单击【条件格式】按钮，在打开的下拉菜单中选择【突出显示单元格规则】→【小于】；②在弹出的对话框中，对应的文本框输入"0.5"，单击【设置为】文本框右侧的下箭头按钮，在弹出的下拉列表中选择【红色文本】。如图4-8所示。

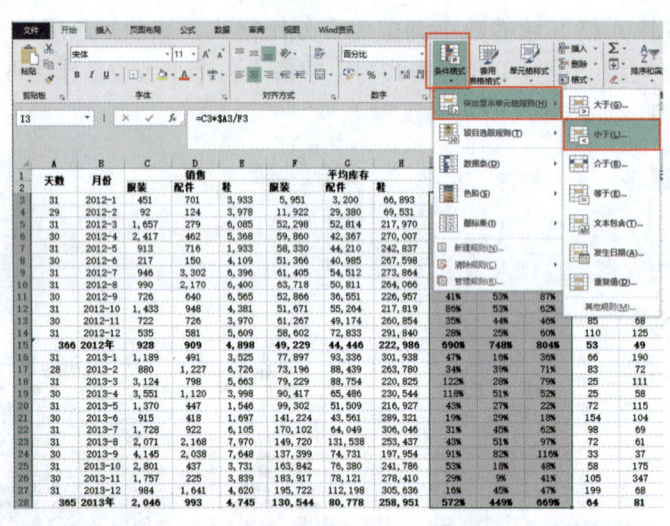

（1）

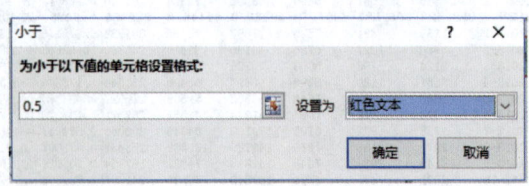

（2）

	A	B	C	D	E	F	G	H	I	J	K
1	天数	月份	销售			平均库存			商品周转率		
2			服装	配件	鞋	服装	配件	鞋	服装	配件	鞋
3	31	2012-1	451	701	3,933	5,951	3,200	66,893	235%	679%	182%
4	29	2012-2	92	124	3,978	11,922	29,380	69,531	22%	12%	166%
5	31	2012-3	1,657	279	6,085	52,298	52,814	217,970	98%	16%	87%
6	30	2012-4	2,417	462	5,368	59,860	42,367	270,007	121%	33%	60%
7	31	2012-5	913	716	1,933	58,330	44,210	242,837	49%	50%	25%
8	30	2012-6	217	150	4,109	51,366	40,985	267,598	13%	11%	46%
9	31	2012-7	946	3,302	6,396	61,405	54,512	273,864	48%	188%	72%
10	31	2012-8	990	2,170	6,400	63,718	50,811	264,066	48%	132%	75%
11	30	2012-9	726	640	6,565	52,866	36,551	226,957	41%	53%	87%
12	31	2012-10	1,433	948	4,381	51,671	55,264	217,819	86%	53%	62%
13	30	2012-11	722	726	3,970	61,267	49,174	260,854	35%	44%	46%
14	31	2012-12	535	581	5,609	58,602	72,833	291,840	28%	25%	60%
15	366	2012年	928	909	4,898	49,229	44,446	222,986	690%	748%	804%
16	31	2013-1	1,189	491	3,525	77,897	93,336	301,938	47%	16%	36%
17	28	2013-2	880	1,227	6,726	73,196	88,439	263,780	34%	39%	71%
18	31	2013-3	3,124	798	5,663	79,229	88,754	220,825	122%	28%	79%
19	30	2013-4	3,551	1,120	3,998	90,417	65,486	230,544	118%	51%	52%
20	31	2013-5	1,370	447	1,546	99,302	51,509	216,927	43%	27%	22%
21	30	2013-6	915	418	1,697	141,224	43,561	289,321	19%	29%	18%
22	31	2013-7	1,728	922	6,105	170,102	64,049	306,046	31%	45%	62%
23	31	2013-8	2,071	2,168	7,970	149,720	131,538	253,437	43%	51%	97%
24	30	2013-9	4,145	2,038	7,648	137,399	74,731	197,954	91%	82%	116%
25	31	2013-10	2,801	437	3,731	163,842	76,380	241,786	53%	18%	48%
26	30	2013-11	1,757	225	3,839	183,917	78,121	278,410	29%	9%	41%
27	31	2013-12	984	1,641	4,620	195,722	112,198	305,636	16%	45%	47%
28	365	2013年	2,046	993	4,745	130,544	80,778	258,951	572%	449%	669%

(3)

图4-8 【条件格式-突出显示单元格规则】步骤图

二、确定安全库存量、订货批量、订货提前期

为了不影响企业的正常运营，同时又不会造成产品大量积压，需要对库存量进行控制，从而使库存保持在合理的范围内。下面介绍库存量控制的具体操作方法。

第1步：执行新建条件格式规则命令

打开"库存统计表"，选中H5:H21单元格，在【开始】选项卡中单击【条件格式】，在下拉列表中选择【新建规则】选项。如图4-9所示。

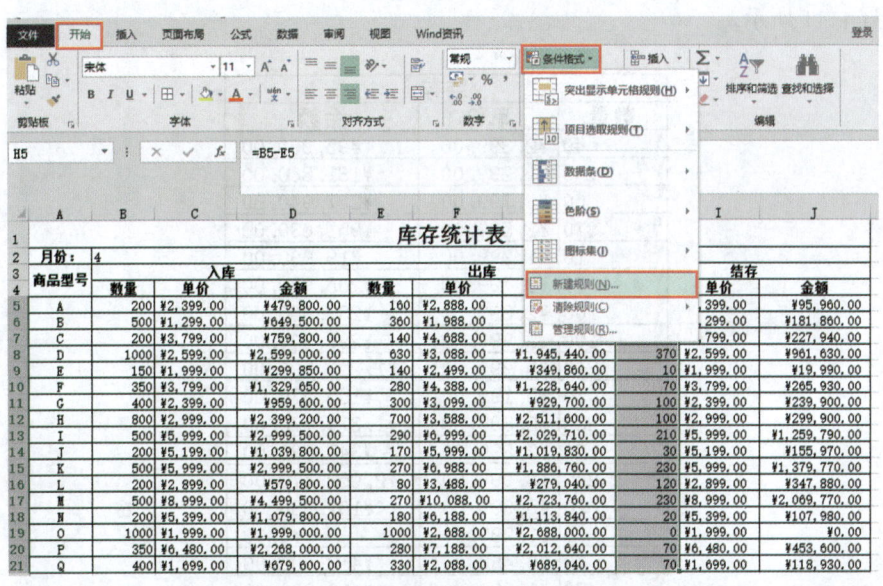

图4-9 【执行新建条件格式规则命令】步骤图

第2步：设置条件格式规则

①单击【格式样式】右侧按钮,选择【图标集】选项;②在【根据以下规则显示各个图标】区域中设置【类型】为【数字】,然后设置【图标】和【值】区域,单击【确定】按钮。如图 4-10 所示。

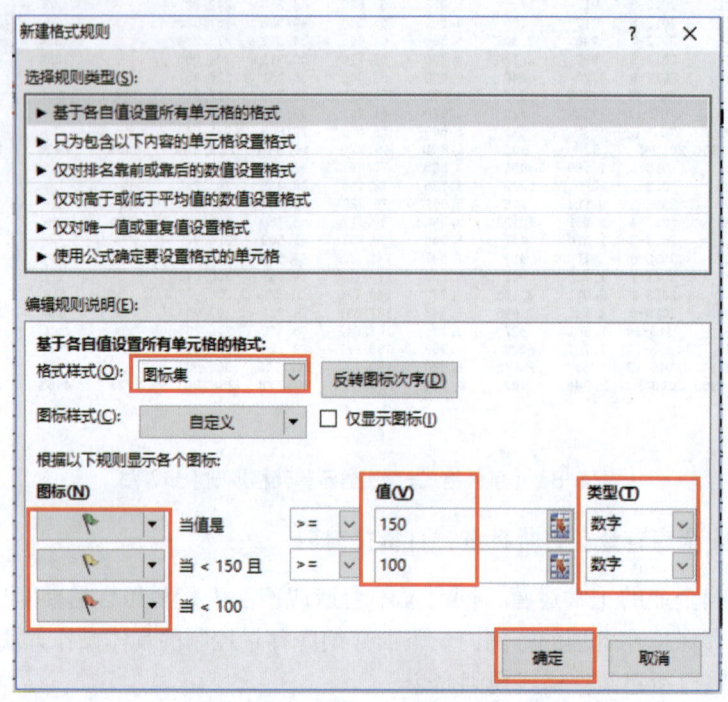

图4-10 【设置条件格式规则】步骤图

第 3 步:查看最终效果

如图 4-11 所示。

结存		
数量	单价	金额
40	¥2,399.00	¥95,960.00
140	¥1,299.00	¥181,860.00
60	¥3,799.00	¥227,940.00
370	¥2,599.00	¥961,630.00
10	¥1,999.00	¥19,990.00
70	¥3,799.00	¥265,930.00
100	¥2,399.00	¥239,900.00
100	¥2,999.00	¥299,900.00
210	¥5,999.00	¥1,259,790.00
30	¥5,199.00	¥155,970.00
230	¥5,999.00	¥1,379,770.00
120	¥2,899.00	¥347,880.00
230	¥8,999.00	¥2,069,770.00
20	¥5,399.00	¥107,980.00
0	¥1,999.00	¥0.00
70	¥6,480.00	¥453,600.00
70	¥1,699.00	¥118,930.00

图4-11 最终效果图

三、在库存明细表中设置库存预警值

为了避免商品的积压或空仓,用户可以创建采购预警,判断商品是否需要进货,然后采购部门根据此结果进行采购,具体操作如下。

第 1 步：调整库存统计表格式

①在库存统计表 K 列添加"是否进货"列,并设置字体格式;②选中该列,在【开始】选项卡下的【对齐方式】选项组中单击【自动换行】按钮。如图 4-12 所示。

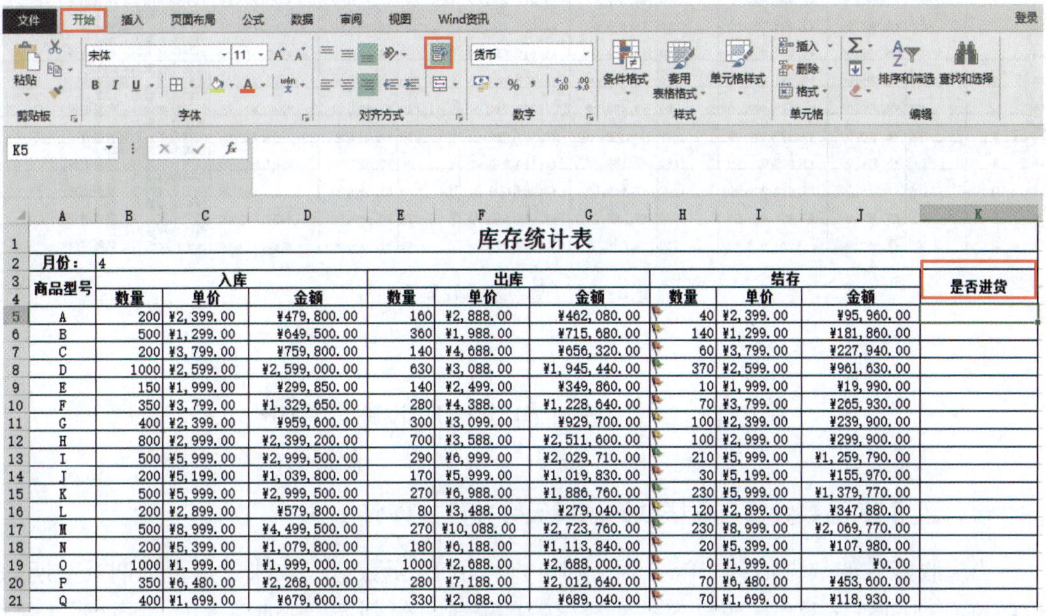

图4-12 【调整库存统计表格式】步骤图

第 2 步：设置库存预警值

在 K5 单元格中输入公式"=IF(H5<150,"当前库存量为"&H5&CHAR(10)&"低于标准库存,需要进货","当前库存量为："&H5&CHAR(10)&"比较充足,不需要进货")",按 Enter 键计算结果。如图 4-13 所示。

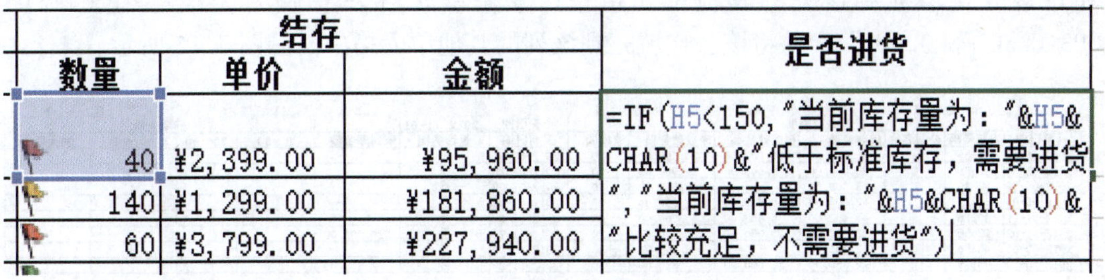

图4-13 【设置库存预警值】步骤图

第 3 步：将公式向下填充,查看各商品是否需要进货

如图 4-14 所示。

图4-14 完善表格效果图

第二节 利用 Excel 进行应收账款分析

一、运用 IF 函数计算应收账款的逾期天数并建立预警

当应收账款的数据信息非常多时，则可以利用 IF 函数对应收账款是否到期及逾期的天数进行查询和分析，从而更容易地看出哪些账款已经到期，哪些账款已经逾期。同时还可以利用【高级筛选】功能迅速地筛选出符合条件的逾期的应收账款。

对逾期应收账款进行分析，具体的操作步骤如下。

第 1 步：计算到期日期、是否到期、未到期金额

①打开应收账款资料文件，在单元格 H3 中输入公式"=A3+G3"，并将该公式填充到该列的其他单元格中；②在单元格 I3 中输入公式"=IF（H3>$I$1,"否","是"）"，并将该公式填充到该列的其他单元格中；③在单元格 J3 中输入公式"=IF（$I$1-$H3<0,$D3-$E3,0）"，并将该公式填充到该列的其他单元格中。如图 4-15 所示。

图4-15 【计算到期日期、是否到期、未到期金额】步骤图

第 2 步：计算逾期天数

①在单元格 K3 中输入公式"=IF(AND($I$1-$H3>0, $I$1-$H3<=30), $D3-$E3, 0)"，并将该公式填充到该列的其他单元格中；②在单元格 L3 中输入公式"=IF(AND($I$1-

$H3>30,$I$1-$H3<=60),$D3-$E3,0)"，并将该公式填充到该列的其他单元格中；③在单元格 M3 中输入公式"=IF(AND($I$1-$H3>60,$I$1-$H3<=90),$D3-$E3,0)"，并将该公式填充到该列的其他单元格中；④在单元格 N3 中输入公式"=IF($I$1-$H3>90,$D3-$E3,0)"，并将该公式填充到该列的其他单元格中。如图 4-16 所示。

	K	L	M	N
	逾期天数			
	0～30	30～60	60～90	90天以上
	-	-	-	30,000.00
	-	-	-	20,000.00
	-	-	-	3,000.00
	-	-	-	2,000.00
	-	-	40,000.00	-
	-	-	-	-
	2,450.00	-	-	-

图 4-16 【计算逾期天数】步骤图

从逾期天数分析表中也可以快速看出不同账款的逾期天数，财务人员可根据此表采取相应的应收账款预警管理措施。

第 3 步：筛选出已经到期的应收账款

①选中单元格A3，选择【数据】选项卡，单击【筛选-高级】按钮；②在弹出的对话框中，选中【在原有区域显示筛选结果】；③单击【列表区域】和【条件区域】右侧的折叠按钮，按图4-17所示选中区域；④单击【确定】按钮。

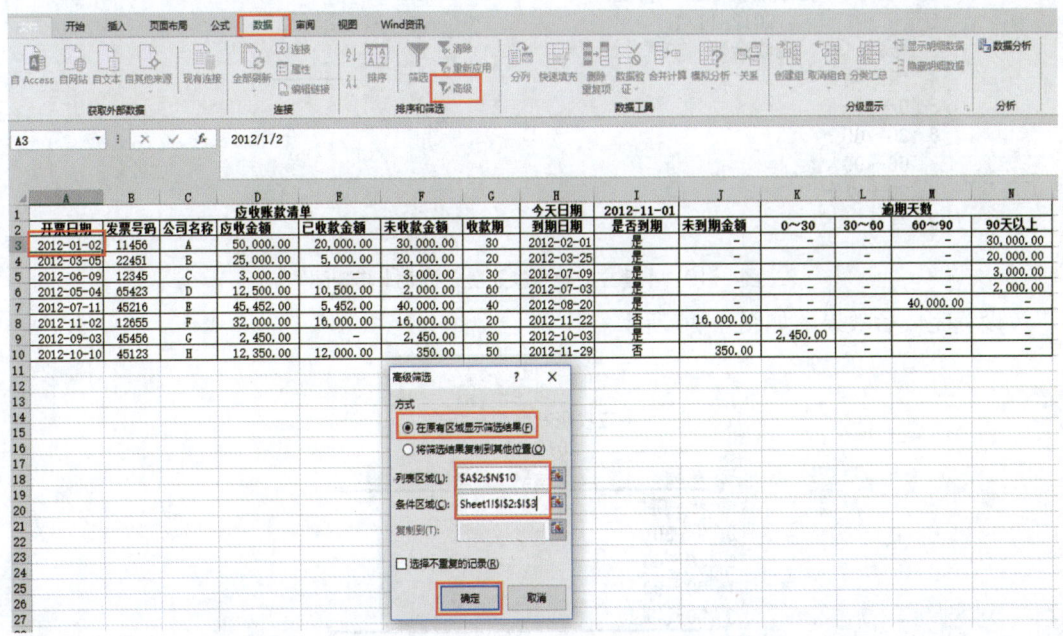

图 4-17 【筛选出已经到期的应收账款】步骤图

第 4 步：查看效果

如图 4-18 所示。

	A	B	C	D	E	F	G	H	I	J	K	L	M	N
1				应收账款清单				今天日期	2012-11-01			逾期天数		
2	开票日期	发票号码	公司名称	应收金额	已收款金额	未收款金额	收款期	到期日期	是否到期	未到期金额	0～30	30～60	60～90	90天以上
3	2012-01-02	11456	A	50,000.00	20,000.00	30,000.00	30	2012-02-01	是	-	-	-	-	30,000.00
4	2012-03-05	22451	B	25,000.00	5,000.00	20,000.00	20	2012-03-25	是	-	-	-	-	20,000.00
5	2012-06-09	12345	C	3,000.00	-	3,000.00	30	2012-07-09	是	-	-	-	3,000.00	-
6	2012-05-04	65423	D	12,500.00	10,500.00	2,000.00	60	2012-07-04	是	-	-	-	2,000.00	-
7	2012-07-11	45216	E	45,452.00	5,452.00	40,000.00	40	2012-08-20	是	-	-	-	40,000.00	-
8	2012-09-03	45456	G	2,450.00	-	2,450.00	30	2012-10-03	是	-	2,450.00	-	-	-

图4-18　最终效果图

二、建立应收账款账龄分析表

就应收账款的日常管理而言，随时掌握客户的各笔应收账款的账龄长短是非常重要的。财务人员需要依据对应收账款账龄的分析提取坏账准备，以便更真实地反映出企业实际的资金流动情况，对金额较大或逾期过长的款项进行重点催收。

编制账龄分析表的具体操作步骤如下。

第 1 步：建立应收账款账龄分析表

账龄分析表的基本格式如下左图所示。为了使分析表看起来更加美观，可以选中单元格 A4:C8，点击鼠标右键，在弹出的菜单中选择【设置单元格格式】，在弹出的对话框中切换到【边框】选项卡，在【样式】中调整线条粗细，并设置上下边框。如图 4-19 所示。

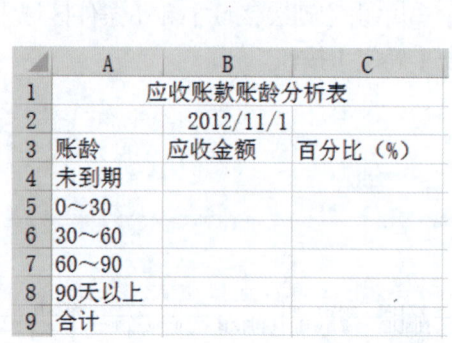 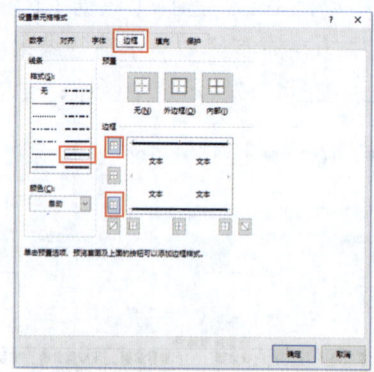

图4-19　【建立应收账款账龄分析表】步骤图

设置完成后效果图如图 4-20 所示。

图4-20　最终效果图

第2步：汇总应收账款数据

①采用上面的应收账款清单数据来编制账龄分析表，汇总未到期金额和不同逾期天数的应收账款总额到逾期天数表最后一行 J11:N11，如图 4-21 所示；②将汇总结果复制到图 4-22 所示应收账款账龄分析表中。

	J	K	L	M	N
			逾期天数		
	未到期金额	0～30	30～60	60～90	90天以上
	-	-	-	-	30,000.00
	-	-	-	-	20,000.00
	-	-	-	-	3,000.00
	-	-	-	-	2,000.00
	-	-	-	40,000.00	-
	16,000.00	-	-	-	-
	-	2,450.00	-	-	-
	350.00	-	-	-	-
	16,350.00	2,450.00	-	40,000.00	55,000.00

图4-21 【汇总应收账款数据】步骤图

选中逾期天数表最后一行 J11:N11，右键点击复制，选中应收账款账龄分析表单元格区域 B4:B8，点击鼠标右键，在弹出的菜单中选择【选择性粘贴】，在弹出的对话框中勾选【数值】和【转置】复选框，其他保持系统默认，然后点击【确定】按钮。如图 4-22 所示。

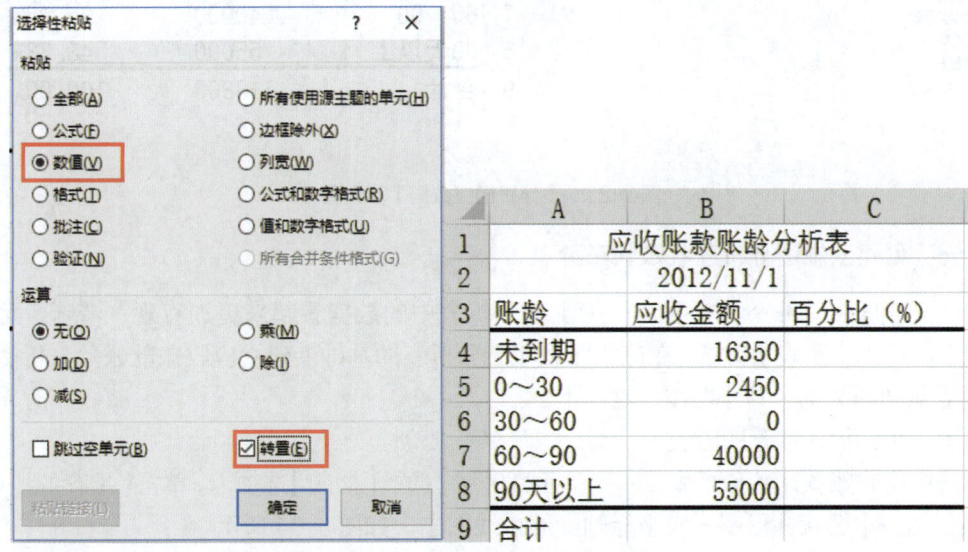

图4-22 【汇总应收账款数据】步骤图

第3步：计算相应数据

①汇总应收金额，在B9处同时按"Alt"和"="键可以快速汇总B9前面的数值；

②在C4单元格处输入公式"=B4/$B$9",且填充该公式至单元格区域C5:C8中;③将C4:C9区域的单元格格式设置成"百分比"格式,并保留2位小数。操作过程如图4-23所示。

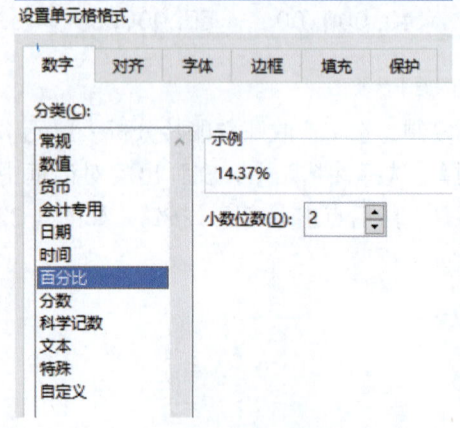

(1)　　　　　　　　　　　　(2)

(3)　　　　　　　　　　　　(4)

图4-23　【计算相应数据】步骤图

三、创建双轴图分析应收账款账龄

建立应收账款账龄分析表后,为了使分析表中的数据看起来更加直观、清晰,可以利用Excel的【图表】功能,在应收账款账龄分析表的基础上建立应收账款账龄分析图。以建立双轴图为例,具体操作步骤如下。

第1步:插入推荐的图表

选中应收账款账龄分析表A3:C8单元格区域,选择【插入】选项卡,单击【推荐的图表】选项,选择【簇状柱形图-次坐标轴上的折线图】。如图4-24所示。

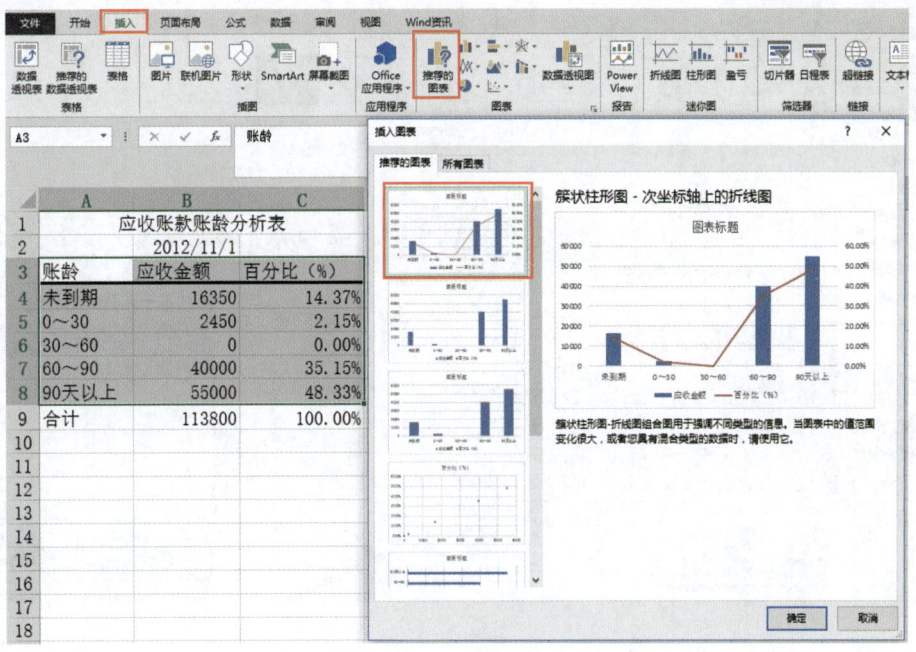

图4-24 【插入推荐的图表】步骤图

插入后效果图如图 4-25 所示。

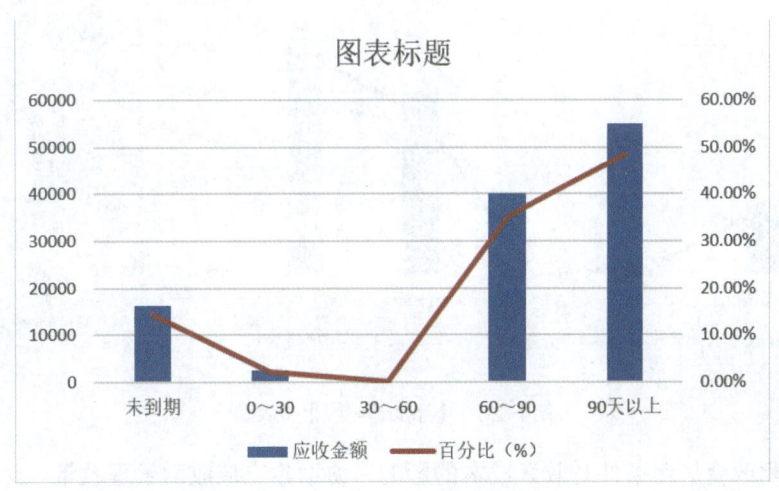

图4-25 插入后效果图

第2步：美化表格

①将"图表标题"设置为"应收账款账龄分析图"；②在【图表工具 – 设计】选项卡中，单击【添加图表元素】按钮，选择【趋势线】→【其他趋势线选项】，在弹出的对话框中选择【应收金额】，点击【确定】按钮，即可根据需要选择不同的趋势线进行预测与分析。如图 4-26 所示。

中级财务数据分析

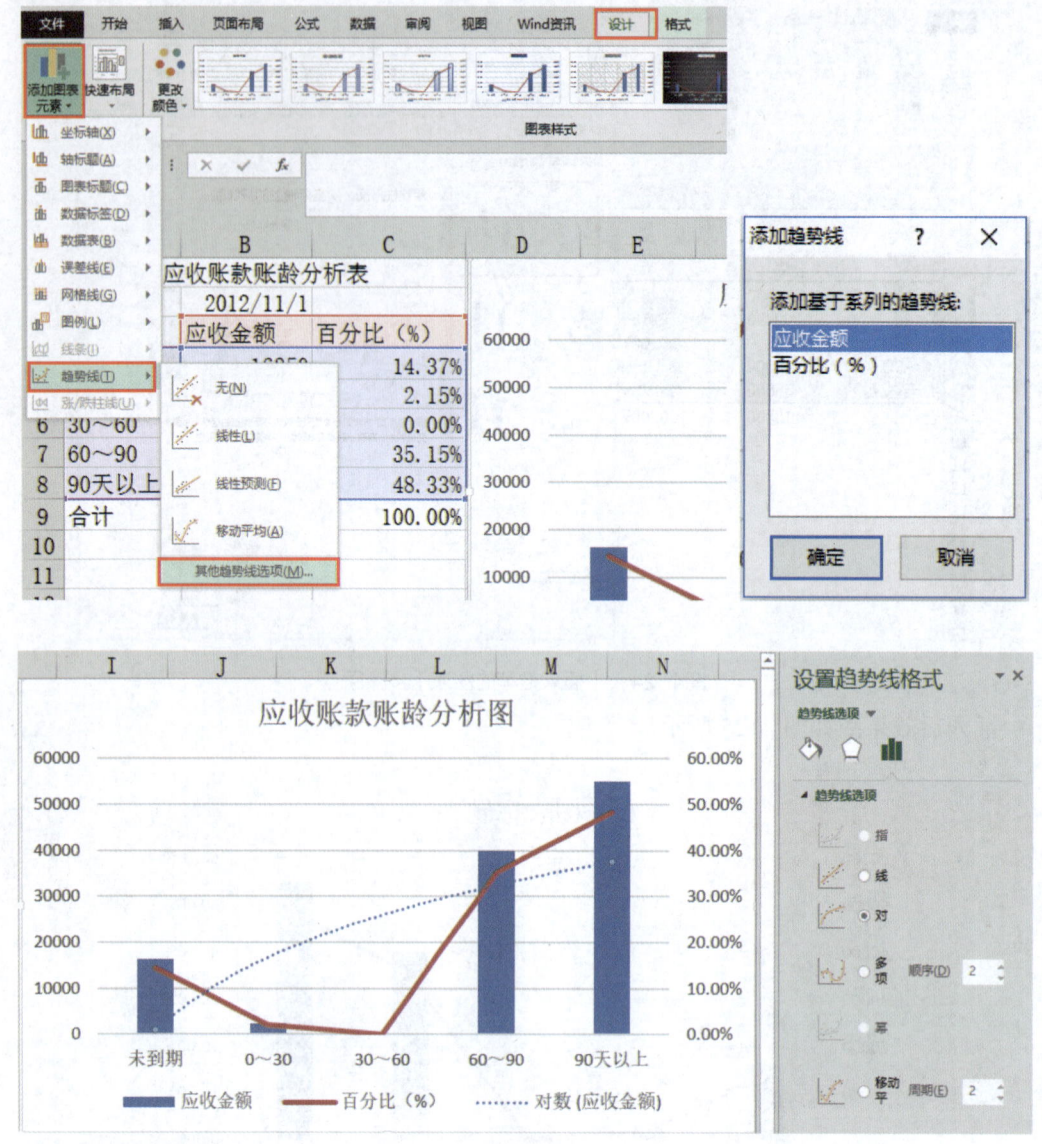

图4-26 【添加趋势线】步骤图

四、预测改变信用条件对收入成本的影响,协助建立应收款管理政策

对于逾期的应收账款,企业会根据实际情况调整不同的坏账计提比例,最终会影响到企业的净利润。现在以前面的应收账款数据为例,检验不同的坏账计提比例对坏账准备的影响。

假设企业之前采用的是坏账准备计提政策1,今年准备采取新的计提政策。如图4-27所示。

	A	B	C
10			
11		坏账准备政策1	坏账准备政策2
12	未到期	0%	0%
13	0～30	5%	8%
14	30～60	10%	20%
15	60～90	30%	40%
16	90天以上	60%	50%

图4-27　企业坏账准备计提政策

计算坏账准备金额：在 D4 单元格输入"=B4*B12"，且填充该公式至单元格区域 D5:D8 中；在 E4 单元格输入"=B4*C12"，且填充该公式至单元格区域 E5:E8 中；通过求和公式汇总单元格 B9:E9。如图 4-28 所示。

	A	B	C	D	E
1		应收账款账龄分析表			
2		2012/11/1			
3	账龄	应收金额	百分比（%）	政策1	政策2
4	未到期	16350	14.37%	0	0
5	0～30	2450	2.15%	122.5	196
6	30～60	0	0.00%	0	0
7	60～90	40000	35.15%	12000	16000
8	90天以上	55000	48.33%	33000	27500
9	合计	113800	100.00%	45122.5	43696

图4-28　企业坏账准备金计提示意图

可见，新的计提政策使得企业坏账准备金额减少，净利润增加。

第三节　利用 Excel 进行本量利分析

一、对企业产品成本的性态进行分析

成本性态，是指产品成本与业务总量之间的依存关系，通常又称为成本习性。全部成本按其性态分类可分为固定成本、变动成本和混合成本三大类。

固定成本也称固定费用，是指在一定的范围内不随产品产量或销售量变动而变动的那部分成本。在我国工业企业中，可以作为固定成本看待的项目包括：生产成本中列入制造费用的不随产量变动的办公费、差旅费、折旧费、劳动保护费、管理人员薪金和租赁费等；销售费用中不受销量影响的销售人员薪金、广告费和折旧费等；管理费用中不受产量或销量影响的企业管理人员薪酬、折旧费、租赁费、保险费和土地使用税等；财务费用中不受产量或销量影响的各期发生额稳定的利息支出等。

变动成本是指在一定条件下，成本总额随着业务量的变动而呈正比例变动的成本。在我国工业企业中，包括：生产成本中直接用于产品制造的、与产量成正比的原材料、燃料及动力，外部加工费，外购半成品，按产量法计提的折旧费和单纯计件工资形式下的生产工人工资；销售费用、管理费用和财务费用中那些与销售量成正比例的费用项目。

这里的变动成本是就总业务量的成本总额而言，变动成本虽然在相关范围内，其成本总额随着业务量的增减成正比例增减，但是从产品的单位成本看，它却不受产量变动的影响。

混合成本是介于固定成本和变动成本之间，成本总额虽然受业务量变动的影响，但其变动幅度并不同业务量的变动保持严格比例的成本。在企业里，大多数成本都包含着固定成本与变动成本这两种因素。我们只有将所有成本分解为固定成本和变动成本两部分，才能满足经营管理上多方面的需要。

二、确定相关成本数据，分析产品的边际贡献

成本和收入的计算公式如下：
成本 = 单位变动成本 × 产量 + 固定成本
收入 = 售价 × 产量
边际贡献是指销售收入减去变动成本后的余额，因而产品的边际贡献公式如下：
单位产品的边际贡献 = 售价 − 单位变动成本
边际贡献是运用盈亏分析原理，进行产品生产决策的一个十分重要的指标。在达到盈亏平衡时，有
固定成本 = 全部产品的边际贡献 =（售价 − 单位变动成本）× 产量
盈亏平衡时的产量又称为盈亏平衡量。
盈亏平衡收入计算公式为：
盈亏平衡收入 = 盈亏平衡量 × 售价

三、确定边际贡献本量利关系图，确定盈亏临界点

假设某公司产品计划售价70元/公斤，单位变动成本50元/公斤，固定成本60万元。结合前面所述的公式计算得出收入、成本、利润的相关数据如图4-29所示。

	A	B	C	D	E
1					
2		产量(KG)	成本(万元)	收入(万元)	利润(万元)
3		0	60	0.00	−60.00
4		15,000	135	105.00	−30.00
5		30,000	210	210.00	0.00
6		45,000	285	315.00	30.00
7		60,000	360	420.00	60.00
8		75,000	435	525.00	90.00
9		90,000	510	630.00	120.00
10		105,000	585	735.00	150.00
11		120,000	660	840.00	180.00
12		135,000	735	945.00	210.00
13		150,000	810	1,050.00	240.00
14		165,000	885	1,155.00	270.00
15		180,000	960	1,260.00	300.00
16		195,000	1035	1,365.00	330.00
17		210,000	1110	1,470.00	360.00
18		225,000	1185	1,575.00	390.00

图4-29　公司相关数据图

下面根据图4-29中的数据绘制本量利关系图。
第1步：设置盈亏平衡线横坐标数据

①在单元格 C22 处输入公式"=ROUND（C28/（H26 - K26），2）"，按 Enter 键确认；②选中 C23:C25 单元格区域，输入公式"=C22"，按"Ctrl+Enter"组合键即可在选中的单元格区域中同时输入数值，或在 C23:C25 单元格依次输入公式"=C22""=C23""=C24"。如图 4-30 所示。

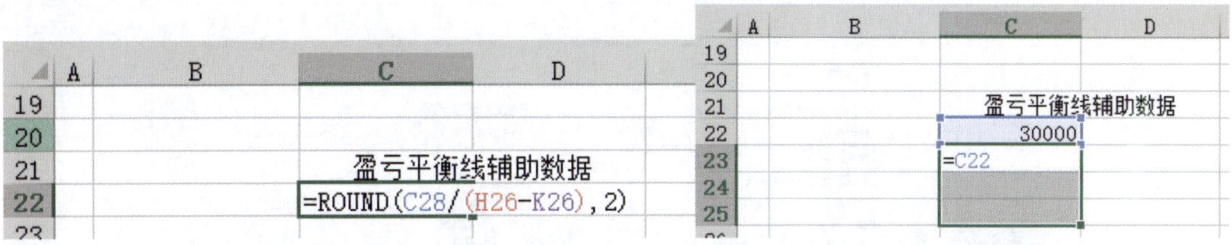

图4-30 【设置盈亏平衡线横坐标数据】步骤图

第 2 步：设置盈亏平衡线纵坐标数据

①在 D22 单元格中输入"1800"；②在单元格 D23 处输入公式"=（C23*H26）/10000"并确认；③在 D24 单元格中输入"0"；④在 D25 单元格中输入"-100"。如图 4-31 所示。

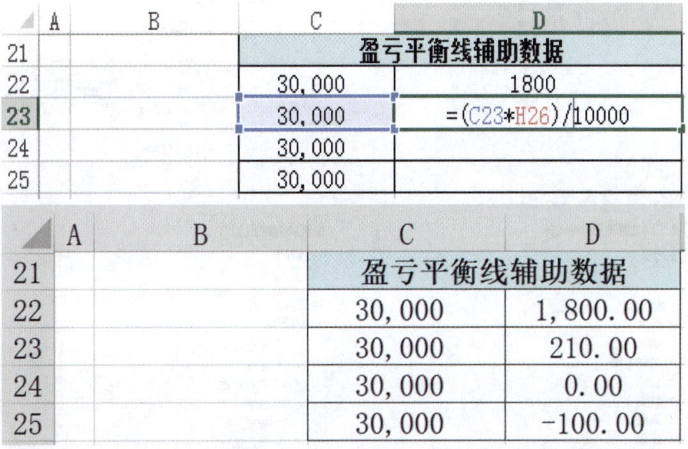

图4-31 【设置盈亏平衡线纵坐标数据】步骤图

第 3 步：设置盈亏平衡量和盈亏平衡收入

①在单元格 B30 处输入"盈亏平衡量"；②在单元格 C30 处输入公式"=C23"并确认；③在单元格 B31 处输入"盈亏平衡收入"；④在单元格 C31 处输入公式"=D23"并确认。如图 4-32 所示。

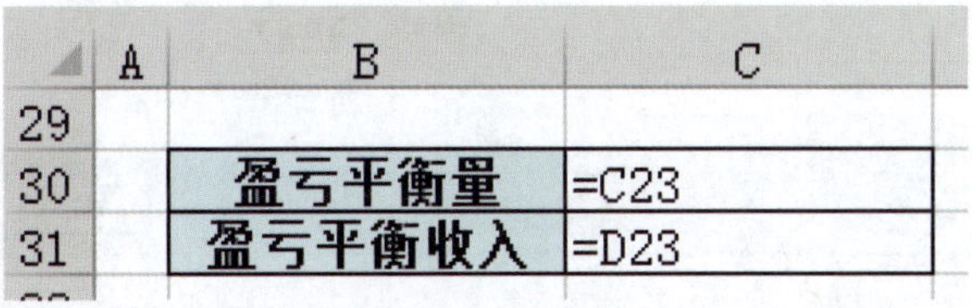

图4-32 【设置盈亏平衡量和盈亏平衡收入】步骤图

第4步：添加【开发工具】选项卡

①单击【文件】选项卡，选择【选项】按钮，在弹出的对话框中选择【自定义功能区】选项卡；②单击【从下列位置选择命令】的下拉菜单，选择【主选项卡】；③选中【开发工具】，点击【添加】按钮，然后单击【确定】按钮。如图4-33所示。

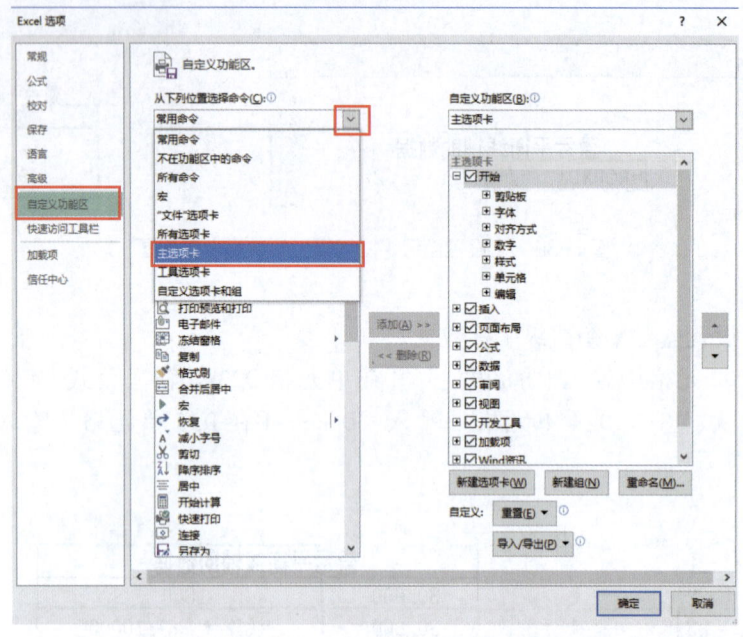

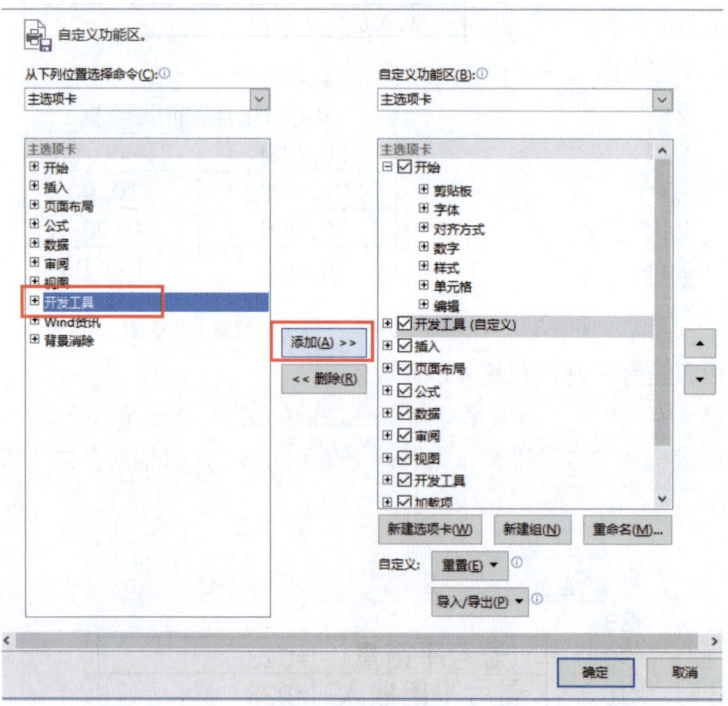

图4-33 【添加【开发工具】选项卡】步骤图

第 5 步：插入滚动条

单击【开发工具】选项卡，在【控件】命令组中单击【插入】按钮，在打开的下拉菜单中选择【表单控件】→【滚动条】命令，并在 G28 单元格下方拖动鼠标，从而绘制第一个滚动条。同理，在 J28 单元格下方绘制第二个滚动条。如图 4-34 所示。

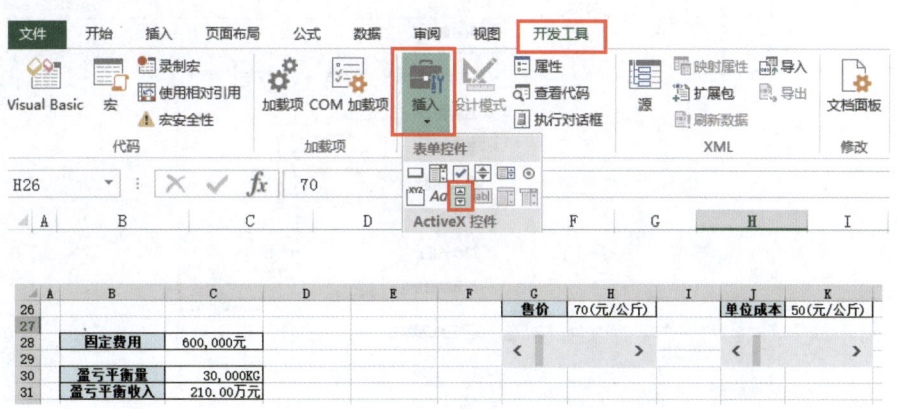

图4-34　【插入滚动条】步骤图

第 6 步：设置滚动条格式

①选中第一个滚动条，在【开发工具】选项卡的【控件】命令组中单击【属性】按钮；②在弹出的对话框中，单击【控制】选项卡，分别输入【最小值】和【最大值】为"60"和"80"；③调整【单元格链接】为"$H$26"，然后单击【确定】按钮。如图 4-35 所示。

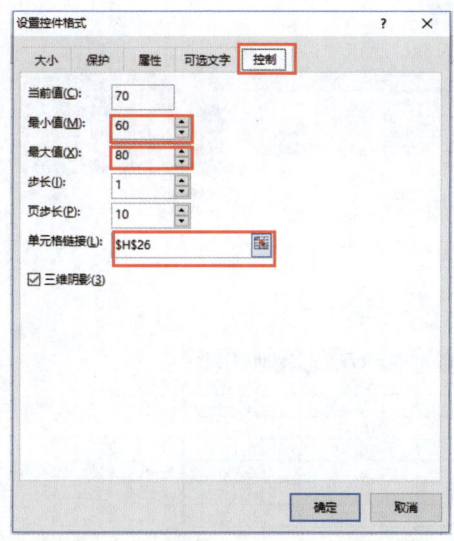

图4-35　【设置控件格式】步骤图

①选中第二个滚动条,点击鼠标右键,在弹出的菜单中选择【设置控件格式】;②在弹出的对话框中,单击【控制】选项卡,分别输入【最小值】和【最大值】为"35"和"60";③调整【单元格链接】为"$K$26",然后单击【确定】按钮。如图4-36所示。

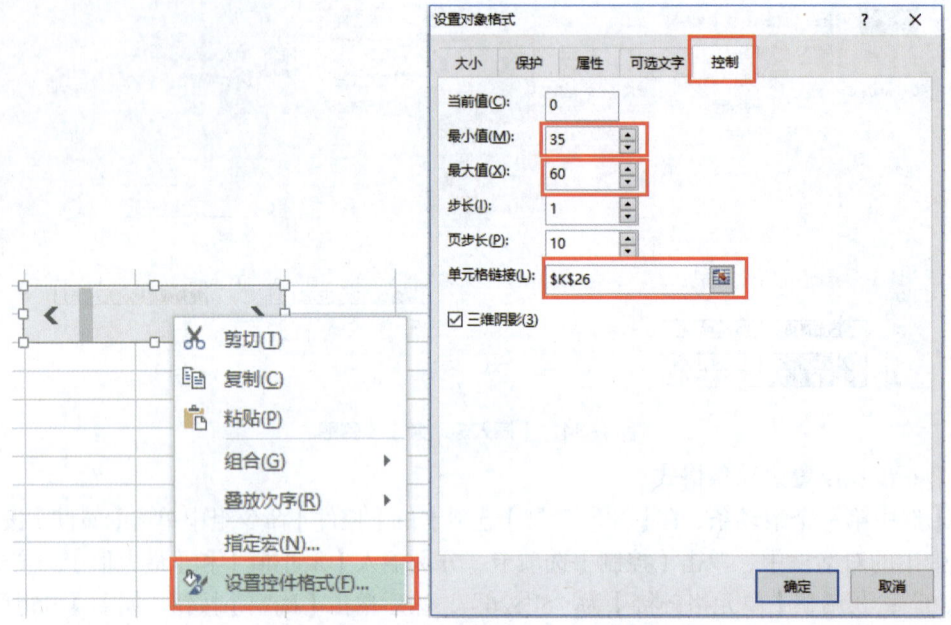

图4-36 【设置对象格式】步骤图

第7步:插入散点图

选中B2:E18单元格区域,在【插入】选项卡下单击【图表】命令组中的【插入散点图(X、Y)或气泡图】按钮,在打开的菜单中选择【散点图】栏下的【带平滑线和数据标记的散点图】样式。如图4-37所示。

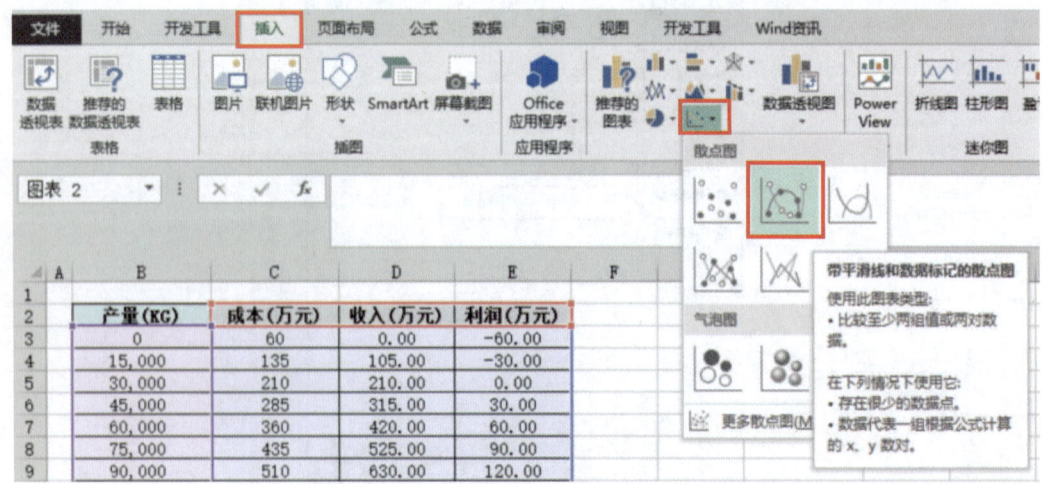

图4-37 【插入散点图】步骤图

插入的散点图如图4-38所示。

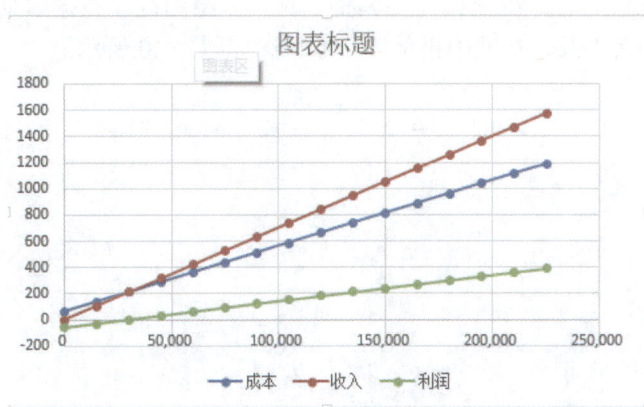

图4-38　最终效果图

第8步：添加数据系列

①单击【图表工具－设计】选项卡，在【数据】命令组中单击【选择数据】按钮；②在弹出的【选择数据源】对话框中，在【图例项（系列）】下单击【添加】按钮；③弹出【编辑数据系列】对话框，在【系列名称】输入框中输入【盈亏平衡线】；④在【X轴系列值】处选择C22:C25单元格区域；⑤在【Y轴系列值】处选择D22:D25单元格区域；⑥单击【确定】按钮，即可生成本量利分析图。如图4-39所示。

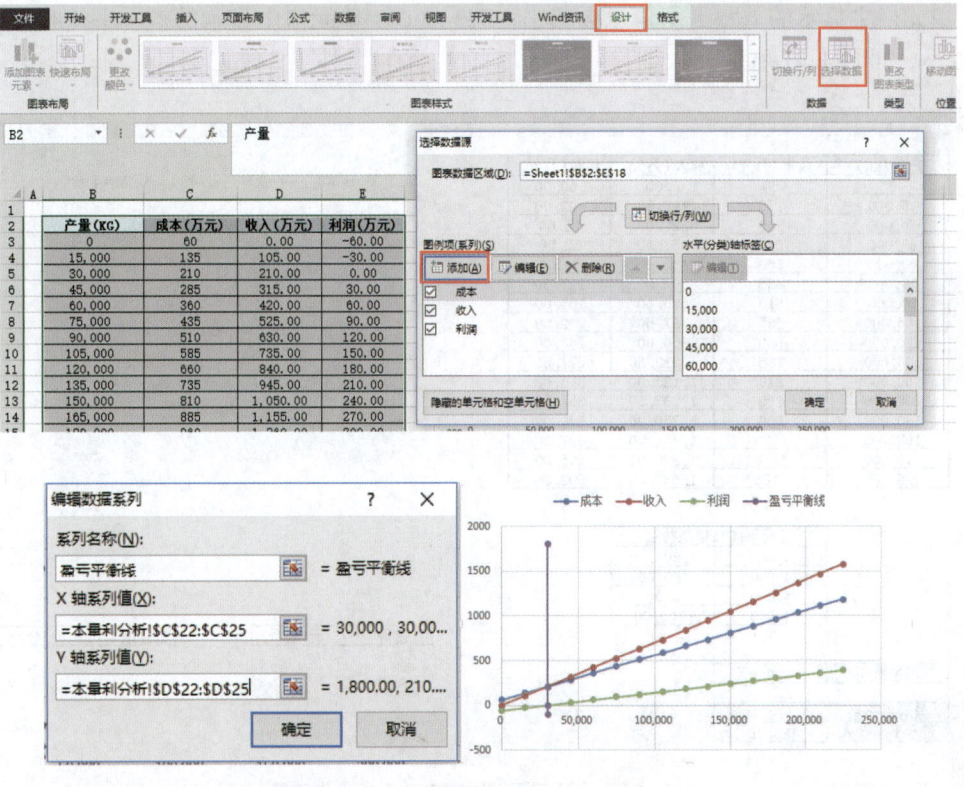

图4-39　【添加数据系列】步骤图

第9步：美化图表

得到本量利分析图后，可根据需要调整坐标轴、绘图区、数据系列的格式。这部分内容在初级讲义中有涉及，在此不再赘述。效果图如图 4-40 所示。

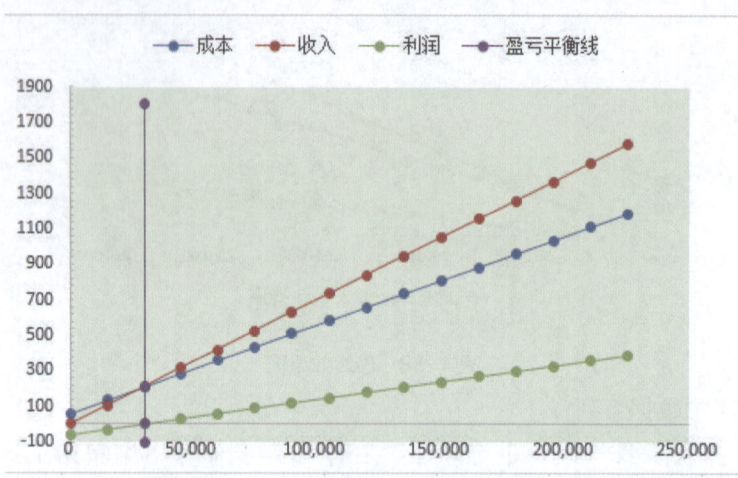

图4-40 【美化图表】效果图

第10步：盈亏平衡量的变动分析

①售价提高对盈亏平衡量的影响。移动第一个滚动条，调整售价至 75 元 / 公斤。此时，散点图中的盈亏平衡线向左移动，表明盈亏平衡量减少。C22:C25 单元格区域以及 C30 单元格中显示的盈亏平衡量也会减小；D23 及 C31 单元格中显示的盈亏平衡收入也相应减小。如图 4-41 所示。

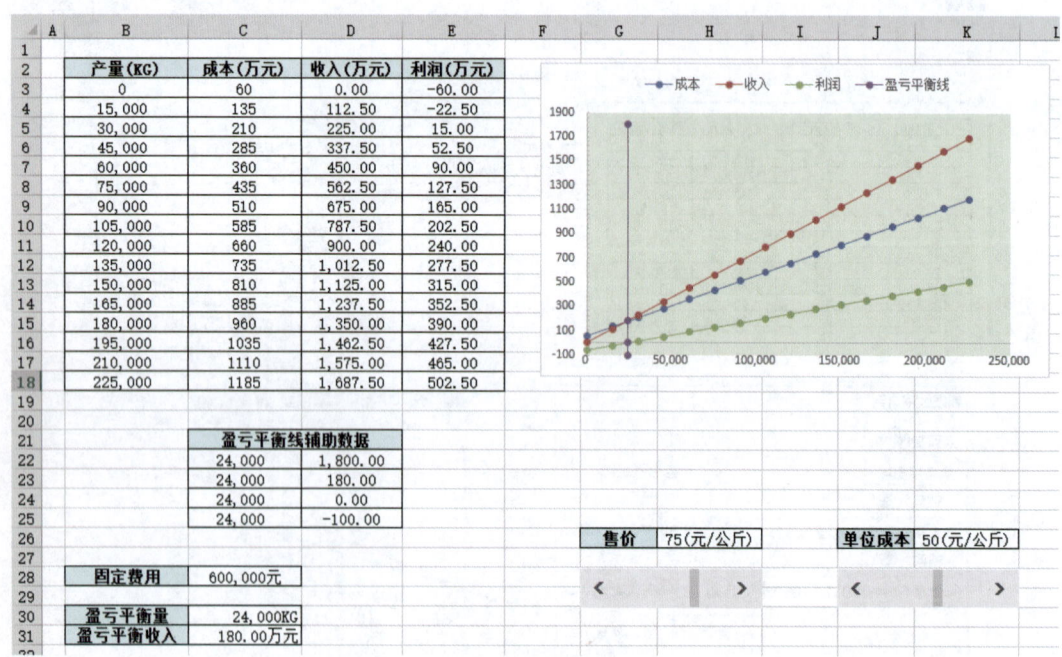

图4-41 【盈亏平衡量的变动分析】步骤图

②单位成本降低对盈亏平衡量的影响。移动第二个滚动条，调整单位成本至45元/公斤。此时，散点图中的盈亏平衡线向右移动，表明盈亏平衡量减少。C22:C25单元格区域以及C30单元格中显示的盈亏平衡量也会减小；D23及C31单元格中显示的盈亏平衡收入也相应减小。如图4-42所示。

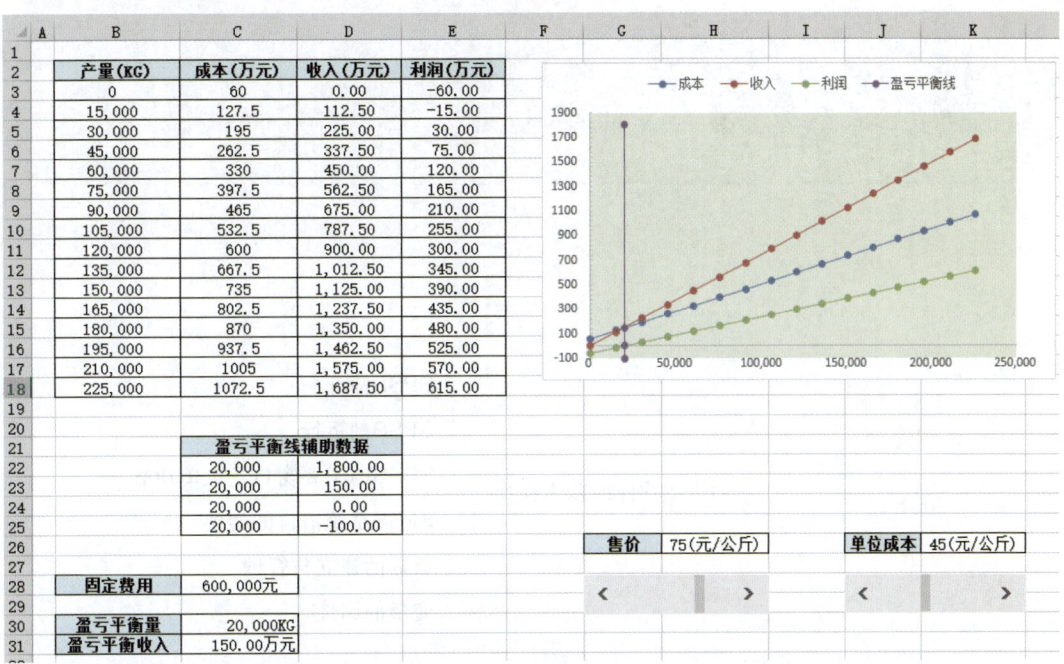

图4-42 【单位成本降低对盈亏平衡量的影响】步骤图

课后问题与作业练习

➢ 解释收入、销货成本、毛利、存货周转率和存货周转时间之间的关系。
➢ 解释收入、应收账款、账期和应收账款周转率之间的关系。
➢ 解释本量利分析的基本思路，利用Excel图表进行分析。

第五单元　预算数据分析

本单元学习目标

1. 熟练掌握和应用 SPSS 软件；
2. 能够熟练灵活地应用 SPSS 软件进行相应的频率分析、描述分析、数据探索分析、交叉表分析以及相应的参数检验，并能对结果进行解释。

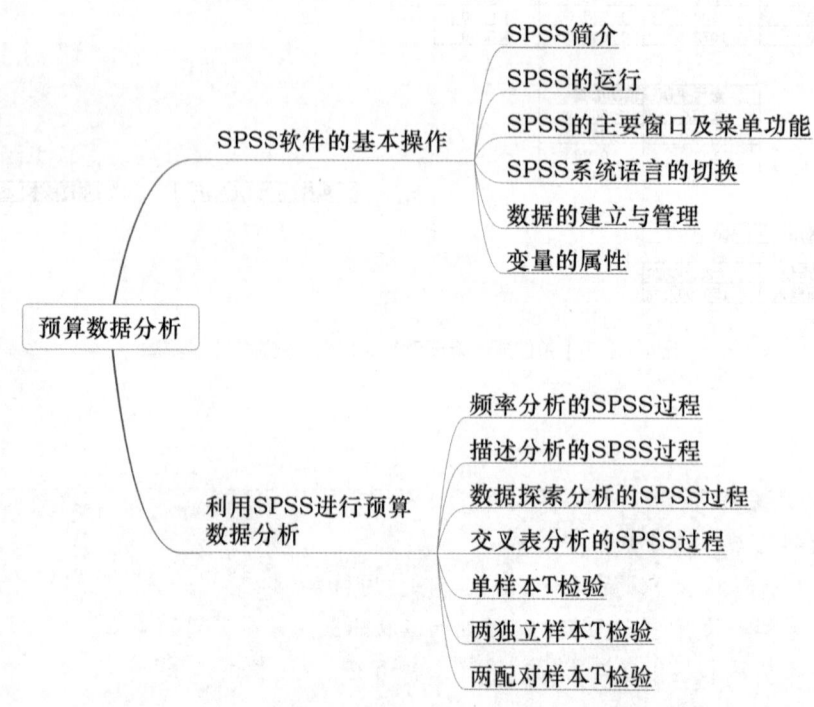

图5-1　本单元思维导图

第一节　SPSS 软件的基本操作

一、SPSS 简介

SPSS 软件是 IBM 公司推出的一款专业统计软件，是世界上最早的统计分析软件，也是目前世界范围内应用最广泛的专业统计软件之一，在经济学、数学、统计学、物流管理、生物学、心理学、地理学、医疗卫生、体育、农业、林业、商业等各个领域都有广泛使用。

SPSS 的优点：第一，操作简单；第二，无须编程；第三，功能强大；第四，兼容性强。

二、SPSS 的运行

依次选择【开始】→【程序】→ SPSS Inc，在它的次级菜单中单击【PASW Statistics 18】即可启动 SPSS 软件。如图 5-2 所示。

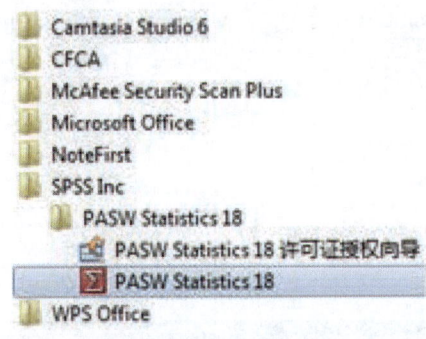

图5-2　SPSS运行步骤图

随之进入 SPSS 启动对话框。这个对话框是询问使用者将执行什么操作，如果用户想要打开最近打开过的文档，只需快捷地从【打开现有数据源】中直接双击打开这个数据即可。如图 5-3 所示。

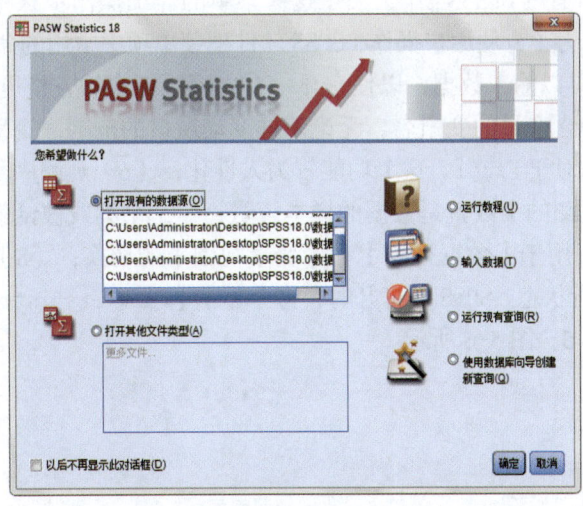

图5-3　【打开现有数据源】步骤图

SPSS 软件的退出与其他 Windows 应用程序相同，有以下两种常用的退出方法：第一，选择数据编辑器窗口的【文件】→【退出】菜单命令退出程序；第二，直接单击 SPSS 窗口右上角的【关闭】按钮，回答系统提出的是否存盘的问题之后即可安全退出程序。

三、SPSS 的主要窗口及菜单功能

SPSS 的主要窗口有数据编辑窗口、结果输出窗口、图表编辑窗口等。

（一）数据编辑窗口（SPSS Data Editor）

该窗口是 SPSS 的基本界面，主要由以下几部分构成：标题栏、菜单栏、工具栏、编辑栏、变量栏、观测序号、窗口切换标签和状态栏。如图 5-4 所示。

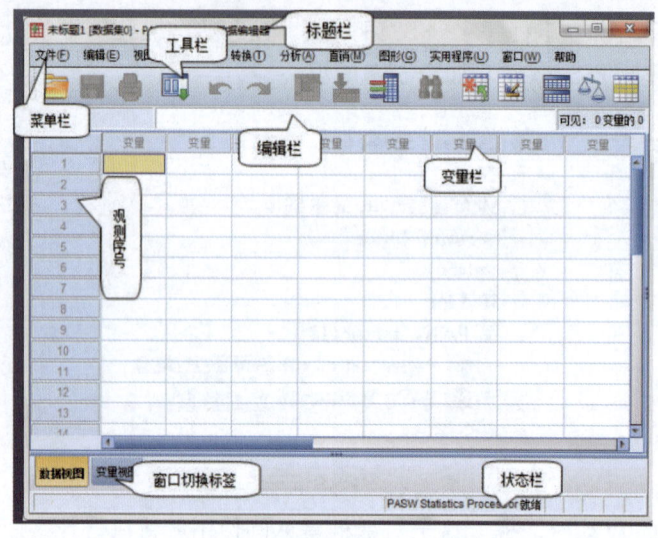

图 5-4 【数据编辑窗口】界面图

（1）标题栏：显示数据编辑的数据文件名称；（2）菜单栏：通过对这些菜单的选择，用户可以进行几乎所有的 SPSS 操作，关于这些菜单的详细操作步骤将在后续内容中分别介绍；（3）工具栏：为了方便用户操作，SPSS 软件把菜单项中常用的命令放到了【工具栏】里；（4）编辑栏：可以输入数据，以使它显示在内容区指定的方格里；（5）变量栏：列出了数据文件中所包含变量的变量名，无论怎样变动窗口的范围，变量栏上的变量始终保持出现在顶行上，相对于 Excel，这个功能较为人性化；（6）观测序号：列出了数据文件中的所有观测值，观测的个数就是数据的样本容量，一个个案或被试就会占一个观测号；（7）窗口切换标签：用于【数据视图】和【变量视图】的切换；（8）状态栏：用于说明显示 SPSS 当前的运行状态。SPSS 被打开时，将会显示【PASW Statistics Processor 就绪】的提示信息。如图 5-5，图 5-6 所示。

图5-5 【变量视图】窗口
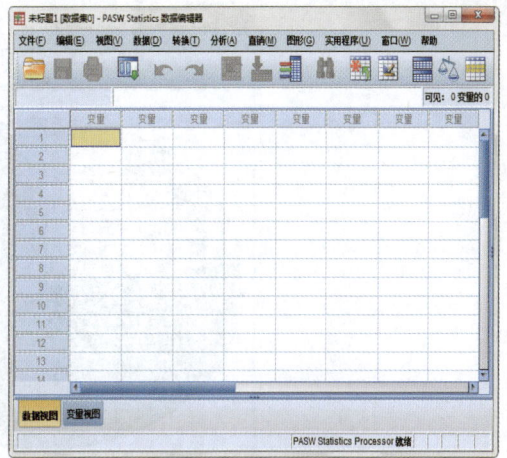
图5-6 【数据视图】窗口

（二）结果输出窗口

结果输出窗口右侧显示统计分析结果；左侧是导航窗口，用来显示输出结果的目录，用户可以通过单击目录来展开右侧窗口中的统计分析结果。如图 5-7 所示。

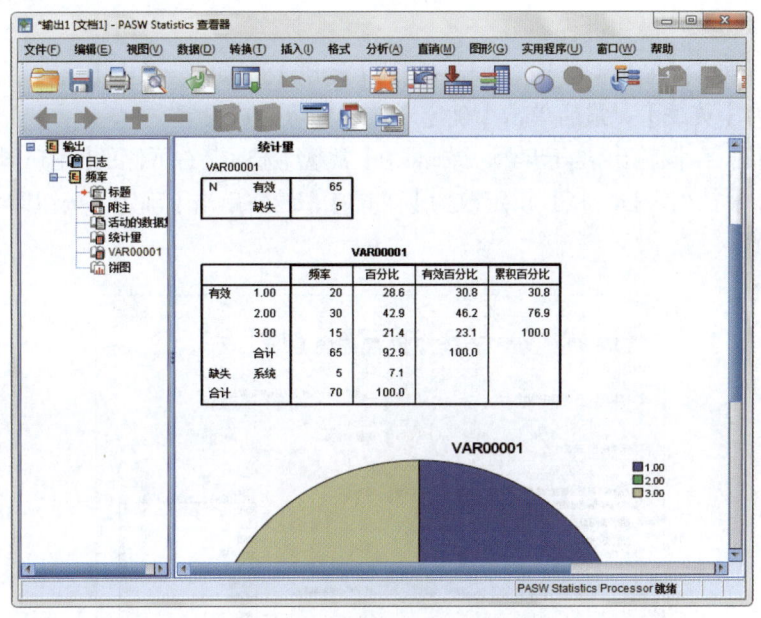

图5-7 【结果输出窗口】示意图

（三）图表编辑窗口

SPSS 提供了对结果图表进行再编辑的功能，如果用户需要对结果进行编辑，可以通过双击图表对象或右击选择【编辑内容】，选中的图形会出现在【图表编辑器】中，此时便可以对选中的对象进行有目的的编辑了。如图 5-8 所示。

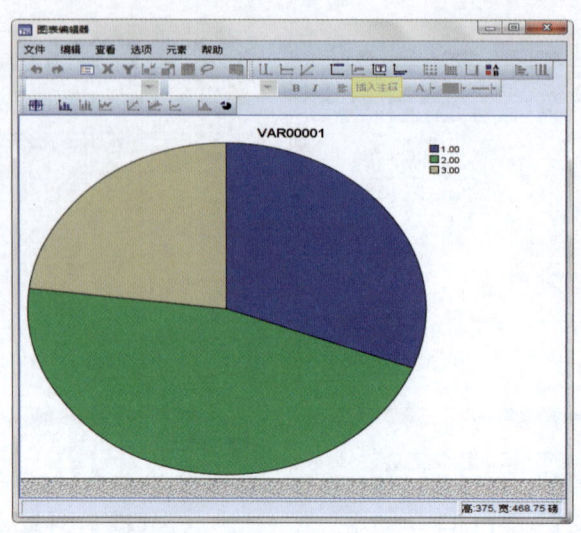

图5-8 【图表编辑器】示意图

四、SPSS 系统语言的切换

在常规设置选项卡中,用户可以按照自己的使用习惯及需要进行系统语言的切换。以中英文切换为例,操作过程如下。

(1)输出语言:在【常规】选项卡右侧的【输出】选项组,单击【语言】下拉列表框,将其设定改为【英语】,最后单击【确定】按钮即可完成设置。

(2)界面语言:同输出语言步骤一致,即在【常规】选项卡右下侧的【用户界面】选项组,单击【语言】下拉列表框,将其设定改为【英语】,最后单击【确定】按钮即可完成设置。如图5-9所示。

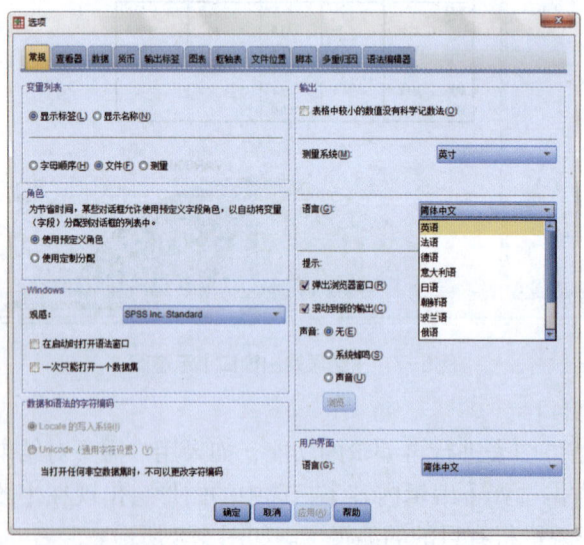

图5-9 【SPSS系统语言的切换】步骤图

五、数据的建立与管理

在 SPSS 中建立数据文件大致有两种情况：第一种是将原始数据直接录入 SPSS；第二种是利用 SPSS 读取其他数据格式的资料。数据录入就是把每个个案（公司、被调查者等）的每个指标（变量）录入到软件中。

在录入数据时，大致可归纳为三个步骤：①定义变量名，即给每个指标起个名字；②指定每个变量的各种属性，即对每个指标的一些统计特性做出指定；③录入数据，即把每个个案的各指标值录入为电子格式。因此，我们有必要先了解变量的各种属性。

六、变量的属性

任何一个变量都有相应的变量名与之对应，除了变量名外，往往还要对每一个变量进一步定义许多附加的变量属性，如变量类型、变量宽度和小数位等。在变量视图中 SPSS 为每个变量指定了 11 种变量属性。

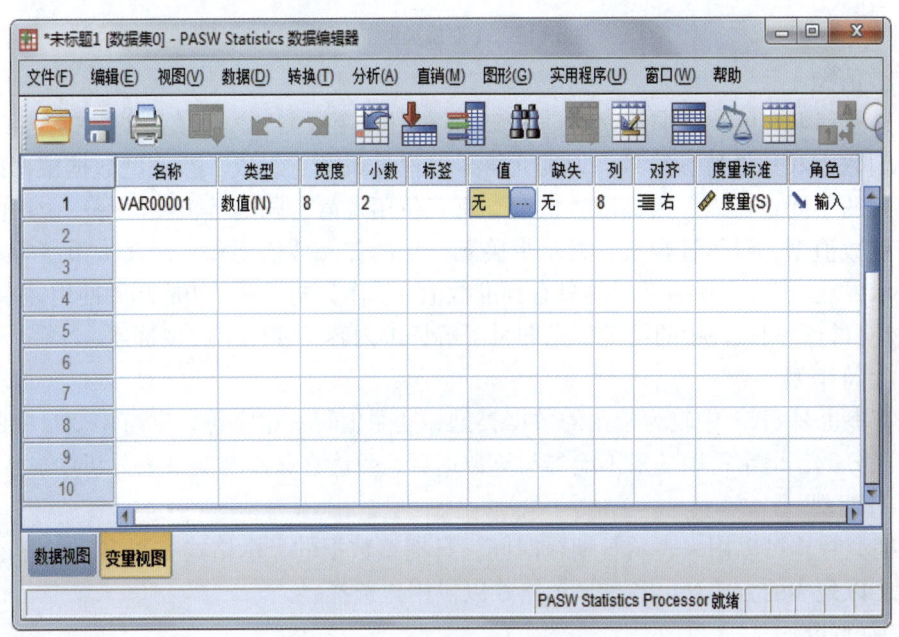

图5-10 【变量的属性】步骤图

（一）名称

该单元格主要的目的是定义变量名称，SPSS 中变量名定义应符合以下要求：①在一个数据文件中变量名必须是唯一的，不能重名；②变量名不区分大小写，变量名长度不能超过 64 个字符（32 个汉字）；③首字符必须是字母、汉字或特殊符号@，但不能是空格或数字；④一些逻辑词语不能作为变量名，如 all、and、or、by、to、with、not 等。SPSS 默认如 "VAR00001" "VAR00002" 表示。

（二）类型

SPSS 中变量有三种基本类型：数值型、字符串型和日期型。根据不同的显示方式，数值型又被细分成了六种，所以 SPSS 中的变量类型共有八种。如图 5-11 所示。

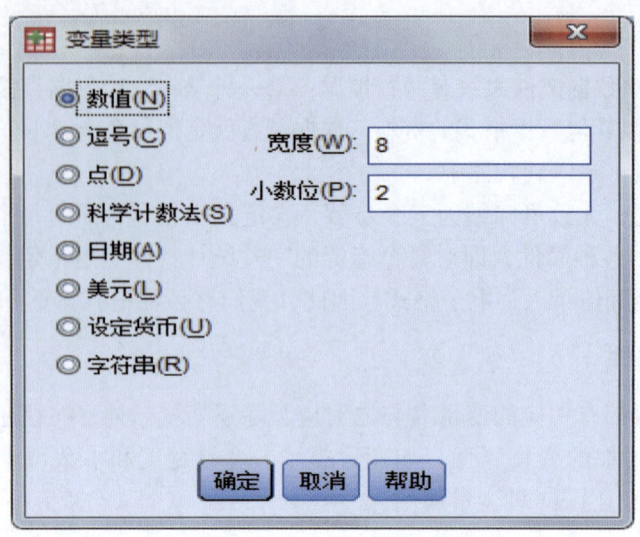

图5-11 【变量类型】窗口

1. 数值型

在三种基本变量类型中，数值是SPSS最常用的变量类型。数值型的数据是由0~9的阿拉伯数字和其他特殊符号，如美元符号、逗号或圆点组成。数值型数据根据内容和显示方式的不同，可以分为标准数值型、每三位用逗号分隔的数值型、每三位用圆点分隔的圆点数值型、科学计数型、显示带美元符号的美元数值型和自定义货币型等六种不同的表示方法。其中，最为常用的只有标准数值型，作为初学者，其他几种使用频率较低，如有兴趣自行查阅软件中的帮助信息即可了解详细内容，在此不过多赘述。

2. 字符串型

字符串也是SPSS中较为常用的数据类型，变量值是一串字符，字符串变量中的大小写是被区分的，但字符串变量不能参与算数运算，只能在频率与交叉表分析中显示。

3. 日期型

日期型数据可以用来表示日期或时间。日期型数据的显示格式有很多，SPSS在对话框右侧会以列表的方式列出各种显示格式以供用户选择。

（三）宽度

"宽度"是指数据视图中数据所占的列宽，一般使用系统默认的设置，默认宽度为8个字符宽度，用户也可以根据需要调整。在电脑编辑中，每个汉字占2个字符，每个字母和数字各占1个字符。

（四）小数

"小数"用于设置变量数值的小数位数，数值型变量默认为2个小数位，字符型变量SPSS自动设置为0。小数点的设置只影响显示的位数，而不影响实际数值。例如0.3456，在小数位为2个时将显示为0.35（自动四舍五入），但其数值大小依然为0.3456而非0.35。当变量小数位为2个时，输出结果的均值默认为4个小数位，标准差默认为5个小数位；当变量小数位为0时，则输出结果的均值为2个小数位，标准差为3个小数位。

第二节　利用 SPSS 进行预算数据分析

一、频率分析的 SPSS 过程

（一）定类和定序变量描述

案例 5-1：请对本章数据"股票投资评级.sav"中的"行业"变量做描述性统计分析。

案例分析：对变量做描述统计，通常要先分析变量的属性以选择正确的统计指标。"行业"是定类数据，对于这类数据我们主要是描述它的种类及每种类别出现的频次和频率，可以通过 SPSS 频率分析加以完成。除了用频次和频率描述该变量，还可以用图表进行描述，对于这类数据，比较合适的图表是条形图和饼图。

步骤 1：打开数据"股票投资评级.sav"，依次选择【分析】→【描述统计】→【频率】命令。如图 5-12 所示。

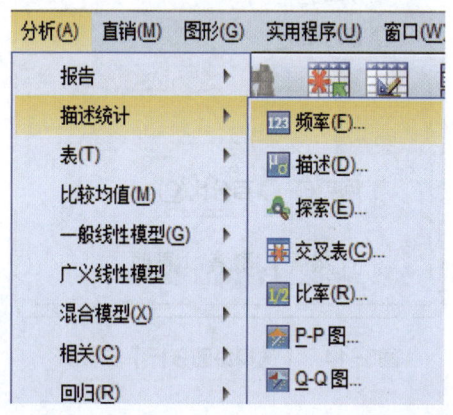

图5-12　设置【分析-描述统计-频率】步骤图

步骤 2：单击【频率】进入其对话框，将左侧变量列表中要分析的变量放入右侧【变量】框中，这里将"行业"放进框中。因为"行业"属于定类数据，所以可以保持系统默认的频率分析，保持【显示频率表格】复选框的默认选中状态。如图 5-13 所示。

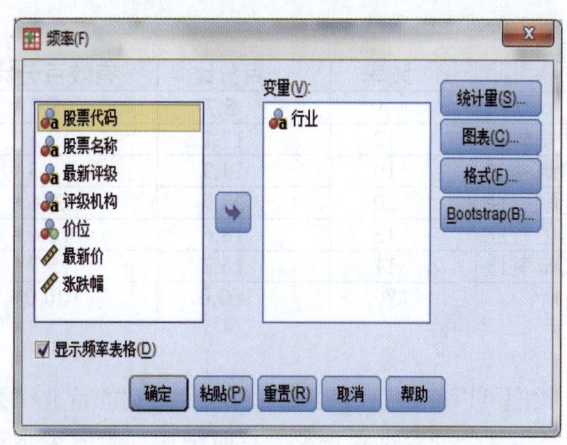

图5-13　【对"行业"进行频率分析】步骤图

步骤3：除了用频数和频率描述定类变量外，我们还可以用图描述它。单击【图表】按钮进入其对话框，选中适合分析该变量的图表。【图表类型】选项组一共给出了三种图，即条形图、饼图和直方图，定类数据可以用条形图和饼图来描述。因为一次只能选择一个图形，这里先选择【饼图】做演示，【图表值】选项组这里默认系统设置，即默认选择【频率】，如图5-14所示。单击【继续】按钮回到主对话框，最后单击【确定】按钮，提交系统分析，输出结果。

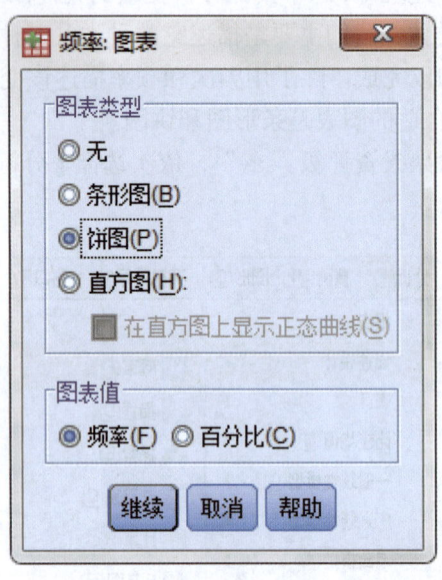

图5-14 【选择饼图分析】步骤图

步骤4：结果解释。

（1）频率分析

从表5-1中我们可以看到，行业变量总共分成了六类，第一类的名称空缺，这样的股票频率值显示有四个，占总个案数的5.7%，因为没有缺失值（字符型变量下，空白值被视为有效数据），所以有效百分比也是5.7%。

表5-1 频率分析表

		频率	百分比	有效百分比	累积百分比
有效		4	5.7	5.7	5.7
	钢铁机械	12	17.1	17.1	22.9
	建筑建材	10	14.3	14.3	37.1
	金融行业	20	28.6	28.6	65.7
	其他行业	13	18.6	18.6	84.3
	汽车制造	11	15.7	15.7	100.0
	合计	70	100.0	100.0	

（2）饼图

如图5-15所示，我们可以非常直观地看出，六个类别的行业在数量上的比较。这就是图的主要优势，有一些复杂的数据及现象，有时采用一个图来表示，往往能起到文字难以达到的效果。

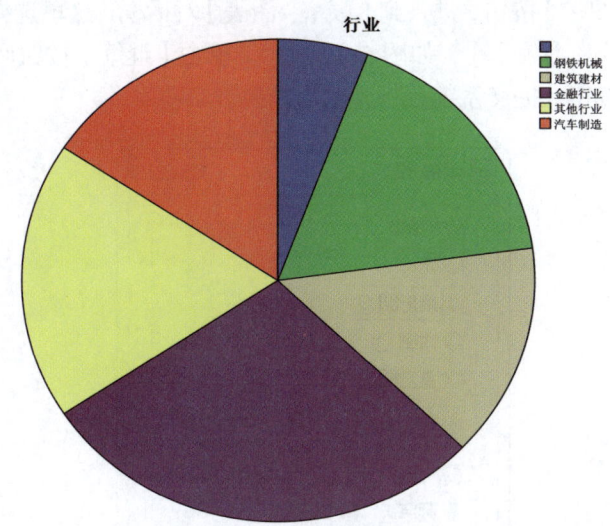

图5-15 【操作结果】饼图

案例5-2：请对数据"股票投资评级.sav"中的"价位"变量做描述性分析。

案例分析：首先，选择统计指标。"价位"是定序变量，也叫做等级变量，"定序"和"定类"变量一般都是离散变量，对它们进行描述的SPSS过程一样，我们采用【频率】命令描述它的等级种类及每种等级出现的频次。其次，选择统计图。我们也可以用图表来对"价位"进行描述，这次我们采用条形图来描述它。

步骤1：打开数据"股票投资评级.sav"，依次选择【分析】→【描述统计】→【频率】命令。

步骤2：单击【频率】进入其对话框，将左侧变量列表中要分析的变量放入右侧【变量】框中，这里将"价位"放进框中，保持【显示频率表格】复选框的默认选中状态。如图5-16所示。

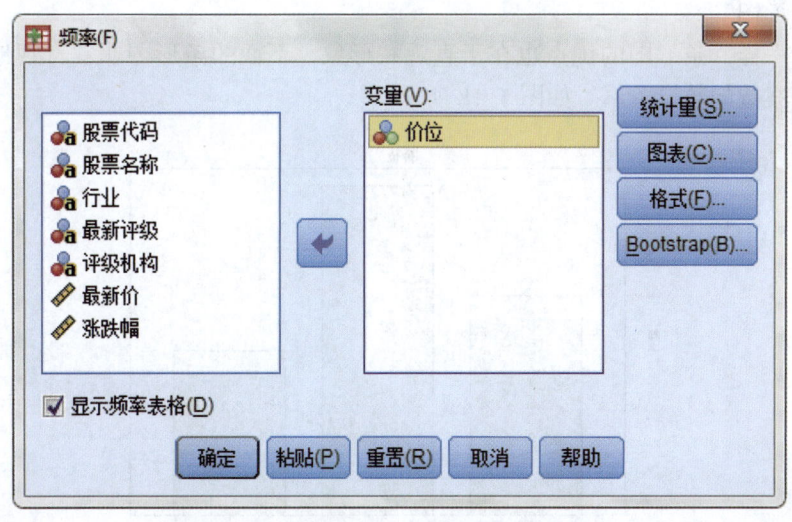

图5-16 【对"价位"进行频率分析】步骤图

步骤3：单击【图表】按钮，进入到【频率：图表】对话框，这里选择【条形图】，【图表值】选项组默认选择【频率】，如图5-17所示。单击【继续】按钮回到上一层对话框，最后单击【确定】按钮，提交系统分析，输出结果。

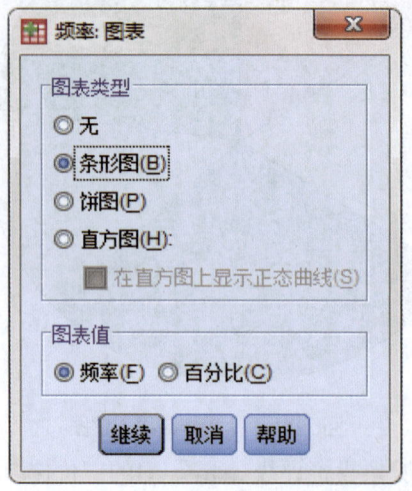

图5-17 【选择条形图分析】步骤图

步骤4：结果解释。

（1）频率百分比表

表5-2 频率百分比表

		频率	百分比	有效百分比	累积百分比
有效	低价位	20	28.6	30.8	30.8
	中等价位	30	42.9	46.2	76.9
	高价位	15	21.4	23.1	100.0
	合计	65	92.9	100.0	
缺失	系统	5	7.1		
合计		70	100.0		

（2）条形图

与饼图一样，条形图的优点也在于直观和形象，下面的条形图非常直观地显示出了三个价位个案数的数量关系。如图5-18所示。

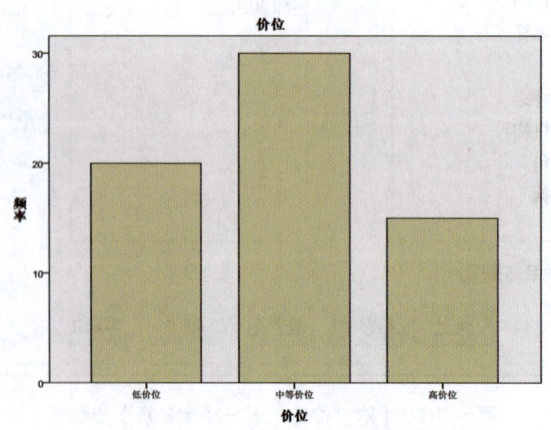

图5-18 输出的条形图

（二）定距和定比变量描述

案例 5-3：请对数据"股票投资评级.sav"中"最新价"变量做描述性统计分析。

案例分析：首先，选择统计指标。"最新价"是定比数据，对于定比数据我们需要描述它的集中趋势和离散趋势，同时可以描述其分布特征。其次，选择统计图。定比数据是连续的，我们采用直方图来描述它。这两个步骤都可以采用 SPSS 中的【频率】命令来完成。定距数据和定比数据描述的 SPSS 过程基本相同。

步骤 1：打开数据"股票投资评级.sav"，依次选择【分析】→【描述统计】→【频率】命令。

步骤 2：单击【频率】进入【频率】对话框，这里将"最新价"放到右侧的【变量】框中，因为"最新价"属于定比数据，不适合采用频率分析，所以可以将【显示频率表格】复选框中的"√"去掉。如图 5-19 所示。

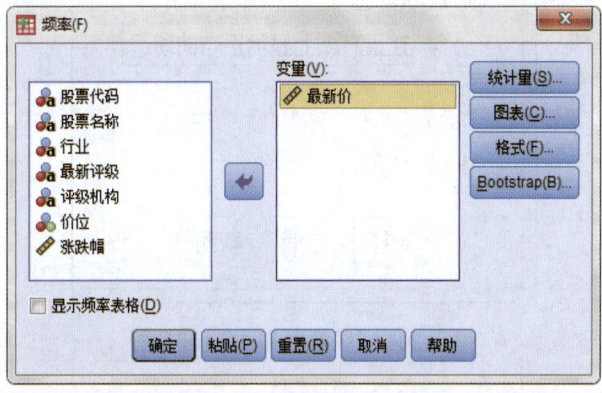

图5-19 【对"最新价"进行频率分析】步骤图

步骤 3：单击【统计量】按钮进入其对话框，如图 5-20 所示。我们可以看到，该对话框分为四个部分，因为是做演示，所以这里我们把大部分的选项都选上。在实际应用中可以根据自己的需要选择统计量，通常情况下，定距和定比数据的描述应至少提供均值和标准差两个统计量。完成选择后，单击【继续】按钮回到主对话框。

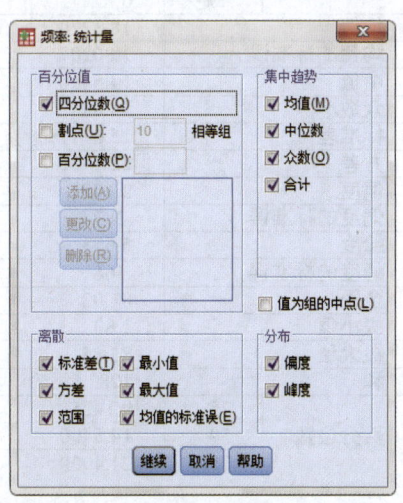

图5-20 【设置频率统计量】步骤图

步骤4：单击【图表】按钮进入其对话框，需要选择适用于分析目标变量的图表，因为定距和定比数据可以用直方图来描述，所以这里选择【直方图】选项，并选中其下方【在直方图上显示正态曲线】复选框，如图5-21所示。单击【继续】按钮回到主对话框，最后单击【确定】按钮，提交系统分析，输出结果。

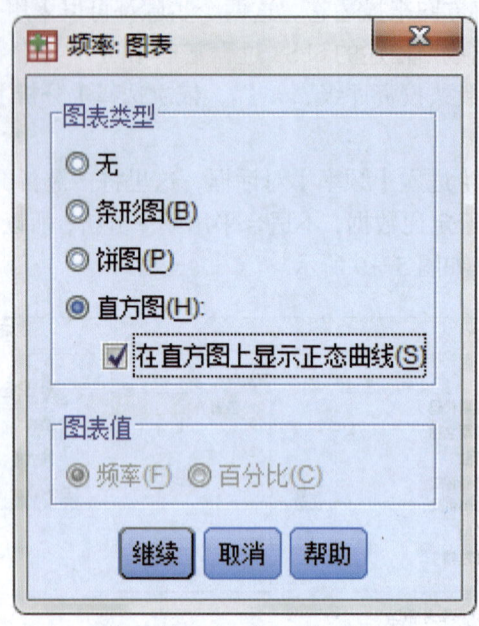

图5-21　【设置频率图表】步骤图

步骤5：结果解释。

（1）统计指标

从表5-3中我们可以看到这份数据有70个个案（样本），各种统计量的数值也都有列出。

表5-3　输出的统计指标

N	有效	70
	缺失	0
均值		18.3270
均值的标准误		1.80207
中值		14.5400
众数		14.88
标准差		15.07718
方差		227.322
偏度		2.175
偏度的标准误		.287
峰度		5.673
峰度的标准误		.566
全距		81.02
极小值		2.83
极大值		83.85
和		1282.89
百分位数	25	9.1425
	50	14.5400
	75	21.4000

（2）直方图

从图5-22中我们可以比较直观地看到"最新价"的分布状态。总体来说，该直方图呈现一种右偏态（正偏态）的分布趋势，即数值低的较多，数值大的较少，同时其最高点处显得较为陡峭。

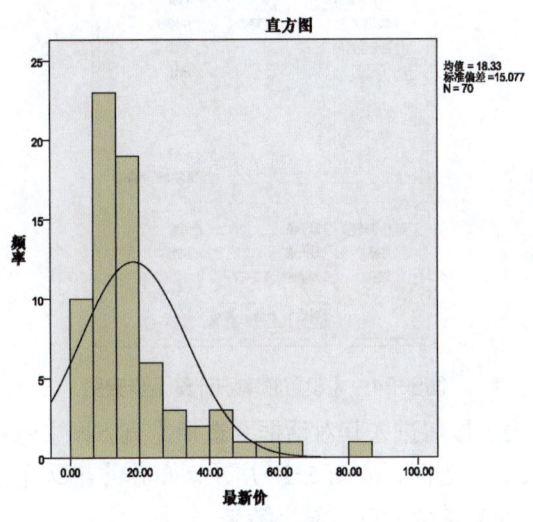

图5-22　输出的直方图

二、描述分析的 SPSS 过程

案例5-4：请写出数据"股票投资评级.sav"中"涨跌幅"的均值、标准差、峰度和偏度值，同时采用合适的图形描述该变量，最后根据以上信息初步判定【涨跌幅】的数据分布形态。

案例分析："涨跌幅"数据也属于定比变量，是连续性数据，这里需要找出其特殊的统计量，我们按照指示去完成即可。同时，还可以采用直方图对其进行描述。

步骤1：打开数据"股票投资评级.sav"，依次选择【分析】→【描述统计】→【频率】命令。

步骤2：单击【频率】进入其对话框，这里将"涨跌幅"放到右侧的【变量】框中，将【显示频率表格】复选框中的"√"去掉。如图5-23所示。

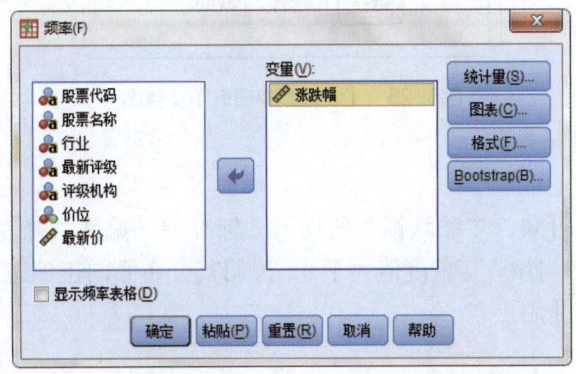

图5-23　【对"涨跌幅"进行频率分析】步骤图

步骤3：单击图5-23右上角的【统计量】进入其对话框，选中【均值】、【标准差】、【峰度】和【偏度】复选框，如图5-24所示，然后单击【继续】按钮回到主对话框。

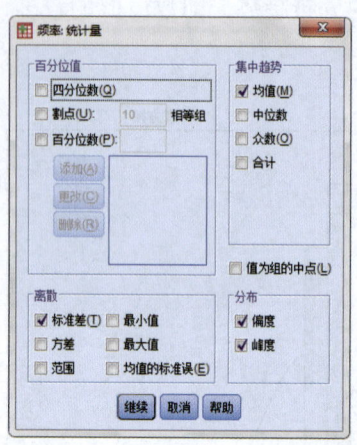

图5-24　【设置频率统计量】步骤图

步骤4：单击【图表】按钮进入其对话框，选择【直方图】选项，这次取消选中【在直方图上显示正态曲线】复选框，如图5-25所示。单击【继续】按钮回到主对话框，最后单击【确定】按钮，提交系统分析，输出结果。

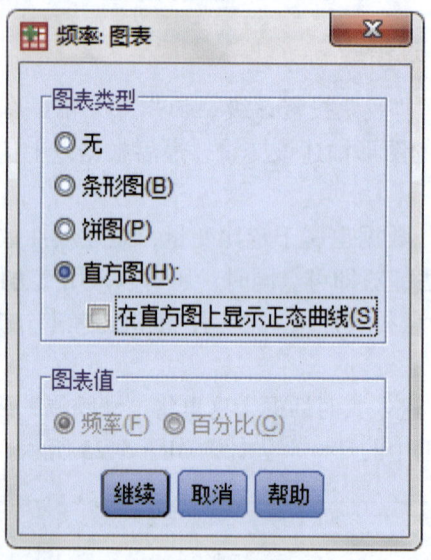

图5-25　【设置频率图表】步骤图

步骤5：结果解释。

（1）统计指标

从表5-4中我们可知，"涨跌幅"的均值、标准差、偏度、峰度分别为0.003061、0.0241250、2.826、9.414。其偏度值大于0，说明其分布倾向正偏态；其峰度值大于0，说明其分布峰度较为陡峭。

表5-4 输出的统计指标

N	有效	70
	缺失	0
均值		.003061
标准差		.0241250
偏度		2.826
偏度的标准误		.287
峰度		9.414
峰度的标准误		.566

（2）直方图

从图 5-26 中我们可以看出，"涨跌幅"变量的数据也同样没有能拟合成标准的正态分布，直方图显示其分布的峰度较为陡峭，倾向于正偏态。

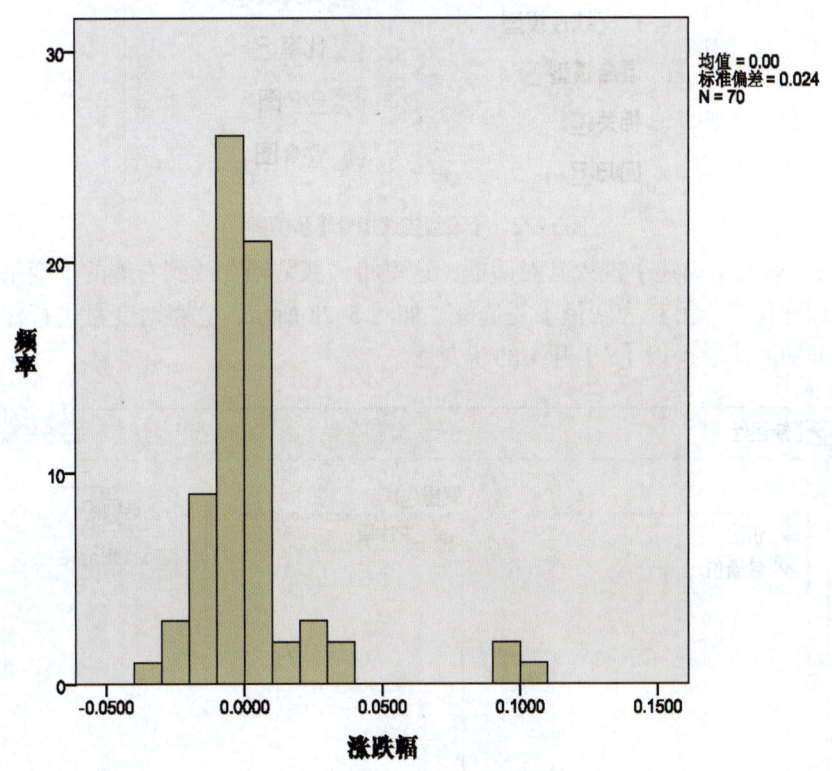

图5-26 输出的直方图

案例 5-5：利用数据"股票投资评级 .sav"回答下列问题。
（1）利用【描述】命令找出"涨跌幅"的均标准差、峰度和偏度值。
（2）将"涨跌幅"变量转化成标准分，并判断其是否有大于均值三个标准差的数据。
案例分析：问题（1）较为简单，用【频率】命令就可以完成，但是这里要求使用【描述】命令；问题（2）首先需要转标准分，其次还需要对特定的数值进行甄别，这里需要用到个案排序命令。

步骤1：打开数据"股票投资评级.sav"，依次选择【分析】→【描述统计】→【描述】命令。如图5-27所示。

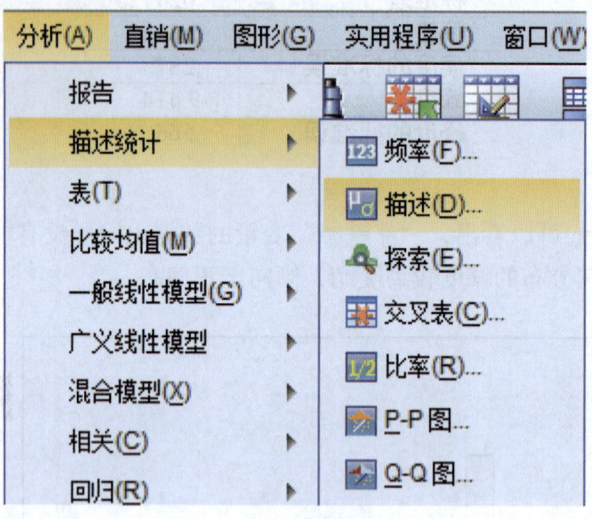

图5-27 【设置描述指令】步骤图

步骤2：单击【描述】进入其对话框，这里将"涨跌幅"放到右侧的【变量】框中，选中【将标准化得分另存为变量】复选框，如图5-28所示，它将对变量进行标准化，并且在原数据中生成一个以【Z】开头的新变量。

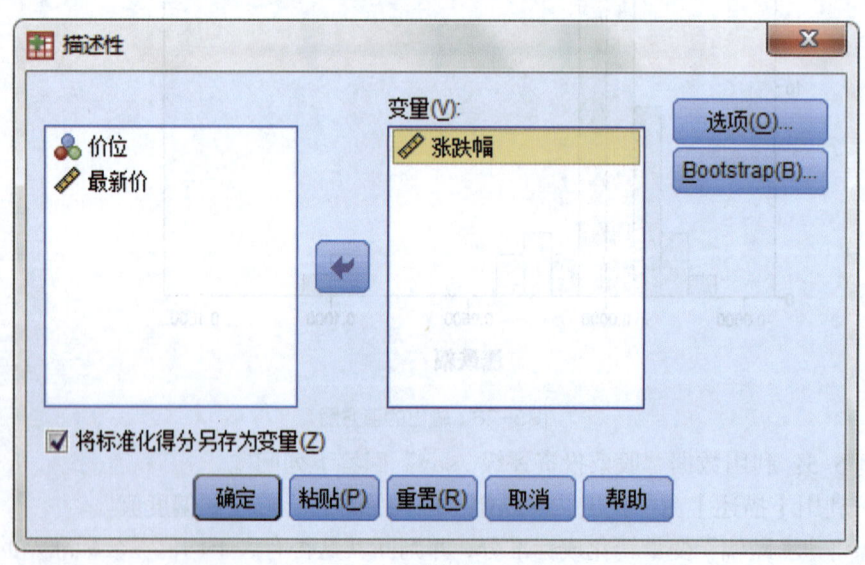

图5-28 【设置将标准化得分另存为变量】步骤图

步骤3：单击【选项】按钮进入其对话框，选中【均值】、【标准差】、【峰度】和【偏度】复选框，如图5-29所示。单击【继续】按钮回到主对话框，最后单击【确定】按钮，提交系统分析，输出结果。

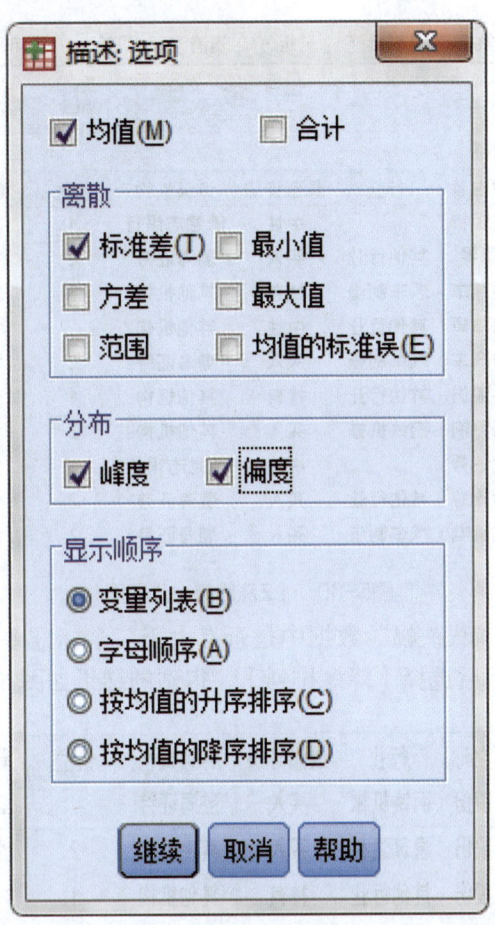

图5-29 【设置描述选项】步骤图

步骤4：结果解释。

（1）统计指标

从表5-5中我们可以看到涨跌幅的各项统计指标，它的结果和【频率】分析的结果是一致的，在此不再赘述。

表5-5 涨跌幅的各项统计指标

	N	均值	标准差	偏度		峰度	
	统计量	统计量	统计量	统计量	标准误	统计量	标准误
涨跌幅	70	.003061	.0241250	2.826	.287	9.414	.566
有效的N(列表状态)	70						

（2）生成图表

从图5-30中我们可知，原始数据的最右侧生成了一列新的变量，即【Z涨跌幅】，它就是标准化了的【涨跌幅】。

文件(F)　编辑(E)　视图(V)　数据(D)　转换(T)　分析(A)　直销(M)　图形(G)　实用程序(U)　窗口(W)　帮助

1：股票代码　000001

	股票代码	股票名称	行业	最新评级	评级机构	价位	最新价	涨跌幅	Z涨跌幅
1	000001	平安银行		中性	德意志银行	1	9.15	-.0011	-.17249
2	000430	张家界	其他行业	买入	渤海证券	2	12.64	-.0156	-.77353
3	000550	江铃汽车	汽车制造	持有	其他机构	3	29.25	.0086	.22958
4	000558	莱茵体育	其他行业	中性	其他机构	.	14.88	-.0165	-.81084
5	000625	长安汽车	汽车制造	买入	渤海证券	2	15.43	-.0115	-.60358
6	000656	金科股份	其他行业	持有	其他机构	1	5.31	.0994	3.99330
7	000708	大冶特钢	钢铁机械	买入	其他机构	2	12.12	-.0033	-.26369
8	000776	广发证券		中性	德意志银行	2	16.13	-.0104	-.55799
9	000978	桂林旅游	其他行业	买入	渤海证券	2	11.95	.0188	.65237
10	002013	中航机电	汽车制造	买入	渤海证券	2	17.49	.0234	.84305

图5-30　【Z涨跌幅】步骤图

因为题目要求回答“涨跌幅”数据中是否有大于三个标准差的数据，所以可以右击变量名“Z 涨跌幅”，然后选择【降序排列】。得到的结果如图 5-31 所示。

	股票代码	股票名称	行业	最新评级	评级机构	价位	最新价	涨跌幅	Z涨跌幅
1	300210	森远股份	钢铁机械	买入	渤海证券	.	21.34	.1000	4.01817
2	002375	亚厦股份	建筑建材	买入	其他机构	2	12.80	.0997	4.00574
3	000656	金科股份	其他行业	持有	其他机构	1	5.31	.0994	3.99330
4	002482	广田集团	建筑建材	持有	广发证券	1	9.62	.0378	1.43994
5	002480	新筑股份	钢铁机械	买入	渤海证券	2	13.33	.0317	1.18709

图5-31　【降序排列】效果图

【探索】模块的功能实际上是前面频率分析和描述性统计功能的整合，目的是帮助我们在正式进入数据统计分析之前，大致了解数据的集中趋势、离散趋势、分布形态、极端值等。

除了输出常见的均值、标准差、中位数等统计量之外，还输出了其特有的几个结果：95%的修整均值、极端值、正态性检验以及茎叶图、箱图等。

三、数据探索分析的 SPSS 过程

案例 5-6：请对数据“股票投资评级 . sav”中“最新价”做数据探索性分析。

案例分析：探索性分析一般是针对连续性变量的，所以对于探索的变量先分析一下它的属性是很有必要的，这和其他描述统计命令的思路一致，“最新价”属于连续变量，符合基本要求。

步骤 1：打开数据“股票投资评级 . sav”，依次选择【分析】→【描述统计】→【探索】命令。如图 5-32 所示。

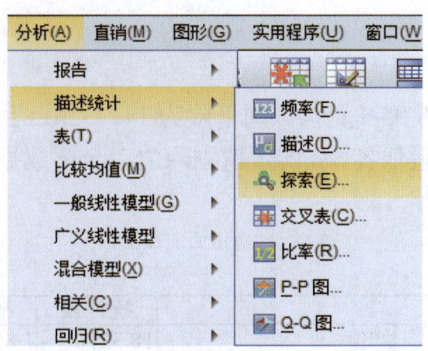

图5-32 【设置探索分析】步骤图

步骤2：单击【探索】进入其对话框，将左侧变量列表中要分析的变量放入右侧【因变量列表】框中，这里将"最新价"放进框中。如图5-33所示。

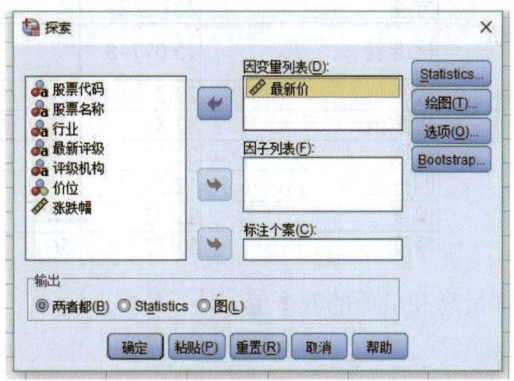

图5-33 【将"最新价"放入因变量列表】步骤图

步骤3：单击【统计量】按钮进入其对话框，如下方左图所示。单击【继续】按钮回到主对话框。再单击【绘图】按钮进入其对话框，如图5-34所示。本例选择系统默认的设置，即【茎叶图】。单击【继续】按钮回到主对话框，最后单击【确定】按钮，提交系统分析，输出结果。

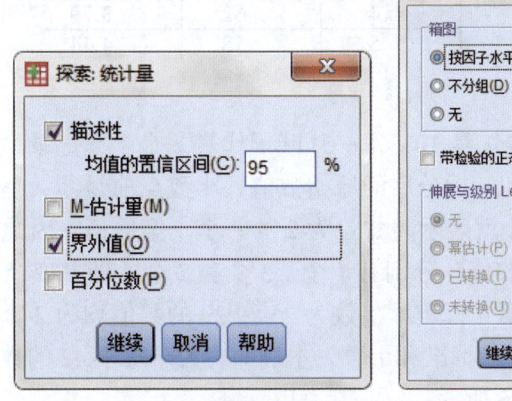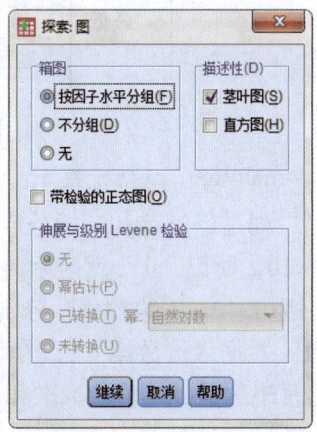

图5-34 【设置探索统计量与图】示意图

步骤4：结果解释。

（1）统计量

由表5-6可知，均值的95%置信区间下限为14.7320，上限为21.9220。5%的修整均值是将变量数据最高和最低各5%的数值剔除之后余下数据的平均值，其目的是降低极端值对算术平均数的影响。

表5-6 输出的统计指标

			统计量	标准误
最新价	均值		18.3270	1.80207
	均值的95%置信区间	下限	14.7320	
		上限	21.9220	
	5%修整均值		16.5129	
	中值		14.5400	
	方差		227.322	
	标准差		15.07718	
	极小值		2.83	
	极大值		83.85	
	范围		81.02	
	四分位距		12.26	
	偏度		2.175	.287
	峰度		5.673	.566

表5-7列出了该数据最高和最低的五个值。

表5-7 最高最低的统计指标

			案例号	值
最新价	最高	1	15	83.85
		2	31	66.54
		3	25	56.98
		4	26	47.86
		5	69	45.47
	最低	1	48	2.83
		2	53	3.15
		3	65	3.40
		4	62	3.79
		5	58	4.44

（2）茎叶图

该茎叶图的茎的宽度（单位）是10，每一片叶子代表一个个案记录。第一列是原始数值的频数，第二列是经过茎和叶拆分后的原始数值，小数点前是茎，小数点后是叶。由于茎的宽度是10，所以，0.2就表示整数位为2的一个个案数值。因此，数据区第一行表示整数分别为2、3、4的数值，分别有1个、3个和2个，即共6个数值，和第一列的频数6一致。数据区倒数第4行表示整数为25和29的数值均为2个，共有4个。数据区最后一行呈现的是极端值的标准和个数，本例即为大于等于42的数值被系统认定为极端值，共有7个。如图5-35所示。

```
最新价  Stem-and-Leaf  Plot

Frequency        Stem &    Leaf

     6.00          0 .    233344
    15.00          0 .    555567788899999
    16.00          1 .    0001122222233444
    15.00          1 .    555566666778889
     4.00          2 .    1114
     4.00          2 .    5599
     2.00          3 .    14
     1.00          3 .    7
     7.00   Extremes      (>=42)

Stem width:       10.00
Each leaf:         1 case(s)
```

图5-35　最新价茎叶图

（3）箱图

箱图是一种可以将原始数据的数值与频率分布大致呈现的统计图。箱体的上下两边分别对应上四分位数（Q3，即百分等级75对应的数值）和下四分位数（Q1，即百分等级25对应的数值）。如图5-36所示。

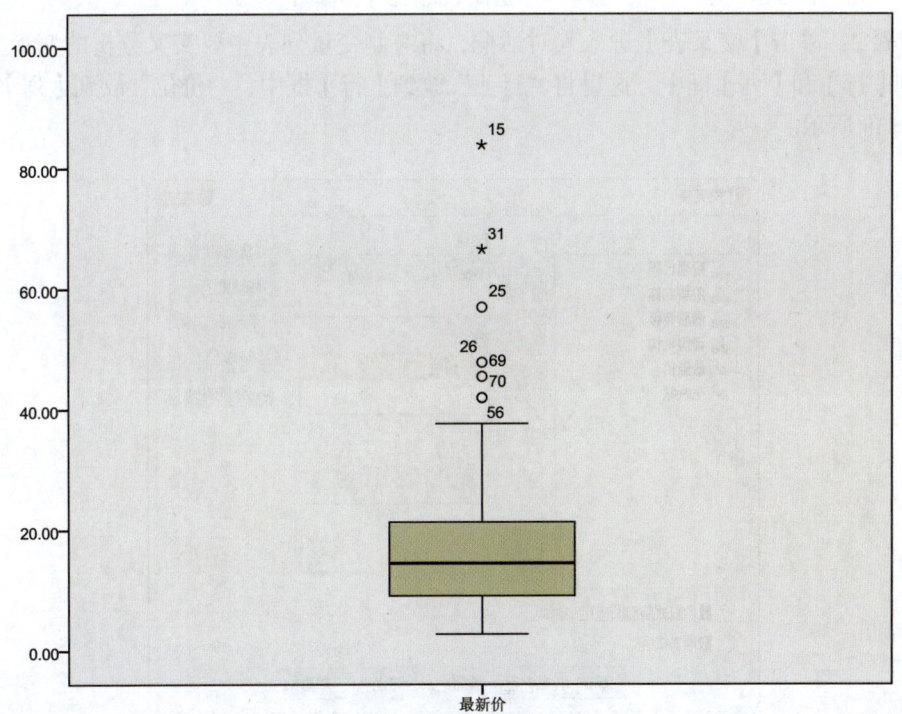

图5-36　最新价箱图

四、交叉表分析的 SPSS 过程

案例 5-7：利用数据"股票投资评级.sav"回答下列问题。
（1）金融行业中，低价位的股票有多少只？
（2）金融行业中的这些低价位股票占金融行业股票总数多大比例？

案例分析：这是一个典型的交叉分析问题，只要将"行业"和"价位"两个变量进行交叉就可以解决问题了。

步骤 1：打开数据"股票投资评级.sav"，依次选择【分析】→【描述统计】→【交叉表】命令。如图 5-37 所示。

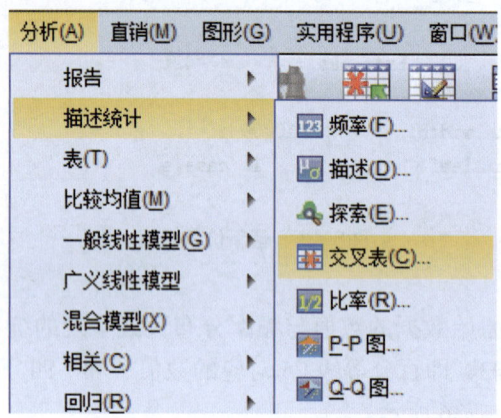

图5-37　选择【交叉表】步骤图

步骤 2：单击【交叉表】进入其对话框，将左侧变量列表中要交叉分析的变量分别放入右侧【行】和【列】框中，这里将"行业"放到【行】框中，"价位"放到【列】框中。如图 5-38 所示。

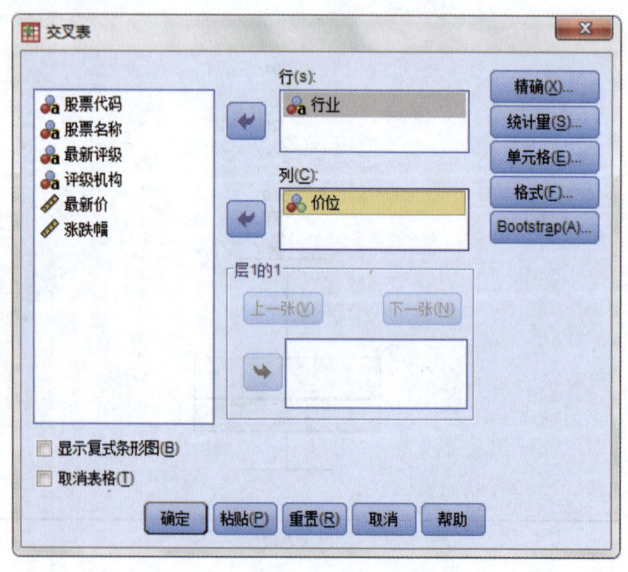

图5-38　设置【交叉表】步骤图

步骤 3：单击【统计量】按钮进入其对话框。如果需要对行变量和列变量的相关性进行统计检验，可以选择【卡方】，输出卡方值及其显著性水平。本例选中【卡方】复选框，如图 5-39 所示，然后单击【继续】按钮回到主对话框。

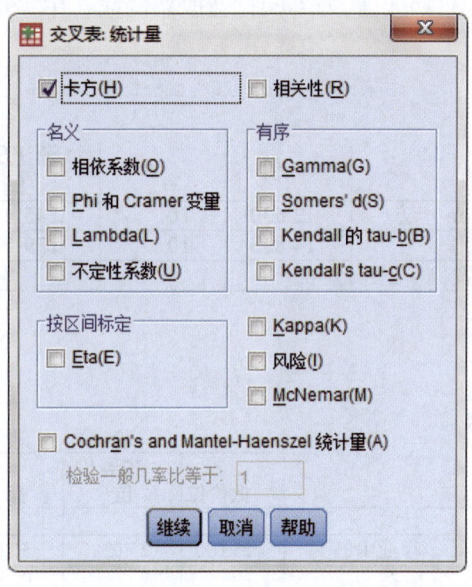

图5-39　设置【交叉表-卡方】步骤图

步骤 4：单击【单元格】按钮进入其对话框。【单元格】用于输出行变量和列变量交叉组合的类别统计结果，包括观察值或期望值的计数、行和列的百分比、标准化与非标准化的残差等。根据题目的要求，本例选中【行】复选框，如图 5-40 所示。单击【继续】按钮回到主对话框，最后单击【确定】按钮，提交系统分析，输出结果。

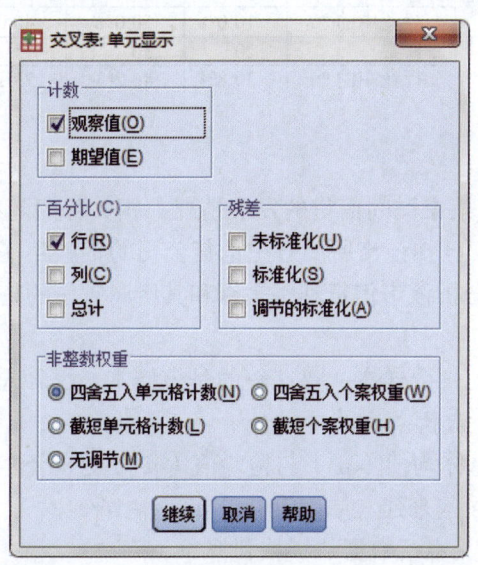

图5-40　设置【交叉表-单元显示】步骤图

步骤5：结果解释。

（1）相关性检验

如表5-8所示，卡方值为12.630，自由度（df）为10，显著性水平（渐进Sig.）p=0.245＞0.05，因此，我们可以认为不同行业股票的高、中、低价位分布（或构成）没有显著性差异。

表5-8 输出的相关性检查表

	值	df	渐进Sig.(双侧)
Pearson 卡方	12.630[a]	10	.245
似然比	14.813	10	.139
有效案例中的N	65		

（2）交叉表分析

表5-9 输出的交叉表分析表

			价位			合计
			低价位	中等价位	高价位	
行业		计数	1	1	2	4
		行业中的 %	25.0%	25.0%	50.0%	100.0%
	钢铁机械	计数	3	7	0	10
		行业中的 %	30.0%	70.0%	.0%	100.0%
	建筑建材	计数	4	3	3	10
		行业中的 %	40.0%	30.0%	30.0%	100.0%
	金融行业	计数	9	7	3	19
		行业中的 %	47.4%	36.8%	15.8%	100.0%
	其他行业	计数	2	7	3	12
		行业中的 %	16.7%	58.3%	25.0%	100.0%
	汽车制造	计数	1	5	4	10
		行业中的 %	10.0%	50.0%	40.0%	100.0%
合计		计数	20	30	15	65
		行业中的 %	30.8%	46.2%	23.1%	100.0%

五、单样本T检验

案例5-8：为了了解某市民间信贷的发展情况，相关部门随机抽取了该市某年30家信贷公司的贷款年利率。已知该市所属省份信贷公司的贷款年平均利率为16%，试利用数据"贷款利率.sav"分析该市信贷利率是否和其所属省份的贷款利率一致。

案例分析：

（1）该数据只涉及到一个样本，要比较的是该样本与已知总体均值的差异，因此可以选择单样本T检验进行分析。

（2）建立原假设：总体均值（μ）与检验值（μ_0）之间不存在显著差异（贷款年平均利率为16%），根据设问来建立原假设 $H_0: \mu = \mu_0 = 16\%$。

步骤1：打开数据，见本章数据"贷款利率.sav"。

步骤2：数据录入后，依次选择【分析】→【比较均值】→【单样本T检验】命令。如图5-41所示。

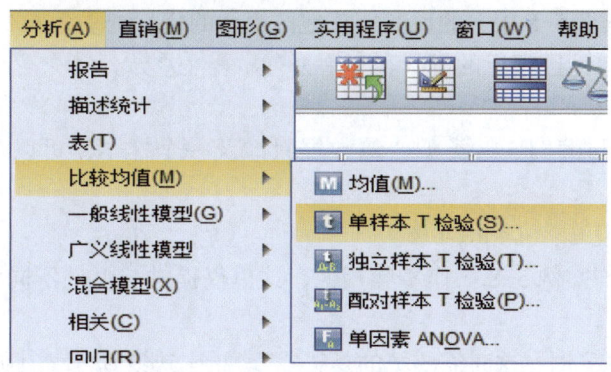

图5-41 设置【单样本T检验】步骤图

步骤3：单击【单样本T检验】进入其对话框，把"年利率"添加到右侧【检验变量】框中，在【检验值】文本框中输入16，如图5-42所示，其他选项保持系统默认状态。最后单击【确定】按钮，提交系统分析。

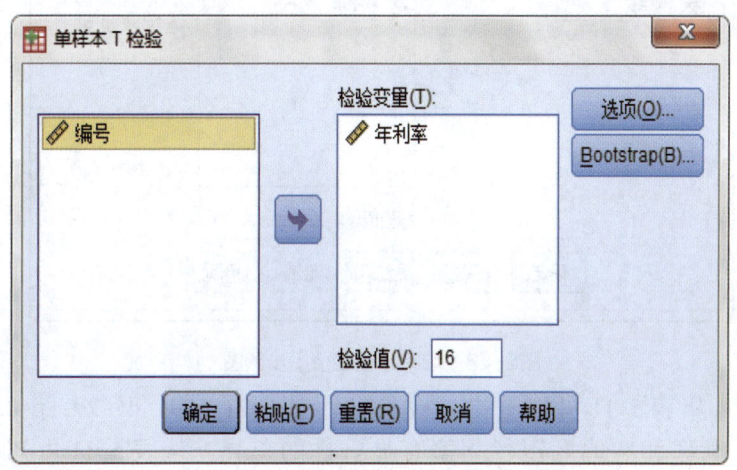

图5-42 将【年利率加入到检测变量中】步骤图

步骤4：结果解释。

由表5-10可知，t统计量为1.364，自由度df=29（n－1=30－1），"Sig.（双侧）"表示进行的是双侧检验，这里t的显著性检验p值为0.183，即p=0.183>0.05，所以接受原假设H_0，即认为该市信贷公司贷款利率和该省的贷款利率没有显著性区别。如果p<0.05，则拒绝原假设H_0，认为两者存在显著性差异。

表5-10 输出的年利率统计结果

	N	均值	标准差	均值的标准误
年利率	30	16.676 7	2.716 32	.495 93

	检验值 = 16				差分的 95% 置信区间	
	t	df	Sig.(双侧)	均值差值	下限	上限
年利率	1.364	29	.183	.676 67	－.337 6	1.691 0

案例 5-9：在案例 5-8 中，假设当年该地区银行的贷款利率为 6%，试检验该市信贷公司的贷款利率和该地区银行的贷款利率是否有显著性差异。

案例分析：

（1）案例 5-9 与案例 5-8 类似，该数据只涉及一个样本，可以采用单样本 T 检验进行分析。

（2）建立原假设 H_0：$\mu = \mu_0 = 6\%$。

因为案例 5-9 与案例 5-8 操作步骤相似，这里仅提供与上例不同的步骤与结果解释加以分析。

在选择"检验值"时，这时需要填的是"6"，如图 5-43 所示，其他步骤和上例相同，在此省略。

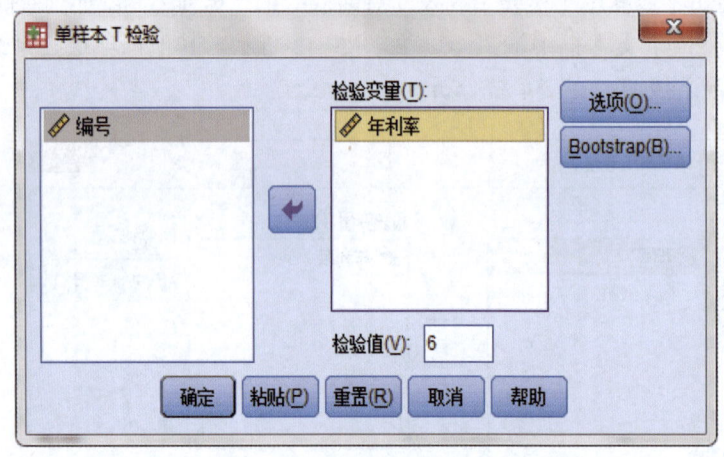

图5-43 填写【检验值】步骤图

结果解释：从表 5-11 可以看出，检验统计量 t=21.529，df=29，p=0.000<0.05，说明该市信贷利率和本地区银行利率有显著性的差异。从表 5-11 可知样本均值为 16.6767%，而本地区银行利率为 6%，说明该市信贷利率要显著高于本地区银行利率。

表5-11 输出的年利率统计结果

	N	均 值	标准差	均值的标准误
年利率	30	16.676 7	2.716 3 2	.495 93

	检验值 = 6				
	t	df	Sig.(双侧)	均值差值	差分的 95% 置信区间	
					下限	上限
年利率	21.529	29	.000	10.67667	9.6624	11.6910

六、两独立样本 T 检验

案例 5-10：为研究分析 ST 公司与非 ST 公司净利润是否存在显著差异，交易所随机抽查了 30 家 ST 和非 ST 公司，收集了它们的相关数据。请利用本章数据"ST 和非 ST 公司.sav"，试分析两者净利润是否存在显著性差异。

案例分析：该数据包括了 ST 公司与非 ST 公司两个样本的数据，题目想研究两个样本背后的总体是否有显著性的差距，因为这两类公司是相互独立的，因此可用两独立样本 T 检验进行分析。

步骤 1：打开本章数据 "ST 和非 ST 公司.sav"。

步骤 2：数据录入后，依次选择【分析】→【比较均值】→【独立样本 T 检验】命令。如图 5-44 所示。

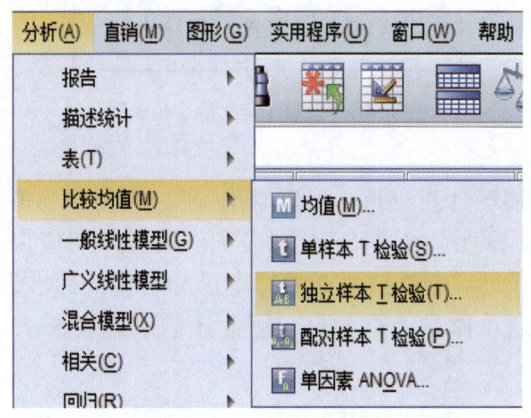

图5-44　选择【独立样本T检验】步骤图

步骤 3：单击【独立样本 T 检验】进入【独立样本 T 检验】对话框。以"净利润"为检验变量，"ST 类型"为分组变量，所以分别把"净利润"添加到【检验变量】框中，把【ST 类型】添加到【分组变量】框中。如图 5-45 所示。

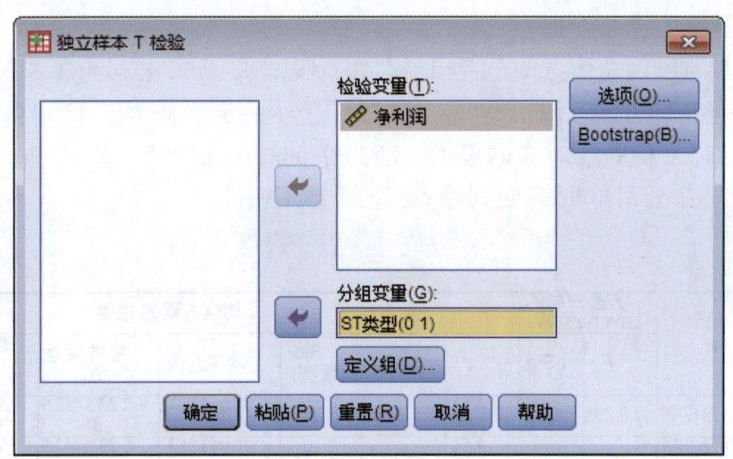

图5-45　设置【独立样本T检验】步骤图

单击【定义组】按钮，出现如图 5-46 所示的对话框，在【使用指定值】下输入之前定义【ST 类型】的数值，"0"表示"非 ST 公司"，"1"表示"ST 公司"，所以分别输入"0"和"1"。如果依次输入的是"1"和"0"也是可以的，只不过在输出结果部分这两种方式的 t 统计量一个为正值，另一个为负值而已，但是它们的绝对值相等，所得结论也是一样的。单击【继续】按钮回到主界面，其他选项默认，最后单击【确定】按钮，提交系统分析。

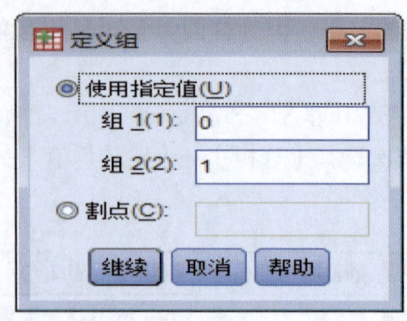

图5-46 设置【定义组】步骤图

步骤4：结果解释。

表5-12是基本描述统计量分析，可以看出ST公司利润均值为 -2 233.096 7万元，标准差为3 766.591 72万元，而非ST公司净利润的样本均值为7 830.886 7万元，标准差为7 778.358 02万元，还包括两者的样本量和均值的标准误。我们需要用这些信息验证两个样本各自的总体是否有差异，因此还需利用表5-12进行分析，分以下两步进行。

表5-12 输出的净利润统计结果（1）

	ST类型	N	均值	标准差	均值的标准误
净利润	非ST公司	15	7 830.886 7	7 778.358 02	2 008.363 41
	ST公司	15	-2 233.096 7	3 766.591 72	972.529 80

（1）判断两者方差是否相等

利用F检验判断两总体方差是否相等，其原假设 H_0 为ST公司与非ST公司净利润方差没有显著差异（即方差近似相等），表述为 H_0：$\sigma_0 = \sigma_1$。由表5-13可以看出，F检验统计量为8.295，F检验所对应的概率p值为0.008，p=0.008 < 0.05时，拒绝原假设 H_0，即可以认为ST公司与非ST公司净利润的方差不相等。

表5-13 输出的净利润统计结果（2）

		方差方程的Levene检验		均值方程的t检验					差分的95%置信区间	
		F	Sig.	t	df	Sig.(双侧)	均值差值	标准误差值	下限	上限
净利润	假设方差相等	8.295	.008	4.510	28	.000	10 063.983 33	2 231.442 98	5 493.079 59	14 634.887 07
	假设方差不相等	—		4.510	20.223	.000	10 063.983 33	2 231.442 98	5 412.570 08	14 715.396 59

（2）判断两总体均值是否有差异

前面已经证明ST公司与非ST公司净利润的方差不相等，这时选择"假设方差不相等"那一行的数据进行两独立样本T检验；如果遇到两样本方差相等的情况，则选择第一行的数据进行分析。此时可以看出，p=0.008 < 0.05时，拒绝原假设 H_0，因此，可以认为ST公司与非ST公司净利润均值有显著差异。

T检验在这里是双侧检验，只能告诉我们两总体是否有差异，如果想要判断两总体均值孰高孰低,这时可以参考步骤4表中的均值表中显示ST公司的净利润为7 830.8867万元,而非ST公司的净利润为-2 233.0967万元,由此可以判断ST公司的净利润要显著高于非ST公司。

七、两配对样本T检验

案例5-11:为考察某地区精准扶贫的成效,采用抽样调查的方法,收集到该地区20户村民在扶贫前后的家庭年收入。利用数据"扶贫效果.sav",试推断该地区的扶贫措施是否有成效。

案例分析:农户扶贫前后年收入数据,属于前后两种状态的对比分析,数据只涉及一个样本,所以可用两配对样本T检验进行分析。

步骤1:打开本章数据"扶贫效果.sav"。

步骤2:数据录入后,依次选择【分析】→【比较均值】→【配对样本T检验】命令。如图5-47所示。

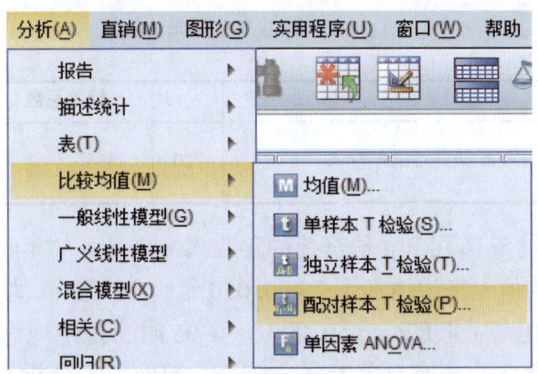

图5-47 选择【配对样本T检验】步骤图

步骤3:单击【配对样本T检验】进入其对话框,如图5-48所示。把"扶贫前年收入"和"扶贫后年收入"添加到"成对变量"中,因为案例中只涉及一对变量,所以只要添加到"对""1"中便可。如果需要配对的不止1对,那么只要重复刚才的步骤便可以完成要求。最后单击【确定】按钮,提交系统分析。

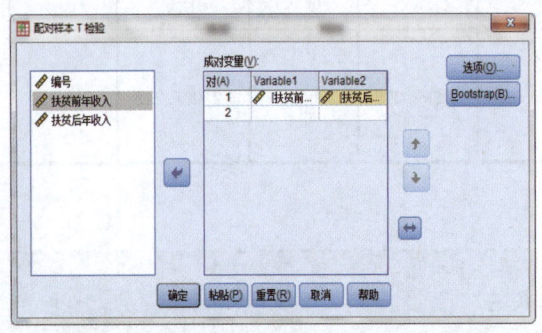

图5-48 设置【配对样本T检验】步骤图

步骤4:结果解释。

表 5-14 包括如下统计量：扶贫前后年收入的均值、标准差以及均值标准误。初步看扶贫前的年收入与扶贫后的年收入均值有较大差异，扶贫前年收入的均值为 7 930.90 元，扶贫后年收入的均值为 9 330.95 元。但是我们研究的目的不是这 20 家农户的扶贫情况，而是利用这 20 户家庭的信息推测整个扶贫的效果，所以需要进行假设检验。

表5-14 扶贫前后年收入统计表

		均值	N	标准差	均值的标准误
对 1	扶贫前的年收入	7 930.90	20	2 083.776	465.946
	扶贫后的年收入	9 330.95	20	2 352.010	525.926

步骤 4【续】：如表 5-15 所示，从第三列可看出扶贫前年收入与扶贫后年收入的相关系数为 0.836，第四列相关系数检验的概率 p 值为 0.000，小于 0.05，表明扶贫前的年收入与扶贫后的年收入有较强的相关性。

表5-15 扶贫前后年收入相关数据

		N	相关系数	Sig.
对 1	扶贫前的年收入 & 扶贫后的年收入	20	.836	.000

步骤 4【续】：由表 5-16 可知，扶贫前的年收入 – 扶贫后的年收入 = – 1 400.050 元，说明扶贫后的收入从均值上来说增加了 1 400.050 元，自由度 df 为 19（n – 1=20 – 1），t 检验统计量的观测值为 – 4.826，p=0.000 < 0.05 时，拒绝原假设 H_0。可以看出扶贫前年收入与扶贫后年收入均值有显著差异，结合之前的数据分析，也可以判断扶贫后的收入显著大于扶贫前的收入。

表5-16 扶贫前后收入相关统计数据表

		成对差分					t	df	Sig.（双侧）
		均值	标准差	均值的标准误	差分的95%置信区间				
					下限	上限			
对 1	扶贫前的年收入 - 扶贫后的年收入	-1 400.050	1 297.378	290.103	-2 007.242	-782.858	-4.826	19	.000

课后问题与作业练习

➢ 简述 SPSS 基本操作。

第六单元　运用数据工具分析财务数据

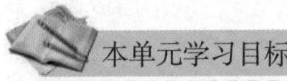

本单元学习目标

1. 模拟运算表的应用；
2. 掌握回归分析基本概念和基本操作；
3. 利用Excel进行工资分析和移动平均分析。

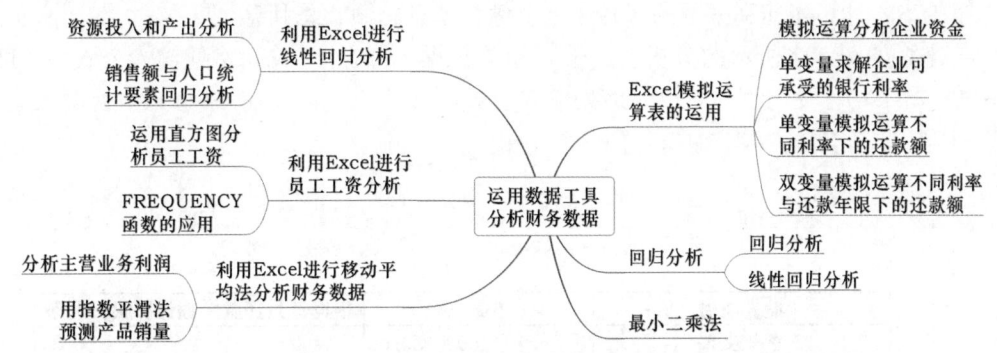

图6-1　本单元思维导图

第一节　Excel模拟运算表的运用

一、模拟运算分析企业资金

模拟运算表是在一个单元格区域中通过一个或多个模拟运算设定，应用Excel本身公式，显示一个或多个公式中替换不同值时的结果。有两种类型的模拟运算表：单变量模拟运算表和双变量模拟运算表。单变量模拟运算表中，用户可以对一个变量键入不同的值从而查看它对一个或多个公式的影响。双变量模拟运算表中，用户对两个变量输入不同值，而查看它对一个公式的影响。

模拟运算分析一般可以称之为假设分析，假设分析就是求解当某一个或几个变量变动时会对结果产生怎么样的影响。我们当然可以把变量的值一次又一次地代入进行计算，但是更方便的方法就是用模拟运算表。但模拟运算表也有它的局限性，它可以容纳的变量最多是2个。对于模拟运算表我们可以用y=f（x）或者是y=f（a,b）来理解。其中x，a，b都是变量，f表示的是最终的值和变量直接的关系。通过最终值和变量的直接关系先计算第一次数据，然后将关系式引入到模拟运算表中即可进行下一步的分析，至于变量是怎么样通过关系f连接到结果y的就是Excel的事情了。

二、单变量求解企业可承受的银行利率

变量求解就是模拟运算表的逆运算，它可以在已知结果的情况下推测出形成该结果的原因。Excel 中的变量求解主要包括单变量求解和规划求解两种。其中，单变量求解是已知公式的预期结果，用于确定此公式结果的一个未知输入值；规划求解是一组命令的组成部分，即通过更改单元格中的值来查看其对工作表的影响。下面通过实例讲解如何利用 Excel 单变量求解企业可承受的银行利率。

某企业需要建造一个厂房A，计划向银行申请一笔本金1100万元、期限10年、等额分期付款的贷款。目前银行贷款利率为4.90%，企业预估每月可还款金额的上限为15万元。求企业可承受的最高银行利率。

第1步：计算当前利率下的每月还款金额、本息总额、总利息

①建立如图 6-2 所示的分析表，输入相关数据；②在 C7 单元格处输入公式"=-PMT（C6/12,C5,C4）"；③在 C8 单元格处输入公式"=C7*C5"；④在 C9 单元格处输入公式"=C8-C4"；⑤按 Enter 键输出各公式的结果。

	A	B	C	D	E
1		单变量求解分析企业可承受的银行利率			
2					
3		投资项目	厂房A	根据每月还款金额计算银行利率	
4		贷款金额	¥11,000,000.00		
5		贷款期限（以月为单位）	120		
6		银行利率	4.90%		
7		每月还款金额	=-PMT(C6/12,C5,C4)		
8		本息总额	=C7*C5		
9		总利息	=C8-C4		

（1）

	A	B	C	D
1		单变量求解分析企业可承受的银行利率		
2				
3		投资项目	厂房A	根据每月还款金额计算银行利率
4		贷款金额	¥11,000,000.00	
5		贷款期限（以月为单位）	120	
6		银行利率	4.90%	
7		每月还款金额	¥116,135.14	
8		本息总额	¥13,936,216.20	
9		总利息	¥2,936,216.20	

（2）

图6-2 【计算当前利率下的每月还款金额、本息总额、总利息】步骤图

小提示：PMT 函数即年金函数，基于固定利率及等额分期付款方式，返回贷款的每期付款额。其语法为"PMT（Rate,Nper,Pv,Fv,Type）"，其中：

Rate 为贷款利率（期利率）；

Pv 为本金；

Nper 为该项贷款的付款总期数（总年数或还租期数）；

Fv 为未来值（余值），或在最后一次付款后希望得到的现金余额，如果省略 Fv，则假设其值为零，也就是一笔贷款的未来值为零；

Type 为数字 0 或 1，用以指定各期的付款时间是在期初还是期末。1 代表期初（先付：每期的第一天付），不输入或输入 0 代表期末（后付：每期的最后一天付）。

使用 PMT 函数应确认所指定的 Rate 和 Nper 单位的一致性。例如，同样是四年期年利率为 12% 的贷款，如果按月支付，Rate 应为 12%/12，Nper 应为 4×12；如果按年支付，Rate 应为 12%，Nper 为 4。

第 2 步：根据每月还款金额上限计算企业可承受的银行利率

①将 C4:C9 单元格区域的数据复制到 D4:D9 单元格区域；②选中 D7 单元格，选择【数据】选项卡，单击【数据工具】命令组中的【模拟分析】按钮；③在弹出的下拉菜单中选择【单变量求解】；④在弹出的对话框中，【目标值】输入还款金额上限"150000"，【可变单元格】选择 D6；⑤单击【确定】按钮，等待输出结果。如图 6-3 所示。

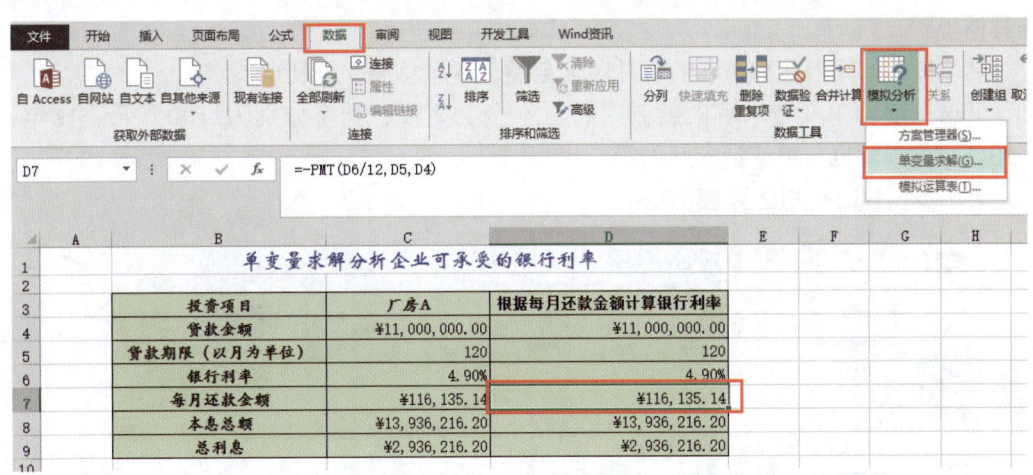

（1）

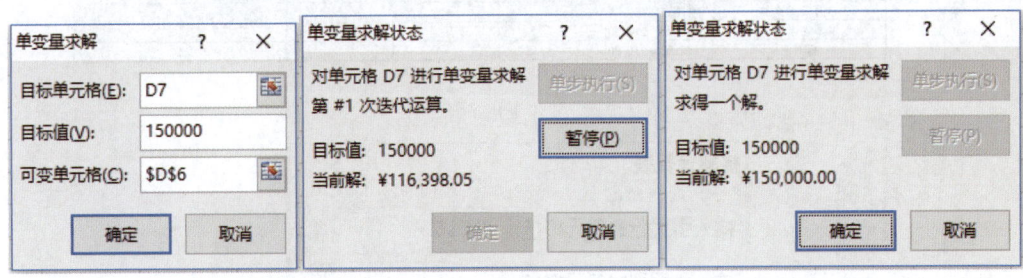

（2）

图 6-3 【计算企业可承受的银行利率】步骤图

第 3 步：查看最终结果

如图 6-4 所示。

	A	B	C	D
1		单变量求解分析企业可承受的银行利率		
3		投资项目	厂房A	根据每月还款金额计算银行利率
4		贷款金额	¥11,000,000.00	¥11,000,000.00
5		贷款期限（以月为单位）	120	120
6		银行利率	4.90%	10.75%
7		每月还款金额	¥116,135.14	¥150,000.00
8		本息总额	¥13,936,216.20	¥18,000,000.00
9		总利息	¥2,936,216.20	¥7,000,000.00

图6-4 最终效果图

从运算结果可知，企业可承受的最高银行利率为 10.75%。

三、单变量模拟运算不同利率下的还款额

单变量模拟运算表主要用来分析当其他因素不变时，一个参数的变化对目标值的影响。下面介绍使用单变量模拟运算表根据不同的银行利率计算并显示每个月的还款金额的具体步骤。

第1步：计算当前利率下的每月还款金额、本息总额、总利息

仍采用前面单变量求解的背景资料。本金、期限、利率分别为1100万元、10年、4.90%。此步骤也与单变量求解的第一步相同。

第2步：执行模拟运算表命令

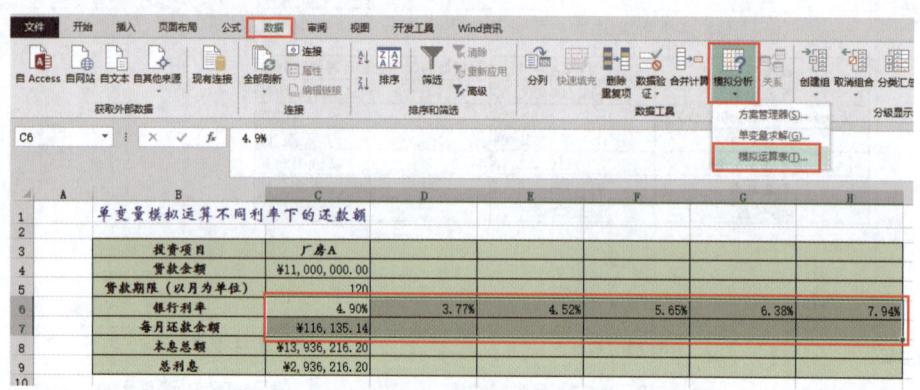

（1）

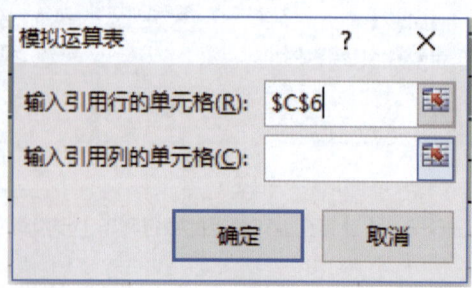

（2）

图6-5 【执行模拟运算表命令】步骤图

现在假设可能的贷款利率有 3.77%、4.52%、5.65%、6.38%、7.94%几种情况。

①选中单元格区域 C6:H7，选择【数据】选项卡，单击【数据工具】命令组中的【模拟分析】按钮；②在弹出的下拉菜单中选择【模拟运算表】；③在弹出的对话框中，因为不同的银行利率均位于第 6 行，因此需要调整【输入引用行的单元格】选项，在【输入引用行的单元格】选择初始利率的单元格 C6；④单击【确定】按钮，等待输出结果。如图 6-5 所示。

第 3 步：查看结果

此时，Excel 即可自动地将计算结果显示在相应的单元格中。对单元格区域 D7:H7 进行适当的格式设置，单变量模拟运算的最终结果如图 6-6 所示。

	A	B	C	D	E	F	G	H
1		单变量模拟运算不同利率下的还款额						
2								
3		投资项目	厂房A					
4		贷款金额	¥11,000,000.00					
5		贷款期限（以月为单位）	120					
6		银行利率	4.90%	3.77%	4.52%	5.65%	6.38%	7.94%
7		每月还款金额	¥116,135.14	¥110,171.21	¥114,108.33	¥120,198.15	¥124,232.20	¥133,111.86
8		本息总额	¥13,936,216.20					
9		总利息	¥2,936,216.20					

图6-6　最终效果图

在计算结果中，企业可以将银行利率发生变化时每月还款金额的变化和银行利率未变化时每月的还款金额进行对比，以分析银行利率对每月还款金额的影响。

四、双变量模拟运算不同利率与还款年限下的还款额

双变量模拟运算表主要用来分析当其他因素不变时，两个参数的变化对目标值的影响。下面介绍使用双变量模拟运算表计算不同利率和还款年限下的每个月的还款金额的具体步骤。

第 1 步：计算当前利率下的每月还款金额、本息总额、总利息

仍采用前面单变量求解的背景资料。本金、期限、利率分别为1100万元、10年、4.90%。此步骤也与单变量求解的第一步相同。

第 2 步：执行模拟运算表命令

现在假设可能的贷款利率有 3.77%、4.52%、5.65%、6.38%、7.94%几种情况，可能的还款期限（以月为单位）有 96、126、144、156、180 几种情况。

①在单元格B12处输入公式"=C7"；②选中单元格区域B12:G17，选择【数据】选项卡，单击【数据工具】命令组中的【模拟分析】按钮；③在弹出的下拉菜单中选择【模拟运算表】；④在弹出的对话框中，因为不同的还款期限均位于第12行，因此需要调整【输入引用行的单元格】选项，在【输入引用行的单元格】选择初始还款期限的单元格C5；⑤因为不同的贷款利率均位于第B列，因此需要调整【输入引用列的单元格】选项，在【输入引用列的单元格】选择初始利率的单元格C6；⑥单击【确定】按钮，等待输出结果。如图6-7所示。

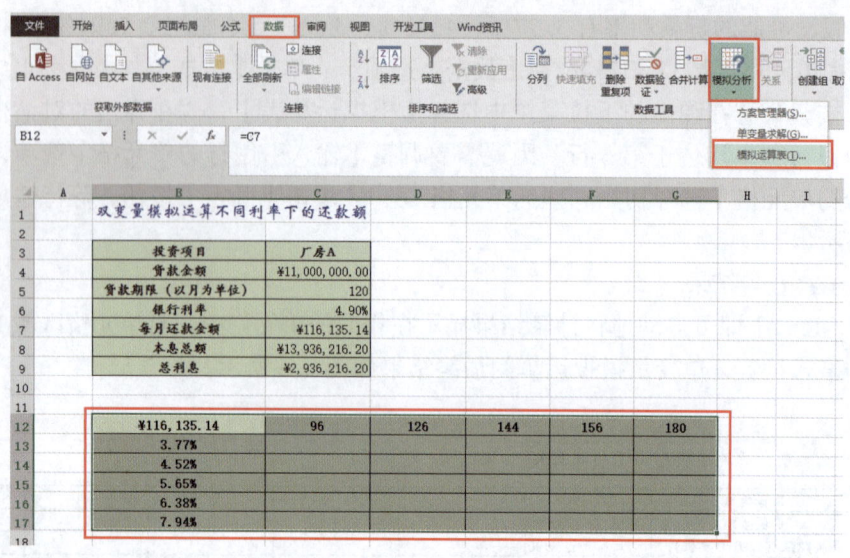

（1）

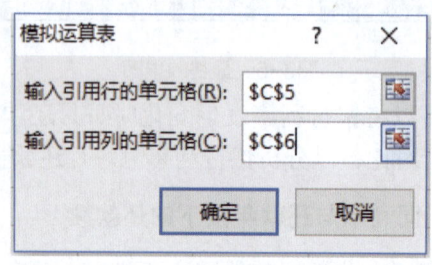

（2）

图6-7 【执行模拟运算表命令】步骤图

第3步：查看结果

此时，Excel即可自动地将计算结果显示在相应的单元格中。对单元格区域C13:G17进行适当的格式设置，双变量模拟运算的最终结果如图6-8所示。

	A	B	C	D	E	F	G
1		双变量模拟运算不同利率下的还款额					
2							
3		投资项目	厂房A				
4		贷款金额	¥11,000,000.00				
5		贷款期限（以月为单位）	120				
6		银行利率	4.90%				
7		每月还款金额	¥116,135.14				
8		本息总额	¥13,936,216.20				
9		总利息	¥2,936,216.20				
10							
11							
12		¥116,135.14	96	126	144	156	180
13		3.77%	¥132,908.29	¥105,853.07	¥95,084.39	¥89,306.31	¥80,103.66
14		4.52%	¥136,759.15	¥109,812.09	¥99,109.53	¥93,375.73	¥84,261.74
15		5.65%	¥142,688.38	¥115,942.43	¥105,361.75	¥99,709.22	¥90,757.15
16		6.38%	¥146,599.58	¥120,007.34	¥109,519.13	¥103,927.99	¥95,097.65
17		7.94%	¥155,168.23	¥128,964.66	¥118,708.20	¥113,270.10	¥104,741.07

图6-8 最终效果图

从计算结果中可以看出，当企业选择不同的贷款利率和还款期限时，每个月需要支付的还款金额是不同的。企业可以根据实际的偿还能力选择一种适合企业发展的贷款方式。

第二节　回归分析

一、回归分析

回归分析是确定两种或两种以上变量间相互依赖的定量关系的一种统计分析方法。回归分析按照涉及的变量的多少，分为一元回归和多元回归分析；按照因变量的多少，可分为简单回归分析和多重回归分析；按照自变量和因变量之间的关系类型，可分为线性回归分析和非线性回归分析。

在回归分析中，把变量分为两类。一类是因变量，它们通常是实际问题中所关心的一类指标，通常用 Y 表示；而影响因变量取值的另一类变量称为自变量，用 X 来表示。回归分析研究的主要问题是：①确定 Y 与 X 间的定量关系表达式，这种表达式称为回归方程；②对求得的回归方程的可信度进行检验；③判断自变量 X 对因变量 Y 有无影响；④利用所求得的回归方程进行预测和控制。

有各种各样的回归技术用于预测。根据三个度量——自变量的个数、因变量的类型以及回归线的形状，回归分析技术可分为线性回归、逻辑回归、多项式回归、逐步回归、岭回归、套索回归等。

应用回归预测法时应首先确定变量之间是否存在相关关系。如果变量之间不存在相关关系，对这些变量应用回归预测法就会得出错误的结果。正确应用回归分析预测时应注意：①用定性分析判断现象之间的依存关系；②避免回归预测的任意外推；③应用合适的数据资料。

二、线性回归分析

在统计学中，线性回归是利用称为线性回归方程的最小平方函数对一个或多个自变量和因变量之间关系进行建模的一种回归分析。这种函数是一个或多个称为回归系数的模型参数的线性组合。

回归分析中，只包括一个自变量和一个因变量，且二者的关系可用一条直线近似表示，这种回归分析称为一元线性回归分析，其常用的表达形式为 $Y=aX+b$。如果回归分析中包括两个或两个以上的自变量，且因变量和自变量之间是线性关系，则称为多元线性回归分析。

在线性回归中，数据使用线性预测函数来建模，并且未知的模型参数也是通过数据来估计。这些模型被叫作线性模型。最常用的线性回归建模是给定 X 值的 Y 的条件均值是 X 的仿射函数。不太一般的情况，线性回归模型可以是一个中位数或一些其他的给定 X 的条件下 Y 的条件分布的分位数作为 X 的线性函数表示。

线性回归是回归分析中第一种经过严格研究并在实际应用中广泛使用的类型。这是因为线性依赖于其未知参数的模型比非线性依赖于其位置参数的模型更容易拟合，而且产生的估计的统计特性也更容易确定。

线性回归模型经常用最小二乘法逼近来拟合，但也可能用别的方法来拟合，比如用最小化"拟合缺陷"在一些其他规范里（比如最小绝对误差回归），或者在桥回归中最小化最小二乘法损失函数的惩罚。相反，最小二乘法逼近可以用来拟合那些非线性的模型。因此，尽管"最小二乘法"和"线性模型"是紧密相连的，但它们是不能划等号的。

第三节 最小二乘法

最小二乘法（又称最小平方法）是一种数学优化技术。它通过最小化误差的平方和寻找数据的最佳函数匹配。利用最小二乘法可以简便地求得未知的数据，并使得这些求得的数据与实际数据之间误差的平方和最小。最小二乘法还可以用于曲线拟合。一些其他优化问题也可以通过最小化能量或最大化熵用最小二乘法来表达。

以最简单的一元线性模型来解释最小二乘法。对于一元线性回归模型，假设从总体中获取了 n 组观察值（X_1，Y_1），（X_2，Y_2），…，（X_n，Y_n）。对于平面中的这 n 个点，可以使用无数条曲线来拟合。综合来看，若要求样本回归函数尽可能好地拟合这组值，则这条直线处于样本数据的中心位置最合理。选择最佳拟合曲线的标准可以确定为使总的拟合误差（即总残差）达到最小。有以下三个标准可以选择：

1. 用"残差和最小"确定直线位置是一个途径，但很快会发现计算"残差和"存在相互抵消的问题。

2. 用"残差绝对值和最小"确定直线位置也是一个途径，但绝对值的计算比较麻烦。

3. 最小二乘法的原则是以"残差平方和最小"确定直线位置。用最小二乘法除了计算比较方便外，得到的估计量还具有优良特性。这种方法对异常值非常敏感。

最常用的是普通最小二乘法（Ordinary Least Square，OLS）：所选择的回归模型应该使所有观察值的残差平方和达到最小。Q 为残差平方和，即采用平方损失函数。

样本回归模型：

$$Y_i = \bar{\beta}_0 + \bar{\beta}_1 \times X_i + e_i$$

其中 e_i 为样本（X_i，Y_i）的误差。

平方损失函数：

$$Q = \sum_{i=1}^{n} e_i^2 = \sum_{i=1}^{n}(Y_i - \bar{Y}_i)^2 = \sum_{i=1}^{n}(Y_i - \bar{\beta}_0 - \bar{\beta}_1 \times X_i)^2$$

通过 Q 最小确定这条直线，即确定 β_0 和 β_1，把它们看作是 Q 的函数，就变成了一个求极值的问题，可以通过求导数得到。求 Q 对两个待估参数的偏导数并令其为 0，最终解得和的值。

这就是最小二乘法的解法，就是求得平方损失函数的极值点。

第四节　利用 Excel 进行线性回归分析

一、资源投入和产出分析

一般而言，企业产品的销售额与广告投放有较强的相关性。图 6-9 是某产品 18 个经销商在 2017 年的广告支出与销售收入数据。

	A	B	C	D
1			2017年度	单位：万人民币
2		经销商	广告支出	销售收入
3		1	48	702
4		2	422	3047
5		3	251	1762
6		4	160	753
7		5	390	1942
8		6	76	1008
9		7	50	906
10		8	97	524
11		9	410	2395
12		10	200	1267
13		11	53	550
14		12	175	1691
15		13	510	2580
16		14	24	120
17		15	50	192
18		16	284	1250
19		17	580	3627
20		18	69	827

图6-9　某经销商广告支出与销售收入数据

使用"回归分析"工具建立回归模型，进行预测分析的具体步骤如下。

第 1 步：安装分析工具库

①单击【文件】选项卡，选择【选项】按钮，在弹出的对话框中选择【加载项】选项卡；②单击【转到】按钮，在弹出的对话框中勾选【分析工具库】和【分析工具库 - VBA】复选框，单击【确定】按钮。如图 6-10 所示。

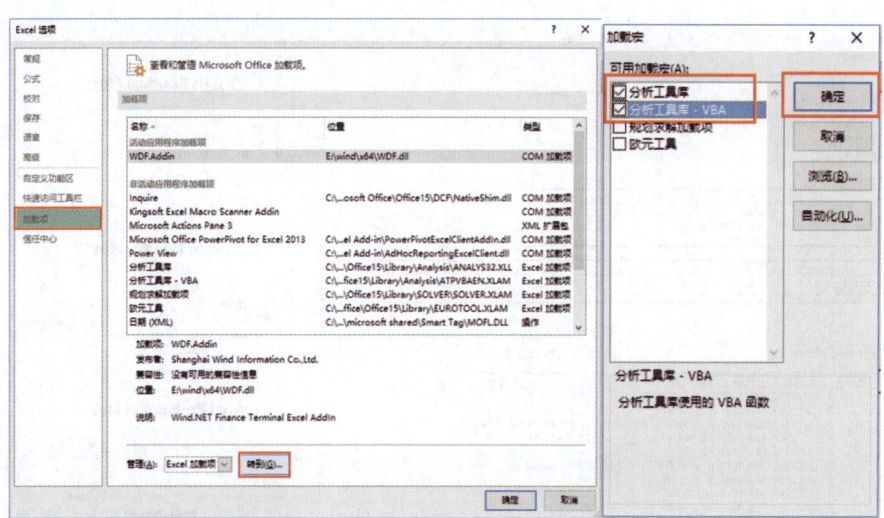

图6-10　【安装分析工具库】步骤图

第2步：执行回归分析命令

①转到【数据】选项卡，单击【分析】命令组中的【数据分析】按钮；②在弹出的对话框中选择【回归】选项；③在【Y值输入区域】处选择D2:D20单元格区域，即因变量（销售收入）；④在【X值输入区域】处选择C2:C20单元格区域，即自变量（广告支出）；⑤在【输出区域】处选择F1单元格；⑥将余下的复选框全部勾选，单击【确定】按钮。如图6-11所示。

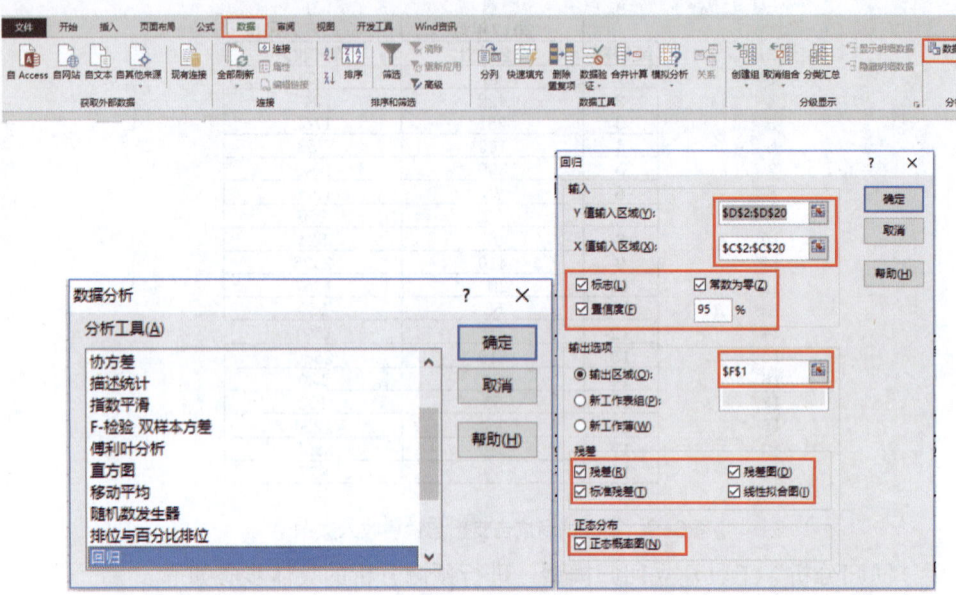

图6-11 【执行回归分析命令】步骤图

第3步：查看结果

返回工作表区域，此时Excel即可显示用"回归分析"工具运算的结果。如图6-12所示。

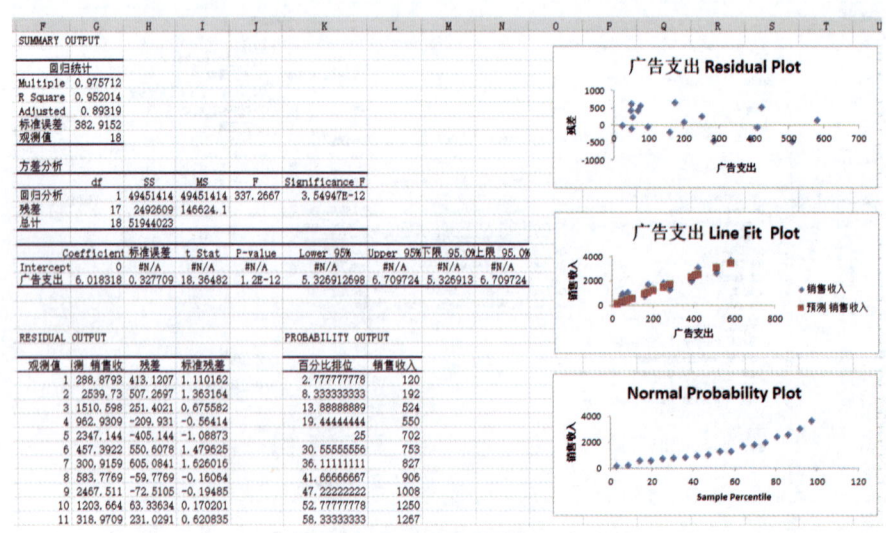

图6-12 最终效果图

由图6-12可知，回归分析的运算结果主要由3部分组成，即分析摘要（SUMMARY OUTPUT）、残差分析（RESIDUAL OUTPUT）和概率分析（PROBABLITY OUTPUT）。其中，"分析摘要"部分主要包括"回归统计"、"方差分析"和"回归结果"，并会出现两个用于显示预测值和实际值的对比情况的线性拟合图；"残差分析"部分主要包括"残差分析"和"每个变量的残差图表"；"概率分析"部分将按照百分比排位列出真实值，并根据实测值对排位百分比绘制正态概率图。

在"分析摘要"部分的"回归统计"结果中，"Multiple R"表示相关系数，"R Square"表示判定系数 r^2。

从本例的"回归统计"运算结果中可以看出，相关系数值0.975712和判定系数值0.952014都比较接近于1，因此可以判定因变量（销售收入）与自变量（广告支出）之间存在较强的关系。

回归分析的目的是找出因变量与自变量之间的准确的数学关系式，残差分析和拟合分析的作用在于判断通过运算得到的回归方程的可靠性。回归方程用截距和斜率表示，这组参数在"分析摘要"部分的第3个表格中。比如本例的回归方程为：销售收入 =6.02× 广告支出。

二、销售额与人口统计要素回归分析

企业产品在各个销售地区的销售额与多种因素有关，某个销售地区的产品覆盖城市数和该销售地区的人口数可能是影响因素之一。但它们对销售额的影响不像广告投入对销售额的影响那么直接，影响程度可能也不及广告投入。因此在分析预测因变量时，往往要先分析自变量与因变量之间的相关性。

"相关系数"与"回归分析"工具是联系紧密的分析工具，企业可以将这两个分析工具结合起来分析研究对象之间的相互依存关系。一般情况下，先使用"相关系数"对研究对象进行相关分析，根据相关系数或者相关指数的大小对变量进行筛选，去除不相关或者相关性小的变量，然后再建立回归模型进行相应的预测分析。

下面介绍销售额与人口统计要素回归分析的具体步骤。某企业的相关销售数据如图6-13所示。

地区	销售额	覆盖城市数	人口（万）
东北地区	¥185,600.00	8	2000
华北地区	¥205,800.00	9	2300
华中地区	¥213,500.00	6	2500
华东地区	¥259,600.00	10	2450
西北地区	¥175,900.00	5	1900
西南地区	¥165,400.00	4	1850

图6-13 产品地区销售额统计表

本例中有两个自变量，分别是"覆盖城市数"和"人口（万）"，首先需要使用"相关系数"工具对数据进行筛选，判断数据的相关性。使用"相关系数"工具，分析产品在各地区的销售额与产品在该地区的城市覆盖数目以及该地区的人口数目之间是否存在显著的相关性的具体步骤如下。

第1步：执行相关系数数据分析命令

①转到【数据】选项卡，单击【分析】命令组中的【数据分析】按钮；②在弹出的对话框中选择【相关系数】选项；③在【输入区域】处选择C3:E9单元格区域；④勾选【标志位于第一行】复选框；⑤在【输出区域】处选择G2单元格，然后单击【确定】按钮。如图6-14所示。

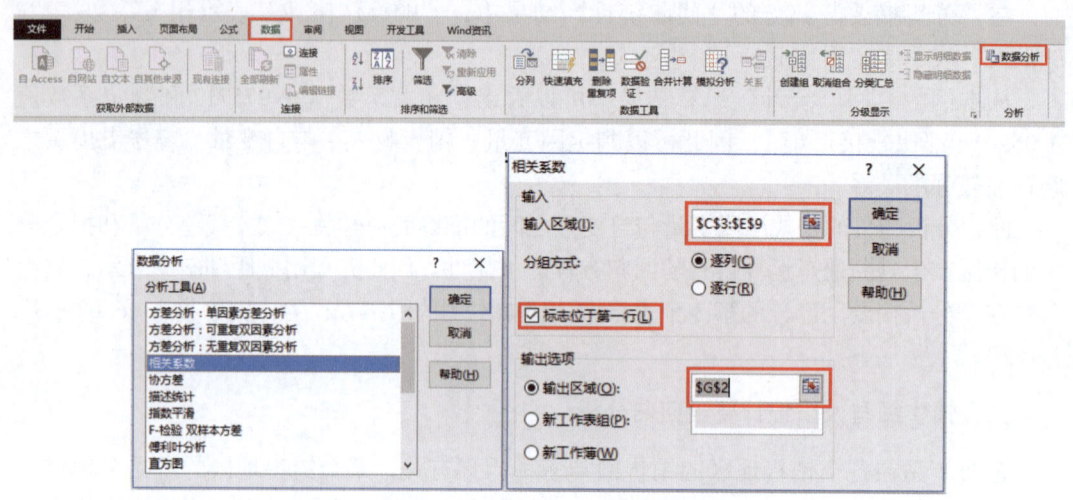

图6-14 【执行相关系数数据分析命令】步骤图

第2步：查看结果

此时即可在指定的单元格区域显示用"相关系数"工具分析的结果。如图6-15所示。

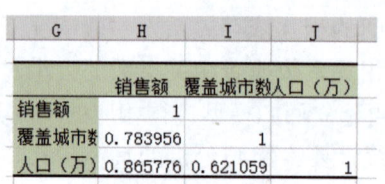

图6-15 最终效果图

一般来说，相关系数越接近于1，变量之间的相关性越强。从上图可以看出，地区"销售额"、"覆盖城市数"和"人口（万）"之间都有较强的相关性，因此企业可以使用"回归分析"工具建立回归模型，进行预测分析。具体的操作步骤与上一节内容相同。

第五节 利用Excel进行员工工资分析

一、运用直方图分析员工工资

为了完善员工薪酬管理制度，公司需要定期对员工薪酬进行汇总分析。使用直方图可以帮助管理者了解各个薪酬数据段的人数及其占总人数的百分比，进而更好地激励员工和控制企业成本。

直方图是计算数据列的频度分布的一种分析工具，该工具可以用于统计数据集中某个数值出现的次数。

下面以某企业员工工资数据为例，如图6-16所示，介绍直方图分析的具体步骤。

	A	B	C	D	E	F
1	员工编号	实发工资	员工编号	实发工资	员工编号	实发工资
2	1	12,516.50	16	3,014.84	31	4,647.64
3	2	3,778.46	17	4,458.36	32	4,467.66
4	3	3,056.99	18	2,635.80	33	4,822.67
5	4	3,332.69	19	1,920.14	34	3,081.55
6	5	3,316.36	20	4,976.10	35	3,099.66
7	6	1,875.96	21	4,825.20	36	5,497.22
8	7	2,574.59	22	4,851.94	37	4,915.33
9	8	6,723.19	23	3,549.36	38	2,580.74
10	9	5,012.73	24	6,503.96	39	3,529.02
11	10	3,637.72	25	4,753.59	40	2,602.57
12	11	5,906.34	26	3,894.17		
13	12	4,441.02	27	6,620.34		
14	13	1,622.64	28	4,825.60		
15	14	4,854.61	29	5,665.12		
16	15	6,886.96	30	5,374.99		

图6-16 某企业员工工资数据图

第1步：输入数据分段辅助数据

调整员工工资表的排列方式，并在D1:H1单元格区域输入相应的工资分段数据，如图6-17所示。

	A	B	C	D	E	F	G	H	I
1	员工编号	实发工资		工资分段	4000	6000	8000	10000	
2	1	12,516.50							
3	2	3,778.46							
4	3	3,056.99							
5	4	3,332.69							
6	5	3,316.36							
7	6	1,875.96							
8	7	2,574.59							
9	8	6,723.19							
10	9	5,012.73							
11	10	3,637.72							
12	11	5,906.34							
13	12	4,441.02							
14	13	1,622.64							
15	14	4,854.61							
16	15	6,886.96							
17	16	3,014.84							
18	17	4,458.36							
19	18	2,635.80							
20	19	1,920.14							
21	20	4,976.10							
22	21	4,825.20							
23	22	4,851.94							
24	23	3,549.36							
25	24	6,503.96							
26	25	4,753.59							
27	26	3,894.17							
28	27	6,620.34							
29	28	4,825.60							
30	29	5,665.12							
31	30	5,374.99							
32	31	4,647.64							
33	32	4,467.66							
34	33	4,822.67							
35	34	3,081.55							
36	35	3,099.66							
37	36	5,497.22							
38	37	4,915.33							
39	38	2,580.74							
40	39	3,529.02							
41	40	2,602.57							

图6-17 【输入数据分段辅助数据】示意图

第 2 步：执行相关系数数据分析命令

①转到【数据】选项卡，单击【分析】命令组中的【数据分析】按钮；②在弹出的对话框中选择【直方图】选项；③在【输入区域】处选择 B1:B41 单元格区域；④在【接收区域】处选择 D1:H1 单元格区域；⑤勾选【标志】复选框；⑥在【输出区域】处选择 D3 单元格；⑦勾选【累积百分率】和【图表输出】复选框，然后单击【确定】按钮。如图 6-18 所示。

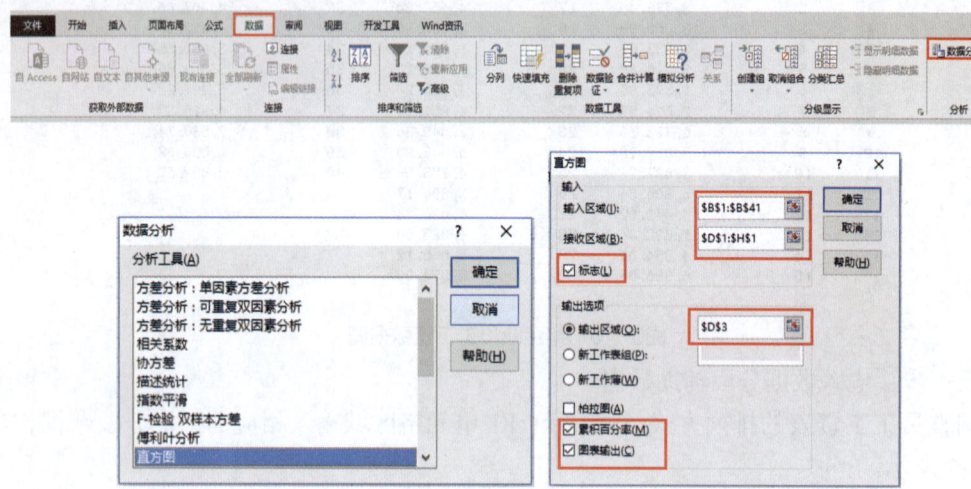

图6-18 【执行相关系数数据分析命令】步骤图

第 3 步：查看结果

此时即可显示出直方图的统计结果，如图 6-19 所示。

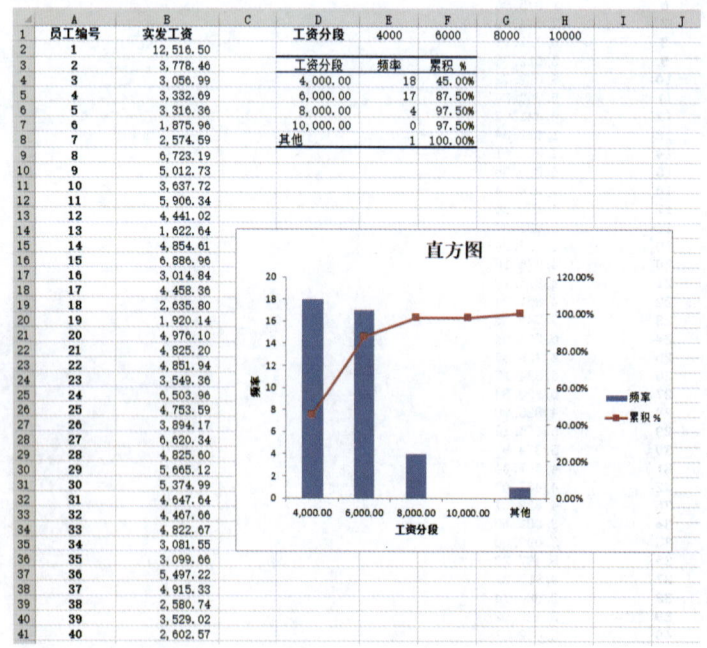

图6-19 最终效果图

在该直方图中，管理者可以很直观地看出各个工资段的人数以及在总人数中所占的百分比。

二、FREQUENCY 函数的应用

除了应用 Excel 的直方图分析工具直接分析各个薪酬层次的员工人数，也可以通过 FREQUENCY 函数来计算不同工资段的人数频次。

FREQUENCY 函数，计算数值在某个区域内的出现频率，然后返回一个垂直数组。例如，使用函数 FREQUENCY 可以在分数区域内计算测验分数的个数。由于函数 FREQUENCY 返回一个数组，所以它必须以数组公式的形式输入。其语法公式为 FREQUENCY（data_array, bins_array），其中，data_array 是一个数组或对一组数值的引用，即需要计算频率的数组。如果 data_array 中不包含任何数值，函数 FREQUENCY 将返回一个零数组。bins_array 是一个区间数组或对区间的引用，该区间用于对 data_array 中的数值进行分组。如果 bins_array 中不包含任何数值，函数 FREQUENCY 返回的值与 data_array 中的元素个数相等。

函数 FREQUENCY 将忽略空白单元格和文本。在选择了用于显示返回的分布结果的相邻单元格区域后，函数 FREQUENCY 应以数组公式的形式输入。

另外，返回的数组中的元素个数比 bins_array 中的元素个数多 1 个。多出来的元素表示最高区间之上的数值个数。例如，如果要为三个单元格中输入的三个数值区间计数，请务必在四个单元格中输入 FREQUENCY 函数获得计算结果。多出来的单元格将返回 data_array 中第三个区间值以上的数值个数。

下面以上一部分的员工工资数据为例，介绍 FREQUENCY 的具体应用。

第 1 步：输入辅助数据

根据前面的薪酬层次进行分段，在 K1:K6 单元格区域输入相关内容，如图 6-20 所示。

	J	K	L
1		工资分段	
2		4,000.00	
3		6,000.00	
4		8,000.00	
5		10,000.00	
6		其他	
7			

图6-20 【输入辅助数据】步骤图

第 2 步：利用 FREQUENCY 函数计算频次

①由于 FREQUENCY 函数必须以数组公式的形式输入，因此需要先选中单元格区域 L2:L6；②在 L2 单元格处输入公式"=FREQUENCY（B2:B41,K2:K5）"；③按"Ctrl+Shift+Enter"组合键确认。如图 6-21 所示。

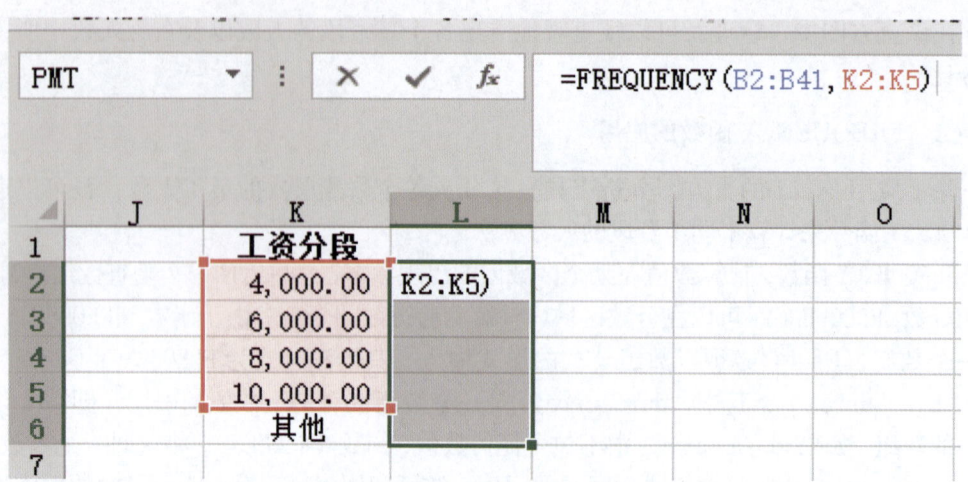

图6-21 【利用FREQUENCY函数计算频次】步骤图

第3步：查看结果

如图6-22所示。

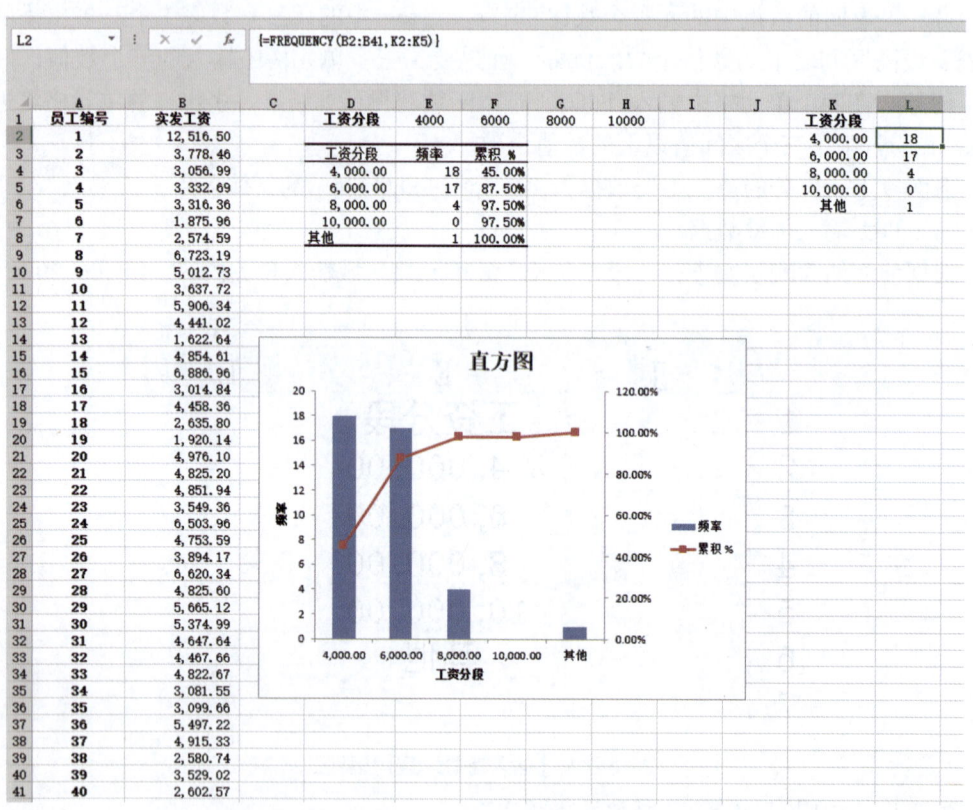

图6-22 最终效果图

从图6-22可以看出，FREQUENCY函数的计算结果与直方图分析工具结果一致。

第六节　利用 Excel 进行移动平均法分析财务数据

一、分析主营业务利润

移动平均法是用一组最近的实际数据值来预测未来一期或几期内公司产品的需求量、公司产能等的一种常用方法。移动平均法适用于即期预测。当产品需求既不快速增长也不快速下降，且不存在季节性因素时，移动平均法能有效地消除预测中的随机波动，是非常有用的。移动平均法根据预测时使用的各元素的权重不同，可以分为简单移动平均和加权移动平均。

移动平均法是一种简单平滑预测技术，它的基本思想是根据时间序列资料，逐项推移，依次计算包含一定项数的序时平均值，以反映长期趋势的方法。因此，当时间序列的数值由于受周期变动和随机波动的影响，起伏较大，不易显示出事件的发展趋势时，使用移动平均法可以消除这些因素的影响，显示出事件的发展方向与趋势（即趋势线），然后依趋势线分析预测序列的长期趋势。

但移动平均法运用时也存在着如下问题：①加大移动平均法的期数（即加大 n 值）会使平滑波动效果更好，但会使预测值对数据实际变动更不敏感；②移动平均值并不能总是很好地反映出趋势，由于是平均值，预测值总是停留在过去的水平上而无法预计会导致将来更高或更低的波动；③移动平均法要有大量的过去数据的记录。

下面以某企业近 4 年的净利润数据为例，介绍移动平均法的具体应用。相关数据如图 6-23 所示。

	A	B	C
1			
2		企业A	
3		年份	净利润（万元）
4		2014	890
5		2015	650
6		2016	780
7		2017	450

图6-23　某企业近4年的净利润数据

第 1 步：执行移动平均分析命令

①转到【数据】选项卡，单击【分析】命令组中的【数据分析】按钮；②在弹出的对话框中选择【移动平均】选项；③在【输入区域】处选择 C3:C7 单元格区域；④勾选【标志位于第一行】复选框；⑤在【间隔】处输入"2"；⑥在【输出区域】处选择 E2 单元格；⑦勾选【标准误差】和【图表输出】复选框，然后单击【确定】按钮。如图 6-24 所示。

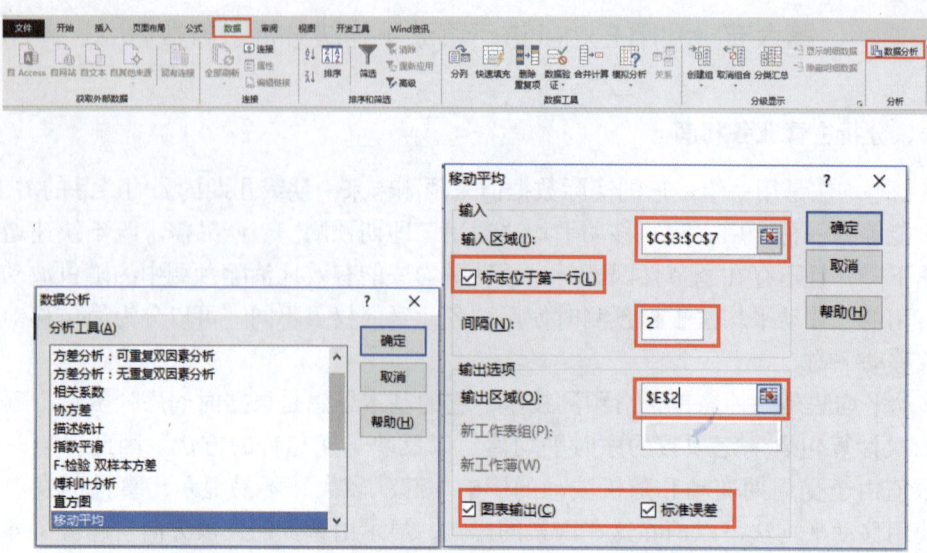

图6-24 【执行移动平均分析命令】步骤图

小提示：【间隔】选项是用于计算移动平均的数据点的数目。间隔越大，移动平均线越平滑。间隔越小，移动平均受个别数据点波动的影响越大。

第2步：查看结果

此时即可进行【移动平均】工具的运算，得到如图 6-25 所示的结果。用户还可以根据需要调整格式，使整个数据图表更直观。

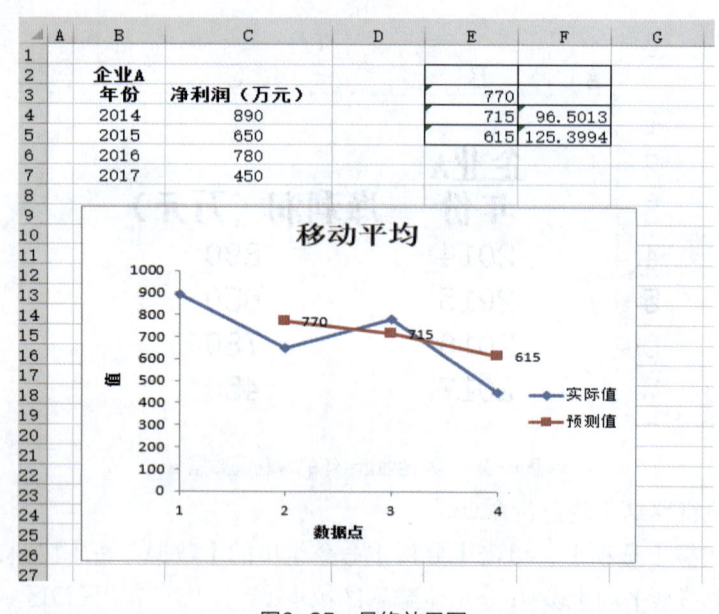

图6-25 最终效果图

二、用指数平滑法预测产品销量

指数平滑法是生产预测中常用的一种方法。"指数平滑"的作用与"移动平均"相似，都是对周期性波动的数据进行平滑处理。所有预测方法中，指数平滑是用得最多的一种。

简单的全期平均法是对时间数列的过去数据一个不漏地全部加以同等利用；移动平均法则不考虑较远期的数据，并在加权移动平均法中给予近期资料更大的权重；而指数平滑法则兼容了全期平均和移动平均所长，不舍弃过去的数据，但是仅给予逐渐减弱的影响程度，即随着数据的远离，赋予逐渐收敛为零的权数。也就是说指数平滑法是在移动平均法基础上发展起来的一种时间序列分析预测法，它是通过计算指数平滑值，配合一定的时间序列预测模型对现象的未来进行预测。其原理是任一期的指数平滑值都是本期实际观察值与前一期指数平滑值的加权平均。根据平滑次数不同，指数平滑法分为：一次指数平滑法、二次指数平滑法和三次指数平滑法等。

下面以某企业 2017 年 4 个季度的产品销量数据为例，介绍指数平滑法的具体应用。相关数据如图 6-26 所示。

	A	B	C	D
1				
2		产品季度销量记录表		
3		季度	销量（台）	
4		第一季度	3000	
5		第二季度	2800	
6		第三季度	2690	
7		第四季度	3500	

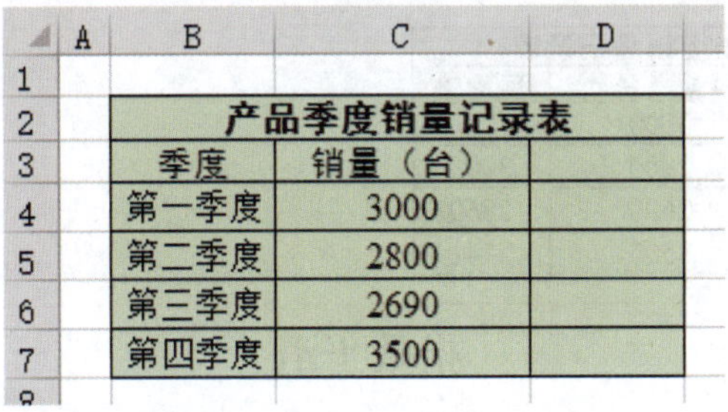

图6-26 某企业2017年4个季度的产品销量数据

第 1 步：执行指数平滑分析命令

①转到【数据】选项卡，单击【分析】命令组中的【数据分析】按钮；②在弹出的对话框中选择【指数平滑】选项；③在【输入区域】处选择 C3:C7 单元格区域；④勾选【标志】复选框；⑤在【阻尼系数】处输入“0.3”；⑥在【输出区域】处选择 D4 单元格；⑦勾选【图表输出】复选框，然后单击【确定】按钮。如图 6-27 所示。

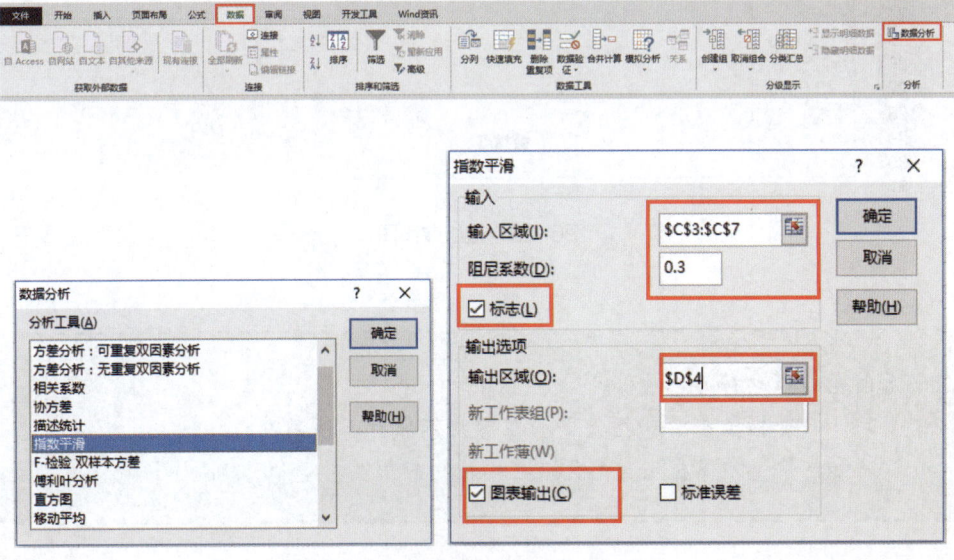

图6-27 【执行指数平滑分析命令】步骤图

小提示：

（1）"阻尼系数"介于 0.2~0.3 的值均是合理的平滑常数。这些值表明应将当前预测调整为 20%~30%，以修正以前的预测。常数越大反应越快，但是预测会变得不稳定。如果常数较小，将会导致预测值的滞后。

（2）如果在【输出选项】组合框中选中【标准误差】复选框，则要求【输入区域】必须包含至少 5 个数据点。

第 2 步：查看结果

此时即可进行【指数平滑】工具的运算，得到如图 6-28 所示的结果。用户还可以根据需要调整格式，使整个数据图表更直观。

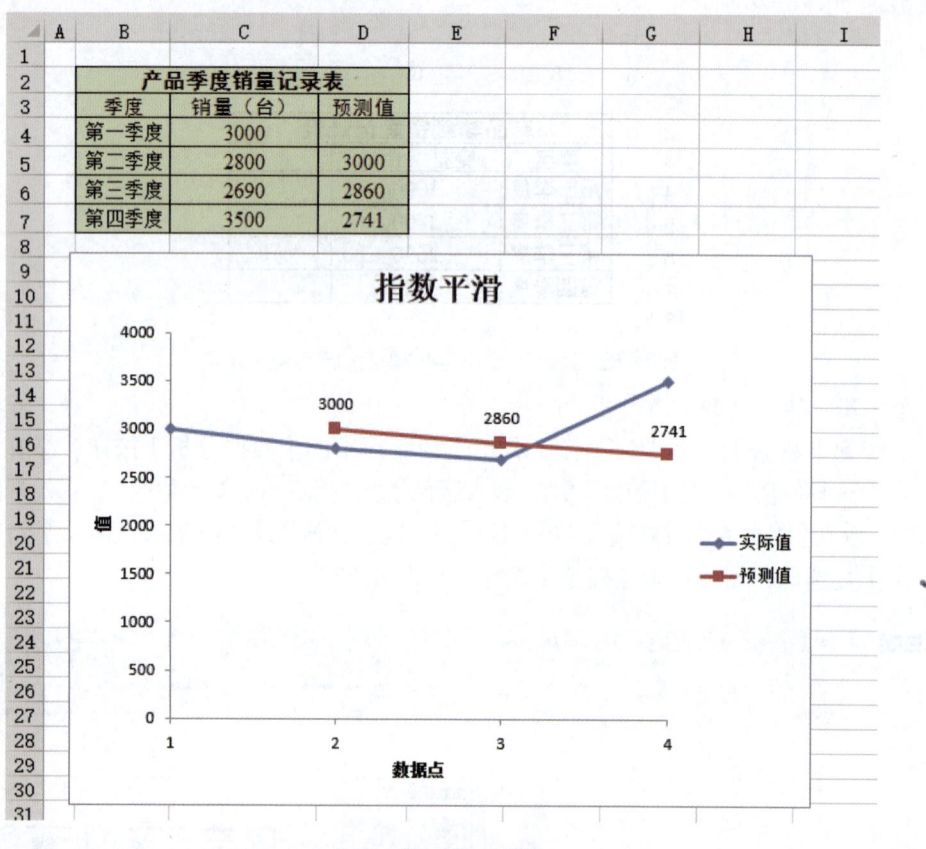

图6-28 最终效果图

> 课后问题与作业练习
> ➢ 什么是指数平滑，指数平滑在哪些领域可以运用？
> ➢ 如何快速地掌握 Excel 模拟运算表的应用？

第七单元　财务数据安全管理

本单元学习目标

1. 掌握 Excel 中对输入数据安全验证的设置；
2. 熟练掌握和灵活应用相应设置，实现数据的隐藏保护功能和输入权限功能。

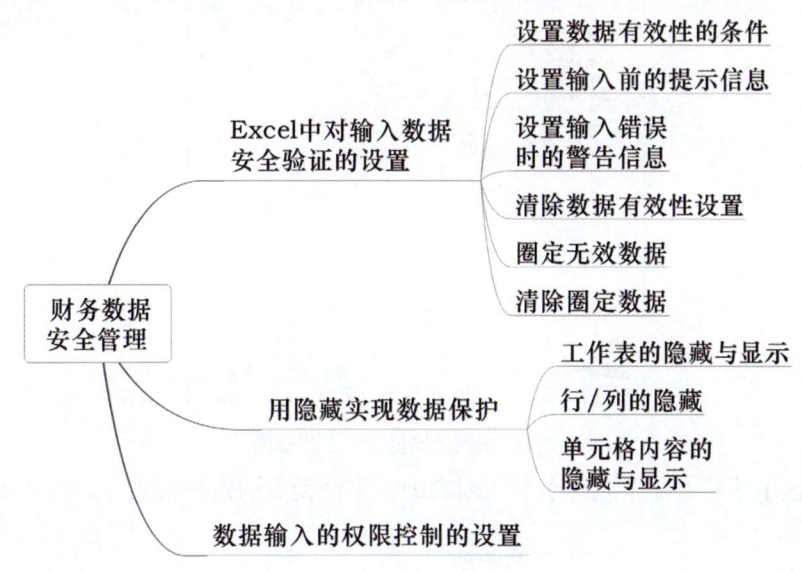

图7-1　本单元思维导图

第一节　Excel 中对输入数据安全验证的设置

在向工作表输入数据时，为了防止输入错误的数据，可以为单元格设置有效的数据范围，限制用户只能输入指定范围内的数据，这样可以极大地减少数据处理操作的复杂性和提高数据的安全性。

一、设置数据有效性的条件

在【数据有效性】对话框中可以方便有效地设置数据有效性，具体操作步骤如图 7-2 所示。

步骤1：单击【数据】选项卡【数据工具】选项组中的【数据验证】按钮。

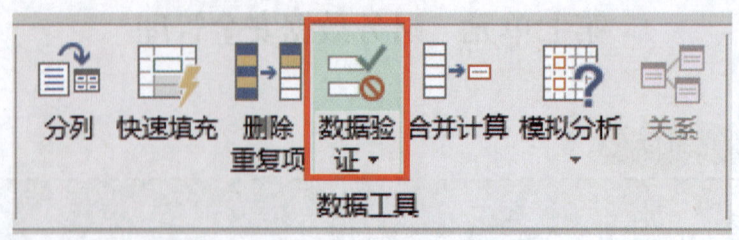

图7-2 选择【数据验证】步骤图

步骤2：弹出【数据验证】对话框，如图7-3所示。

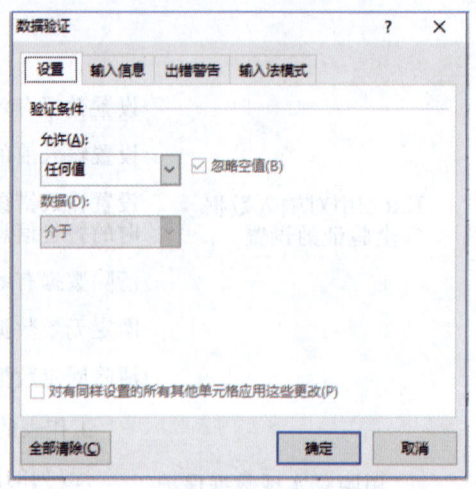

图7-3 设置【数据验证】步骤图

在【设置】选项卡的【允许】下拉列表中有多种类型的数据格式。如图7-4所示。

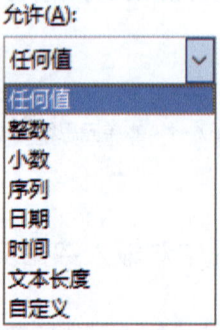

图7-4 选择【数据格式】步骤图

设置数据有效性的数据必须满足以下几点，具体说明如下。

【任何值】：默认选项，对输入数据不作任何限制，表示不使用数据有效性。

【整数】：指定输入的数值必须为整数。

【小数】：指定输入的数值必须为数字或小数。

【序列】：为有效性数据指定一个序列。

【日期】：指定输入的数据必须为日期。

【时间】：指定输入的数据必须为时间。
【文本长度】：指定有效数据的字符数。
【自定义】：使用自定义类型时，允许用户使用定义公式、表达式或引用其他单元格的计算值，来判定输入数据的有效性。

二、设置输入前的提示信息

用户输入数据前，如果能够提示输入什么样的数据才是符合要求的，那么出错率就会大大降低。比如在输入学号前，提示用户应输入 8 位数的学号。具体操作步骤如下。

步骤 1：如图 7-5，选定需要输入数据的区域。

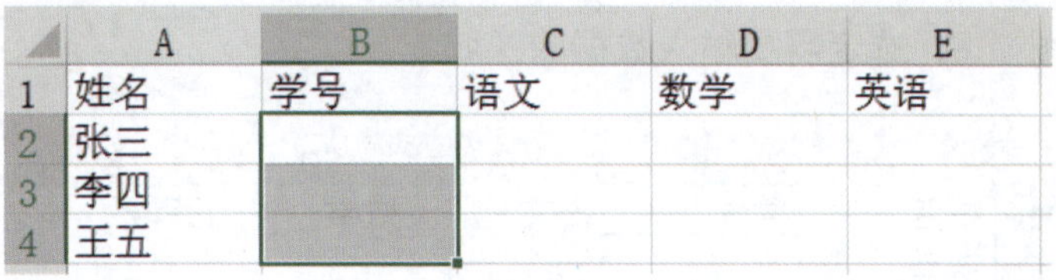

图7-5 选定【需要输入数据的区域】示意图

步骤2: 在【数据】选项卡中，单击【数据工具】选项组中的【数据验证】按钮，弹出【数据验证】对话框，选择【输入信息】选项卡。在【标题】和【输入信息】文本框中，输入如图 7-6 所示的内容。

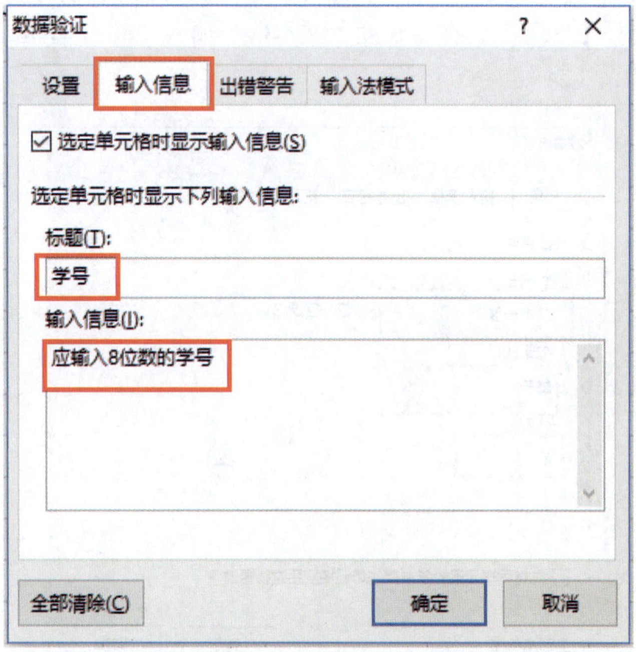

图7-6 【输入信息】步骤图

步骤 3：单击【确定】按钮，返回工作表。当单击之前所选区域中的任一单元格时，就会出现提示信息。如图 7-7 所示。

图7-7　最终效果图

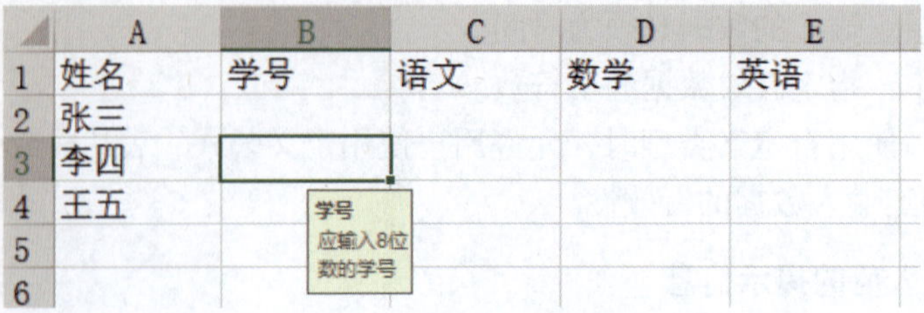

三、设置输入错误时的警告信息

用户可以通过设置，在输入的数据不符合要求时，弹出警告信息。具体操作步骤如下。

步骤 1：如图 7-8，选定需要输入数据的区域。

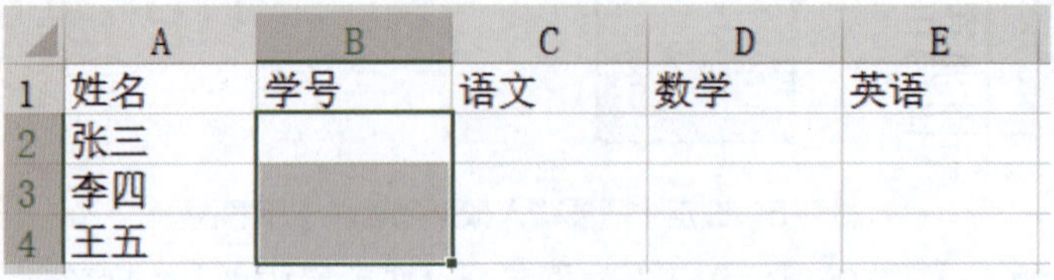

图7-8　选定【数据区域】步骤图

步骤 2：在【数据】选项卡中，单击【数据工具】选项组中的【数据验证】按钮，弹出【数据验证】对话框，选择【设置】选项卡，在【允许】下拉列表中选择【文本长度】，在【数据】下拉列表中选择【等于】，在【长度】文本框中输入“8”，单击【确定】按钮。如图 7-9 所示。

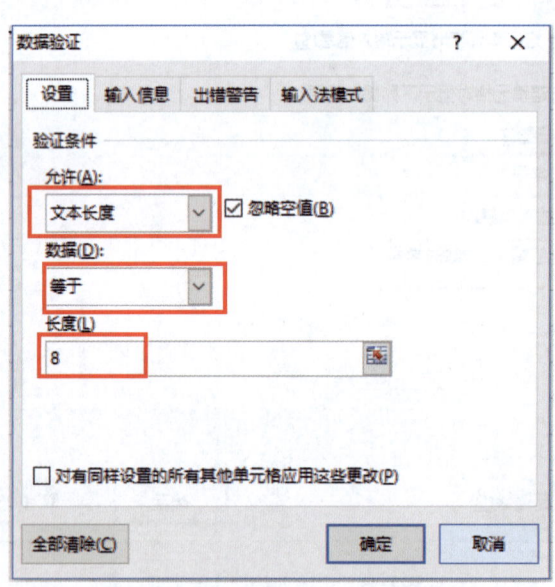

图7-9　【数据验证-设置】步骤图

步骤 3：选择【出错警告】选项卡，在【样式】下拉列表中选择【警告】选项，在【标题】和【错误信息】文本框中输入警告信息。如图 7-10 所示。

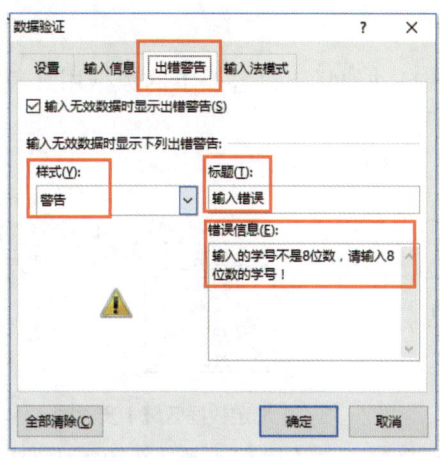

图7-10 【数据验证-出错警告】步骤图

步骤4：单击【确定】按钮，返回工作表，在所选区域输入不符合要求的数字时，会提示警告信息。如图7-11所示。

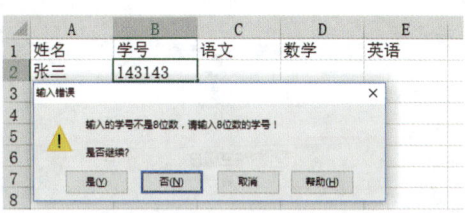

图7-11 最终效果图

四、清除数据有效性设置

设置了数据有效性后，如果不再需要数据有效性，可以清除这些设置。

选择设置了数据有效性的区域，在【数据】选项卡中，单击【数据工具】选项组中的【数据验证】按钮，弹出【数据验证】对话框，单击【全部清除】按钮，即可清除工作表中所选择区域所有的数据有效性设置。如图7-12所示。

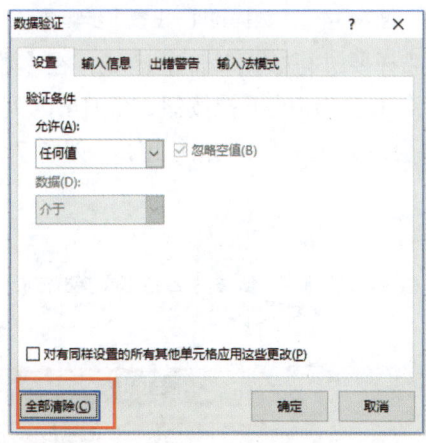

图7-12 【清除数据有效性设置】步骤图

五、圈定无效数据

圈定无效数据是指系统自动地将不符合要求的数据用红色的圈标注出来，以便查找和修改。具体操作步骤如下。

步骤1：选定数据区域。如图7-13所示。

	A	B	C	D	E
1	姓名	性别	出生日期	学号	专业
2	张三		1995/1/26		
3	李四		1996/3/9		
4	王五		1991/7/14		
5	陆晓		3153/9/3		

图7-13 【选定数据区域】步骤图

步骤2：在【数据】选项卡中，单击【数据工具】选项组中的【数据验证】按钮，弹出【数据验证】对话框。选择【设置】选项卡，在【允许】下拉列表中选择【日期】，其余的选项如图7-14所示进行设置，然后单击【确定】按钮。

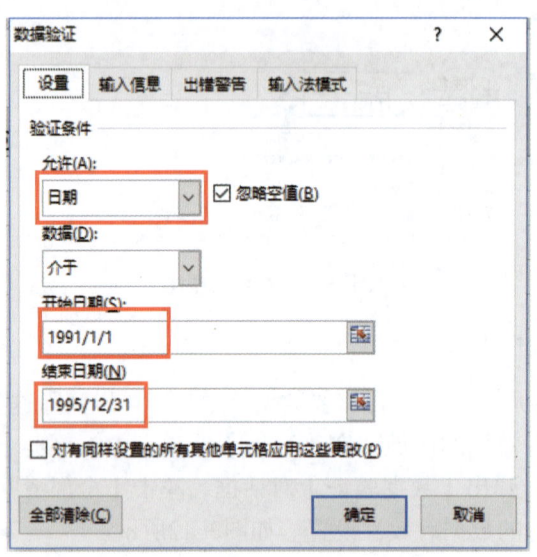

图7-14 【数据验证-设置】步骤图

步骤3：返回工作表，选择要进行数据验证的区域，在【数据】选项卡中，单击【数据工具】选项组中的【数据验证】按钮的下拉按钮，在弹出的列表中选择【圈释无效数据】选项，此区域无效的数据就会以红色的椭圆标注出来。如图7-15所示。

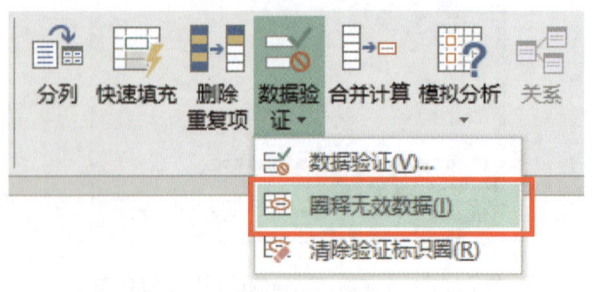

（1）

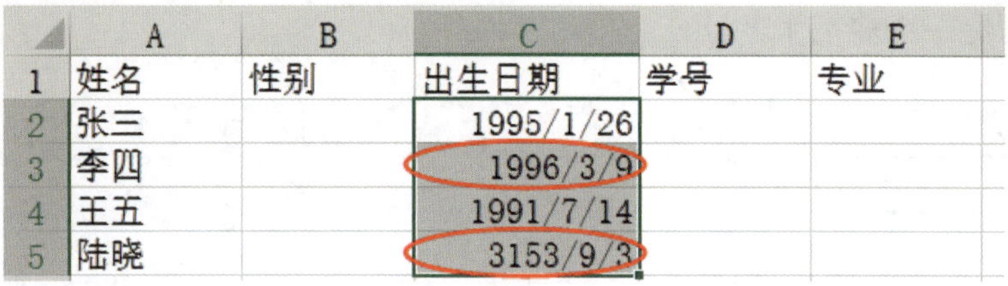

（2）

图7-15 【圈释无效数据】步骤图

六、清除圈定数据

圈定了这些无效数据后，就可以方便地找到并修改为正确、有效的数据了。清除红色的椭圆标注有两个方法。

方法1：修改为正确的数据后，标注会自动清除。如图7-16所示。

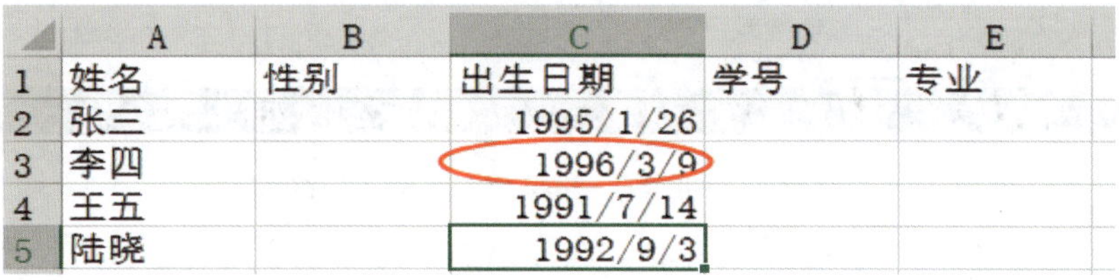

图7-16 【修改正确数据后】效果图

方法2：在【数据】选项卡中，单击【数据工具】选项组中的【数据验证】按钮的下拉按钮，在弹出的列表中选择【清除验证标识圈】，这些红色的标识圈就会自动消失。如图7-17所示。

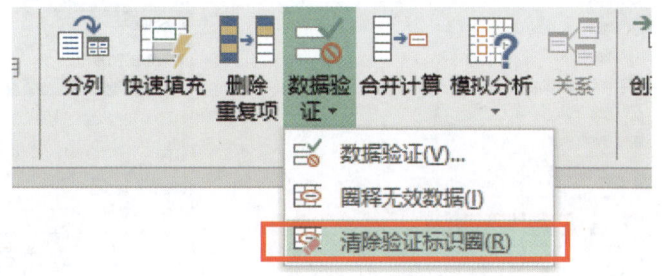

图7-17 【清除验证标识圈】步骤图

第二节 用隐藏实现数据保护

Excel数据的隐藏包括三个方面的内容：工作表、行/列和单元格。

一、工作表的隐藏与显示

步骤1：选择需要隐藏的工作表标签，单击右键，在弹出的快捷菜单中选择【隐藏】

菜单项，即可隐藏当前工作表。

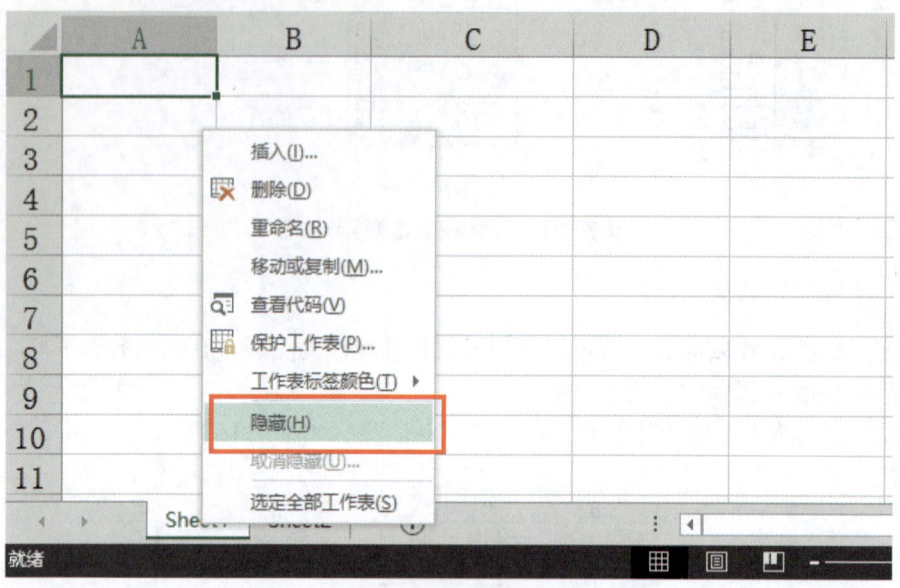

图7-18 【选择需要隐藏的工作表】步骤图

步骤2：在任意一个标签上右键单击，在弹出的快捷菜单中选择【取消隐藏】菜单项。在弹出的【取消隐藏】对话框，选择要恢复显示的工作表名称，单击【确定】按钮，隐藏的工作表即被显示出来。

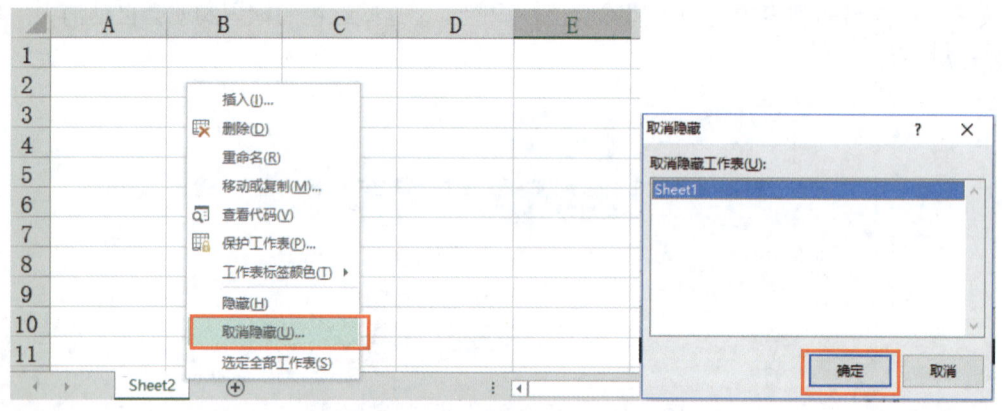

图7-19 【取消隐藏工作表】步骤图

二、行/列的隐藏

在 Excel 工作表中，有时需要将一些不需要公开的数据隐藏起来。隐藏行/列的原理是分别将行/列的高度/宽度调整为 0。隐藏行/列数据有三个方法。

方法1：使用功能区隐藏

选择要隐藏的行/列中的任意一个单元格。在【开始】选项卡中，单击【单元格】选项组中的【格式】按钮，在弹出的下拉菜单中选择【隐藏和取消隐藏】→【隐藏行】或【隐藏列】菜单项。如图 7-20 所示。

第七单元　财务数据安全管理

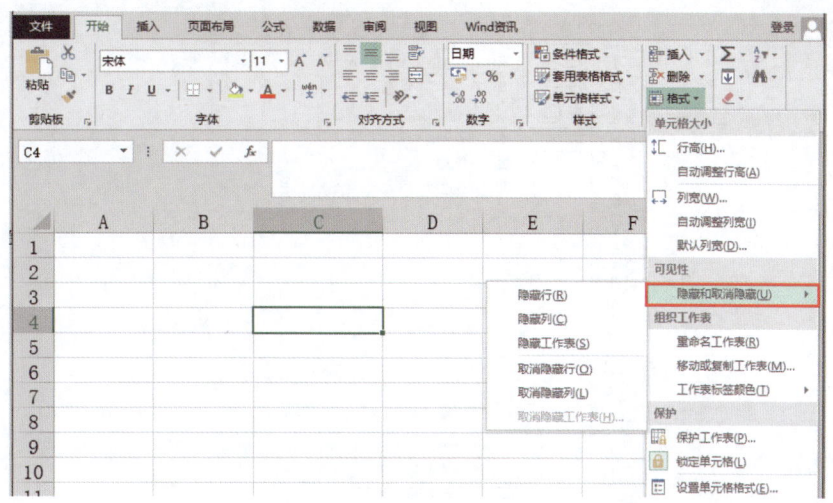

图7-20　【隐藏行、隐藏列菜单栏】步骤图

小提示：选定要隐藏的行／列，使用右键菜单命令也可以实现隐藏，原理基本一致。如图7-21所示。

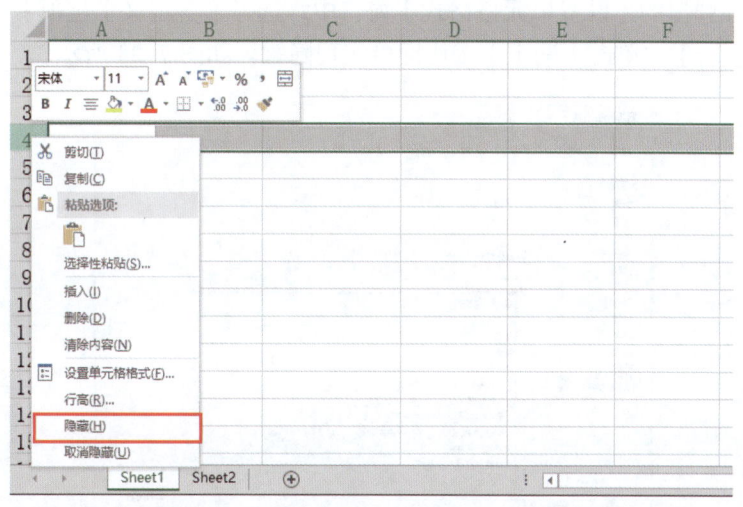

图7-21　【右键菜单命令隐藏行/列】步骤图

方法2：拖动鼠标隐藏

将鼠标指针移至要隐藏的行／列号与其下一个行／列号中间，向上／左拖动鼠标使行／列号超过要隐藏的行／列号，即可实现隐藏。

方法3：使用快捷键隐藏

在Excel中，按"Ctrl+9"组合键，可以快速隐藏选定的行；按"Ctrl+0"组合键，可以快速隐藏选定的列。

三、单元格内容的隐藏与显示

步骤1：选择需要隐藏内容的单元格，单击右键，选择【设置单元格格式】。如图7-22所示。

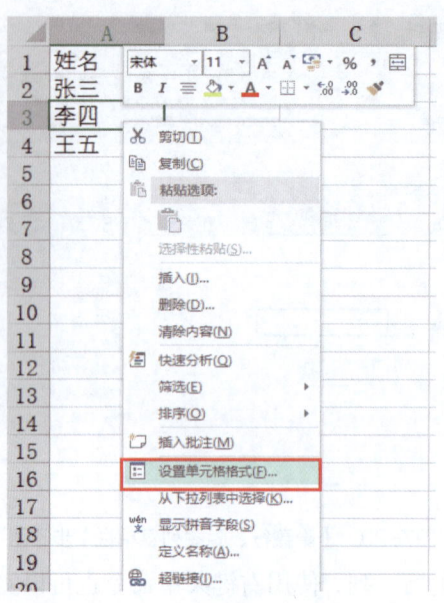

图7-22 【设置单元格格式】步骤图

步骤2：在弹出的【设置单元格格式】窗口中，选择【自定义】选项卡，在【类型】窗口下输入【;;;】，单击【确定】按钮即可实现隐藏。如图7-23所示。

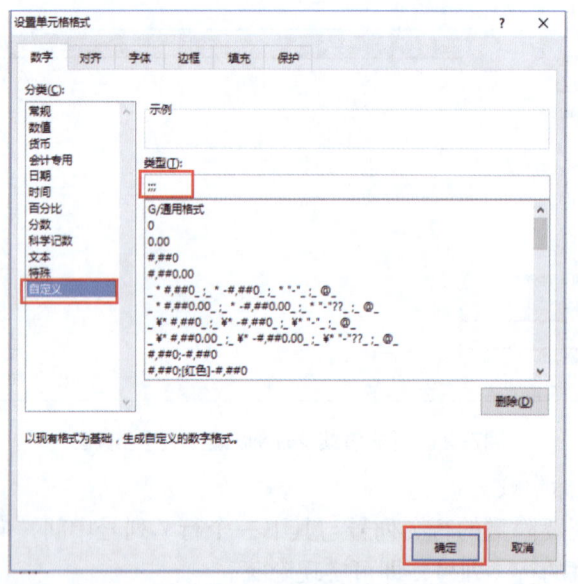

图7-23 修改【类型】步骤图

步骤3：取消单元格内容隐藏时，在【类型】窗口下选择【G/通用格式】，单击【确定】即可。

小提示：对于输入公式并显示运算结果的单元格，需要隐藏公式而不隐藏运算结果时，选定该单元格，单击右键，选择【设置单元格格式】，在弹出的【设置单元格格式】窗口中，选择【保护】→【隐藏】选项，单击【确定】按钮。需要注意的是，隐藏单元格公式的功能需设置保护工作表后才有效。

第三节　数据输入的权限控制的设置

对于同一个 Excel 工作簿，有时需要经过多人操作，设置不同用户可编辑的区域有利于保护数据的安全。具体操作步骤如下。

步骤1：选择【审阅】选项卡，单击【允许用户编辑区域】按钮。如图 7-24 所示。

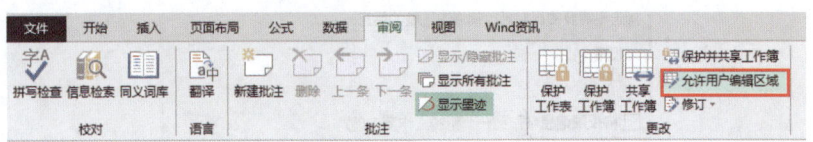

图7-24　选择【允许用户编辑区域】步骤图

步骤2：在弹出的窗口中，单击【新建】按钮，在弹出的对话框中，输入标题信息（如允许操作的人员的名字）、选定可操作区域、设定密码。然后单击【确定】按钮。如图7-25所示。

同理设置其他用户的可操作区域。

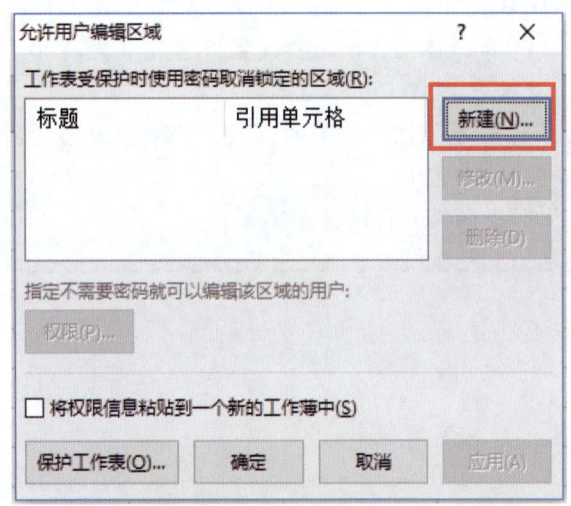

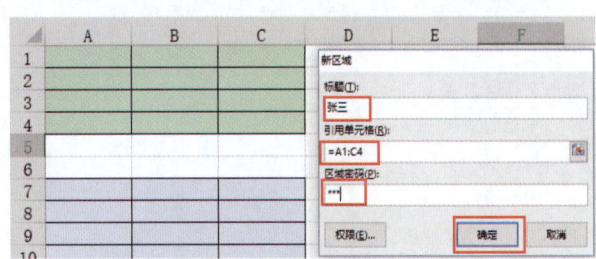

图7-25　设置【允许用户编辑区域】步骤图

步骤3：所有用户编辑区域设置完成后，单击【保护工作表】进行工作表保护的设置。同样，允许用户编辑区域的功能需设置保护工作表后才有效。最后单击【确定】按钮即可完成用户编辑区域的设置。如图 7-26 所示。

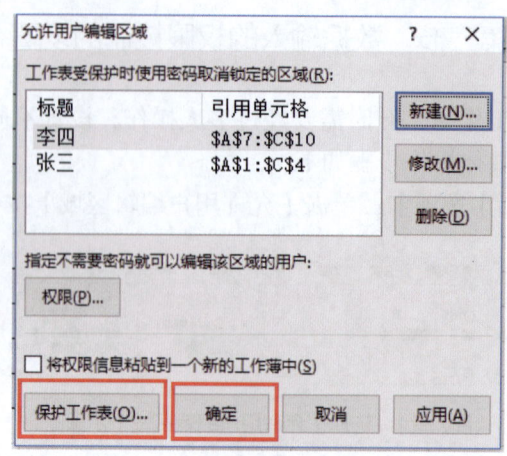

图7-26 完成【用户编辑区域】设置示意图

课后问题与作业练习

➢ 对 Excel 工作簿进行权限控制的设置,将表中 A3:D8 区域设置为只准张三编辑操作,密码为 123。

➢ 对 Excel 工作簿进行权限控制的设置,将表中 B3:E8 区域设置为只准李四编辑操作,密码为 12345。

➢ 对 Excel 工作表的第 5 行进行隐藏操作。

第八单元　财务数据分析报告

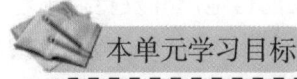

本单元学习目标

1. 熟练掌握和应用 SPSS 软件输出部分财务数据；
2. 能够编写偿债能力、营运能力、盈利能力分析报告内容段，并能对结果进行解释。

```
财务数据分析报告 —— XX公司财务数据分析报告 ┬ 公司概况
                                          └ 财务比率及分析
```

图8-1　本单元思维导图

在初级的学习中，我们讲解了一般财务分析报告的编写通常包括五个方面的内容，分别是：第一部分提要段，即概括公司综合情况，让财务报告与读者对财务分析说明有一个总括的认识。第二部分说明段，是对公司运营及财务现状的介绍。第三部分分析段，是对公司的经营情况进行分析研究。分析时要善于运用表格、图示，突出表达分析的内容。第四部分评价段，做出财务说明和分析后，对于企业的经营情况、财务状况、盈利业绩，从财务角度给予公正、客观的评价和预测。第五部分建议段，即财务人员在对经营运作、投资决策进行分析后形成的意见和看法，特别是对运作过程中存在的问题提出改进建议。在财务分析报告中，可根据实际情况选择报告内容，不一定要将这五部分的内容全部囊括。

在分析报告中，根据财务数据进行分析是非常重要的。在中级本节的学习中，我们着重通过一个公司的案例运用SPSS统计软件的部分统计功能，介绍在具体分析财务数据时如何使用SPSS输出的财务数据，编写完善财务数据分析报告（内含各专项财务数据分析指标子报告）。

XX公司财务数据分析报告

一、公司概况

珠海 XX 实业股份有限公司（以下简称 XX 股份）成立于 1992 年 8 月，其前身始创于 1980 年，1994 年取得国家一级房地产开发资质，2004 年成为房地产上市公司。XX 股份历史的市盈率在 5 倍到 120 倍之间，当前市盈率为 22，目前价值有所低估。

2008 年公司 PE 处于所有上市公司 PE 从低到高排序前 16.1%，处于合理的位置，2009 年一致预期 PE 在所有有盈利预测的上市公司的 PE 从低到高排序前 24.6%，处于合理的位置。规模增长指标如下：

XX股份过去三年平均销售增长率为78.74%，在所有上市公司排名（121/1,710）中，在其所在的房地产开发行业排名为（15/67），外延式增长合理。XX股份过去EPS增长率为29.40%，在所有上市公司排名（570/1,710）中，在其所在的房地产开发行业排名为（29/67），公司成长性合理。XX股份过去三年平均盈利能力增长率为81.66%，在所有上市公司排名（335/1,710）中，在所在的房地产开发行业排名为（24/67），盈利能力合理。XX股份过去EPS稳定性在所有上市公司排名（857/1,710）中，在其所在的房地产开发行业排名为（30/67），公司经营稳定合理。

二、财务比率及分析

（一）XX股份短期偿债指标

表8-1　XX股份短期偿债指标

报告日期	流动比率	速动比率	现金比率（%）
2013-12-31	2.26	0.67	33.75
2012-12-31	2.39	0.45	31.06
2011-12-31	2.25	0.56	27.28
2010-12-31	2.36	0.68	51.34
2009-12-31	2.55	0.87	43.51
2008-12-31	2.13	0.35	34.52
2007-12-31	1.73	0.5	36.58
2006-12-31	2.49	1.01	74.72
2005-12-31	2.23	0.64	55.33
2004-12-31	2.62	1.38	67.93
2003-12-31	2.69	0.44	38.86
2002-12-31	3.34	0.38	23.32
2001-12-31	1.64	0.28	25.51

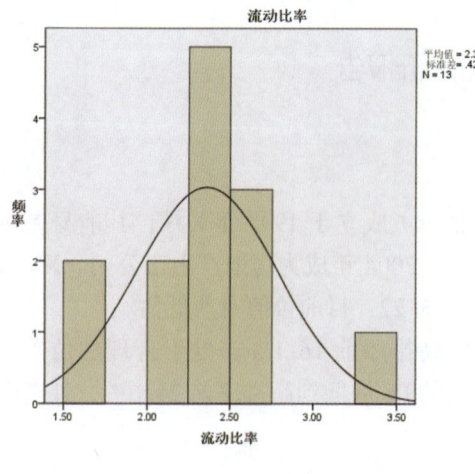

（1）

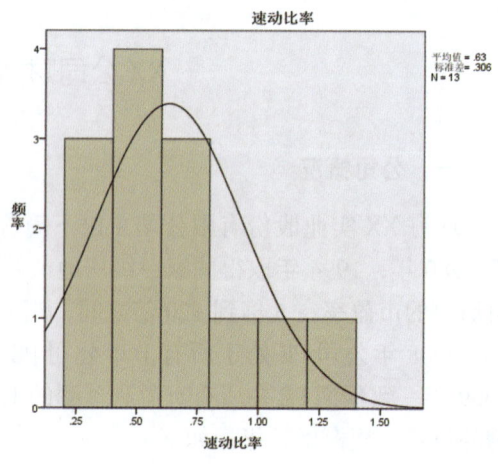

（2）

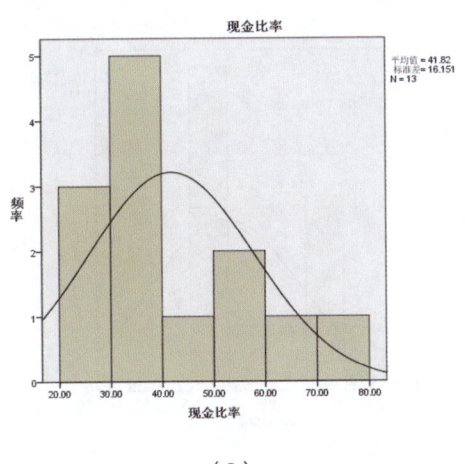 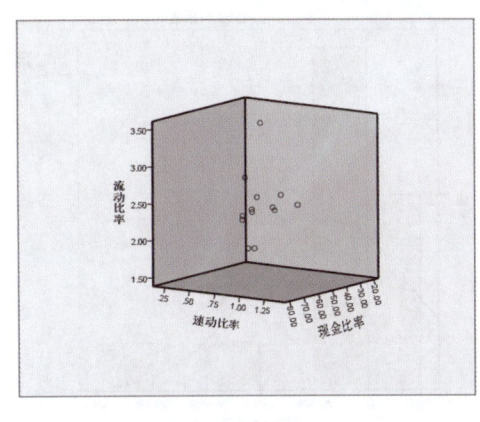

（3） （4）

图8-2 短期偿债指标分析图

得出XX企业的流动负债得到偿还的保障较大，且流动比率基本维持在2∶1比较合适。速动比率一般认为维持在1∶1比较合适，然而XX企业除2006年之外速动比率都偏离了该值，说明XX企业的短期偿债能力较低。现金流量比率主要用来衡量本年度内到期的债务本金及相关的现金利息支出可由经营活动所产生的现金来偿付的程度，该项财务比率越高，说明企业经营活动所产生的现金对偿付本期的债务本息的保障程度越高，企业的偿债能力越强。XX股份的现金流量比率较高，符合正常规律。

（二）XX股份长期偿债指标

表8-2 XX股份长期偿债指标

报告日期	利息支付倍数（%）	资产负债率（%）	长期债务与营运资金比率（%）	股东权益比率（%）
2013-12-31	1,295.86	76.99	0.54	23.01
2012-12-31	1,027.05	69.80	0.40	30.20
2011-12-31	4,660.54	69.16	0.34	30.84
2010-12-31	4,143.38	67.78	0.32	32.22
2009-12-31	23,747.73	68.34	0.34	31.66
2008-12-31	-4,083.24	64.49	0.56	35.51
2007-12-31	-3,547.76	75.46	0.86	24.54
2006-12-31	-2,722.73	78.26	0.62	21.74
2005-12-31	1,221.42	68.92	0.45	31.08
2004-12-31	12,563.63	54.59	0.20	45.41
2003-12-31	2,516.68	52.49	0.27	47.51
2002-12-31	2,405.33	48.83	0.30	51.17
2001-12-31	-915.15	53.93	1.02	46.07

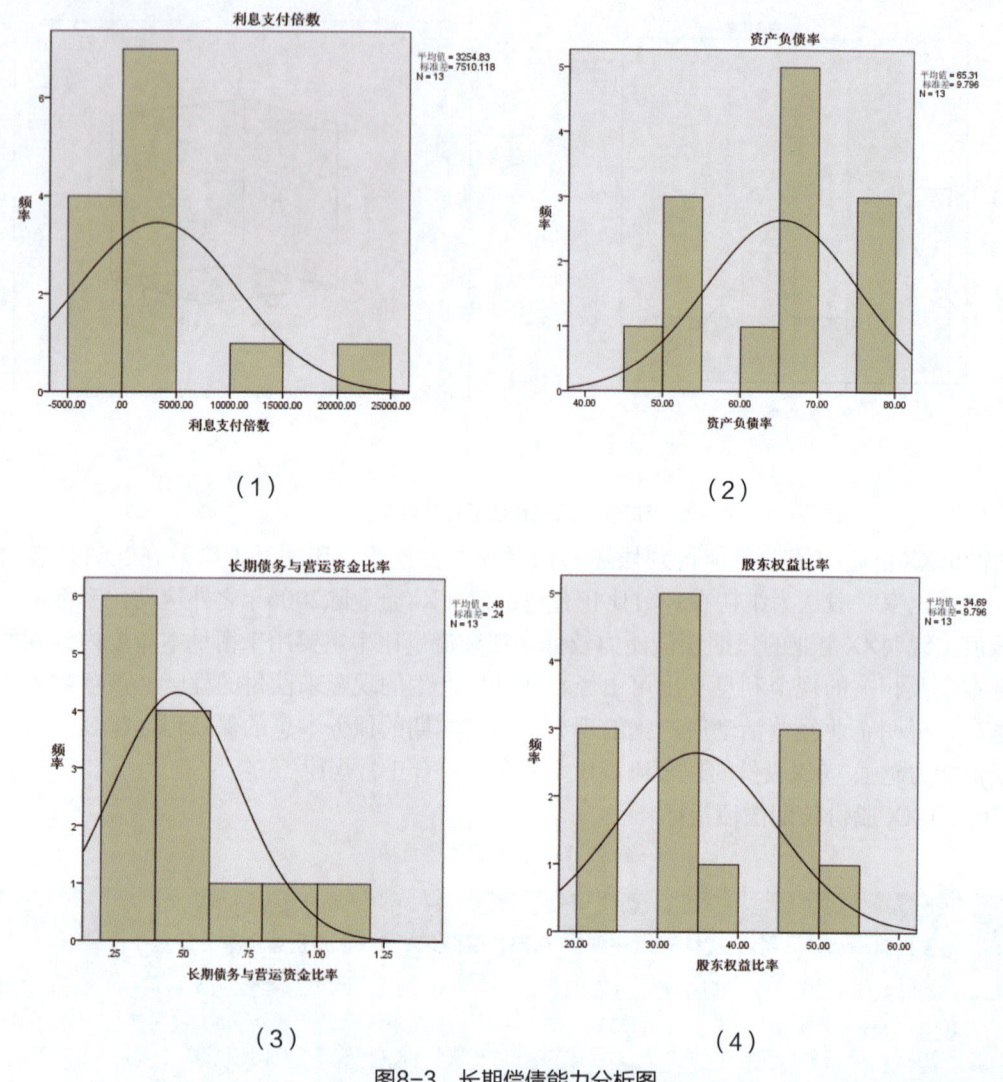

图8-3 长期偿债能力分析图

利息支付倍数在表 8-2 中变化幅度较大，但总体来说均值较高，企业长期增长能力较高。资产负债率反映了企业的财务风险以及股东权益对债务的保障程度，XX 企业该值在后期偏高，应该多注意该方面。长期债务与营运资金比率在 XX 股份的比率较低，不仅表明企业的短期偿债能力较强，而且还预示着企业未来偿还长期债务的保障程度也较强。权益乘数（股东权益比率的倒数）在 XX 股份中数值较大，负债比率就较小，企业的财务风险也较小，偿还长期债务的能力就较强。权益乘数较大，说明股东投入的资本在资产中所占比重较小。

（三）XX股份营运能力分析

表8-3　XX股份营运能力指标

报告日期	应收账款周转率（次）	存货周转率（次）	固定资产周转率（次）	总资产周转率（次）	流动资产周转率（次）
2013-12-31	1,282.05	0.18	13.86	0.19	0.20
2012-12-31	1,457.18	0.13	8.99	0.18	0.18
2011-12-31	7,369.37	0.24	12.60	0.28	0.29
2010-12-31	21,728.89	0.31	15.35	0.31	0.32
2009-12-31	17,988.6	0.24	20.58	0.26	0.28
2008-12-31	17,466.03	0.29	76.56	0.31	0.37
2007-12-31	7,762.3	0.33	93.39	0.29	0.35
2006-12-31	3,137.04	0.20	74.37	0.19	0.20
2005-12-31	——	0.27	58.71	0.24	0.26
2004-12-31	——	0.38	44.15	0.33	0.34
2003-12-31	——	0.39	42.32	0.46	0.48
2002-12-31	——	0.38	32.28	0.39	0.52

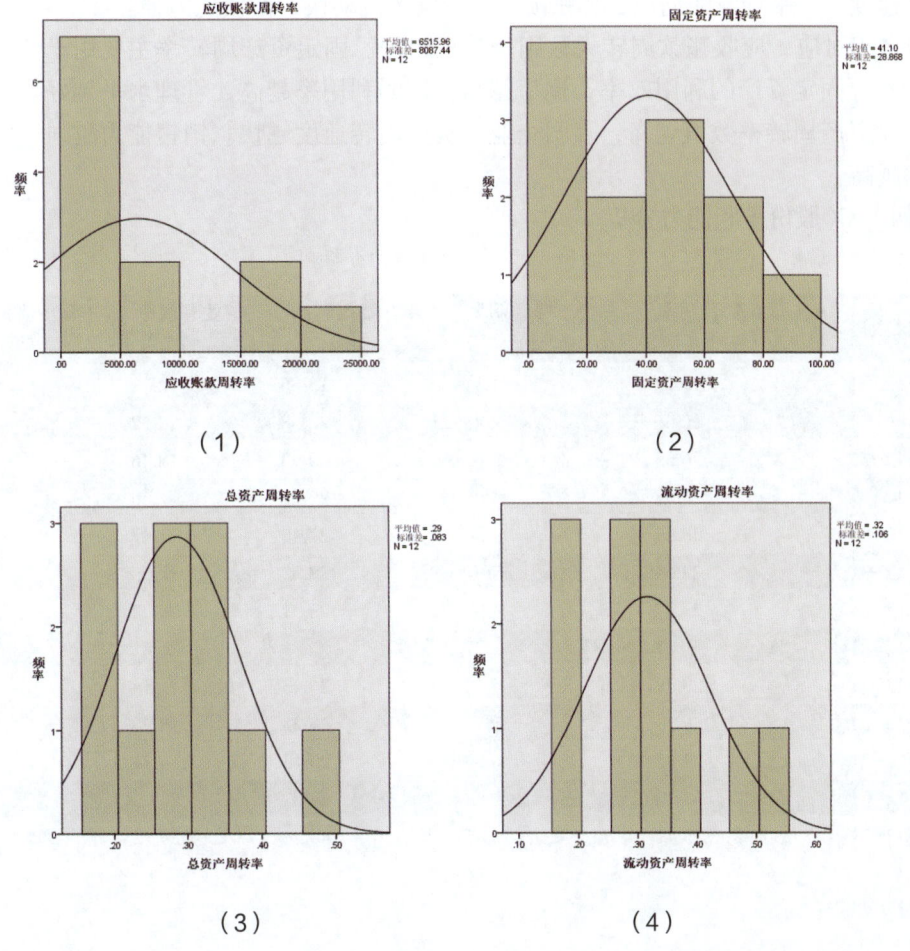

（1）　　　　　　　　　　（2）

（3）　　　　　　　　　　（4）

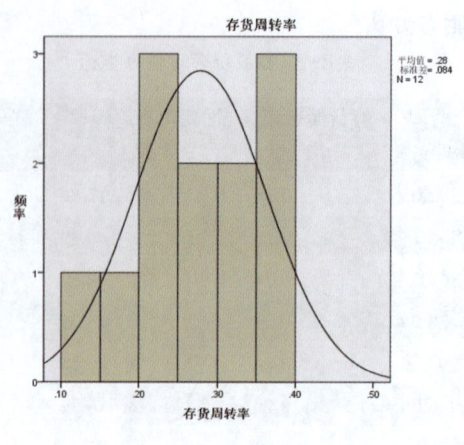

(5)

图8-4 营运能力分析图

企业营运能力主要指企业营运资产的效率与效益。企业营运资产的效率主要指资产的周转率或周转速度。存货周转率反映了企业销售效率和存货使用效率。在正常情况下，如果企业经营顺利，存货周转率越高，说明企业存货周转得越快，企业的销售能力越强，营运资金占用在存货上的金额也会越少。一般来说，应收账款周转率越高越好，表明公司收账速度快，平均收账期短，坏账损失少，资产流动快，偿债能力强。

与之相对应，应收账款周转天数则是越短越好。固定资产周转率主要用于分析对厂房、设备等固定资产的利用效率，比率越高，说明利用率越高，管理水平越好。一般情况下，总资产周转率数值越高，表明企业总资产周转速度越快。销售能力越强，资产利用效率越高。

（四）XX股份盈利能力分析

表8-4 XX股份盈利能力分析

报告日期	主营业务利润率（%）	总资产净利润率（%）	成本费用利润率（%）	营业利润率（%）	主营业务成本率（%）
2013-12-31	19.72	1.51	13.86	12.11	69.25
2012-12-31	30.66	2.28	22.58	18.52	54.84
2011-12-31	26.55	3.63	22.93	18.46	61.18
2010-12-31	23.05	4.05	20.81	17.30	66.81
2009-12-31	28.05	4.44	27.49	21.47	61.65
2008-12-31	29.64	5.67	28.58	22.05	62.39
2007-12-31	27.27	4.87	25.31	20.22	62.62
2006-12-31	30.67	3.27	25.81	20.81	62.95
2005-12-31	28.89	4.40	26.43	21.54	64.79
2004-12-31	29.79	5.18	23.23	18.90	64.02
2003-12-31	23.97	6.60	20.13	16.91	69.69
2002-12-31	30.20	7.58	29.02	23.05	63.85
2001-12-31	35.41	6.85	40.26	29.12	58.67

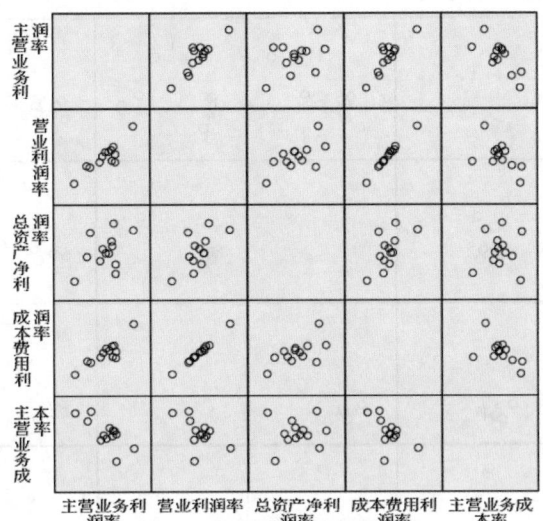

图8-5 盈利能力分析图

总资产净利率用以评价企业运用全部资产的总体获利能力,是评价企业资产运营效益的重要指标。总资产净利率越高,表明资产利用效率越高,说明企业在增加收入、节约资金使用等方面取得了良好的效果。主营业务利润率与利润成正比关系,与销售收入成反比关系,企业在增加销售收入额的同时,必须相应地获得更多的利润,才能使主营业务利润率保持不变或有所提高。成本费用利润率这一比率越高,说明企业为获取收益而付出的代价越小,企业的获利能力越强。

(五)XX股份发展能力分析

表8-5 XX股份发展能力分析

报告日期	主营业务收入增长率(%)	净利润增长率(%)	净资产增长率(%)	总资产增长率(%)
2013-12-31	54.31	-6.75	15.03	50.97
2012-12-31	-24.12	-24.48	25.83	28.50
2011-12-31	2.00	1.56	6.15	10.89
2010-12-31	46.64	11.24	18.46	16.39
2009-12-31	15.15	6.68	15.08	29.08
2008-12-31	60.66	79.69	111.88	46.40
2007-12-31	155.69	142.95	89.39	67.79
2006-12-31	18.58	14.74	9.00	55.84
2005-12-31	34.68	52.80	4.48	52.64
2004-12-31	35.03	49.86	135.06	145.96
2003-12-31	35.51	-0.24	14.43	23.23

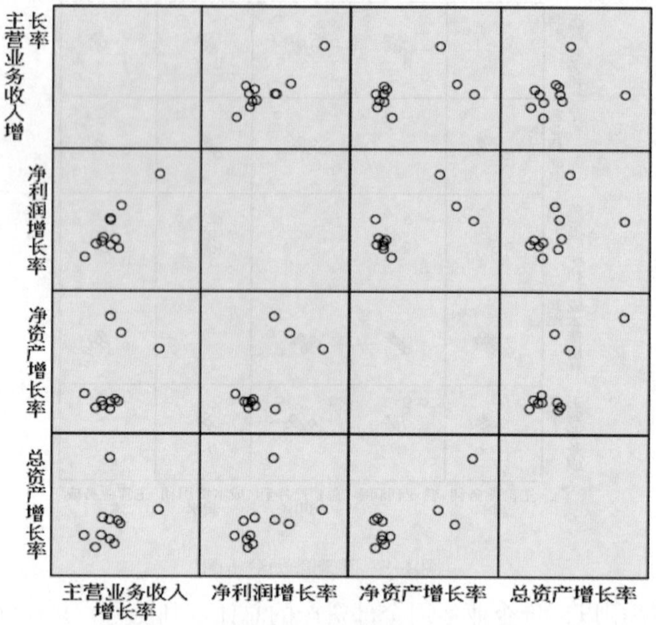

图8-6 发展能力分析图

主营业务收入增长率是企业本年主营业务收入增长额与上年主营业务收入总额的比率，反映主营业务收入的增减变动情况。该指标大于0，表示主营业务收入比上期有所增长，该指标越大，主营业务收入的增长幅度越大，企业的前景越好；该指标小于0，说明主营业务收入减少，表示产品销售可能存在问题。

总资产增长率是企业本年总资产增长额同年初资产总额的比率，反映企业本期资产规模的增长情况。总资产增长率越高，表明企业一定时期内资产经营规模扩张的速度越快。

（六）XX股份综合能力分析

表8-6 XX股份综合能力分析

总资产净利率（%）	净资产收益率（%）
1.25	1.52
2.03	2.34
3.45	3.72
3.77	3.95
3.94	4.08
4.77	4.87

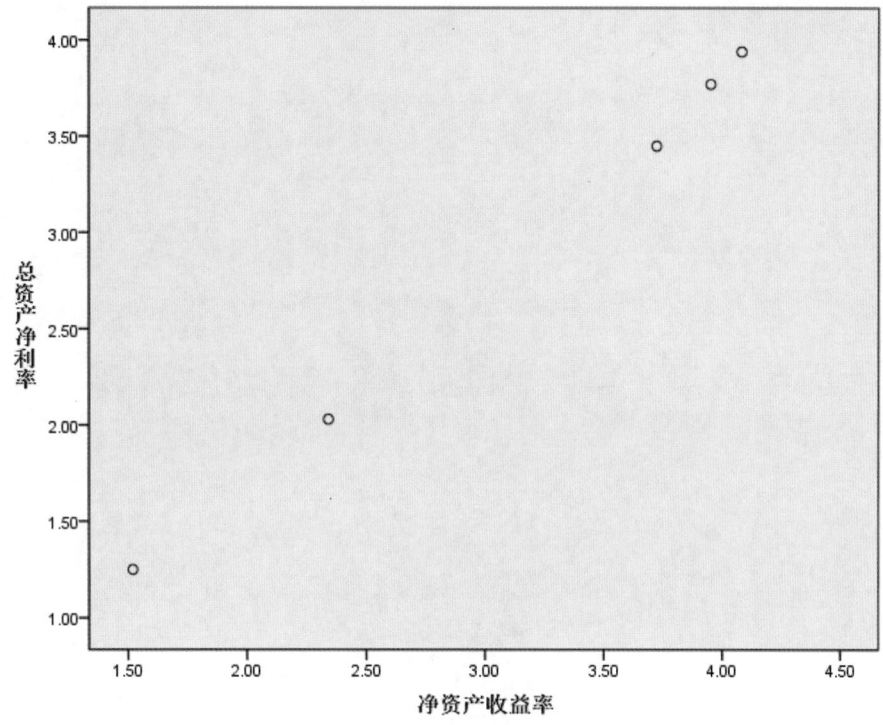

图8-7 综合能力分析图

总资产净利率是影响权益净利率的最重要的指标，具有很强的综合性，而总资产净利率又取决于销售净利率和总资产周转率的高低。总资产周转率反映总资产的周转速度。销售净利率反映销售收入的收益水平。净资产收益率是分析公司盈利能力的又一个非常有用的比率，是另一个衡量企业收益能力的指标。在考核企业利润目标的实现情况时，投资者往往关注与投入资产相关的报酬实现效果，并经常结合每股收益（EPS）及净资产收益率（ROE）等指标来进行判断。

实际上，总资产净利率是一个更为有效的指标。总资产净利率的高低直接反映了公司的竞争实力和发展能力，也是决定公司是否应举债经营的重要依据。

总资产净利率与净资产收益率（净利润／股东权益×100%）一起分析，可以根据两者的差距来说明公司经营的风险程度。对于净资产所剩无几的公司来说，虽然它们的指标数值相对较高，但仍不能说明它们的风险程度较小。净资产收益率作为配股的必要条件之一，是公司调整利润的重要参考指标。

课后问题与作业练习

➢ 运用 SPSS 统计软件的部分统计功能，使用 SPSS 输出的财务数据，练习编写财务数据分析报告。